Himmel oder Hölle

Für Elise

Heinz Schott

Himmel oder Hölle

Ansichten zur menschlichen Sexualität

BoD – Books on Demand

Bibliografische Information der Deutschen Nationalbibliothek:

Die Deutsche Nationalbibliothek verzeichnet diese Publikation
in der Deutschen Nationalbibliografie; detaillierte bibliografische
Daten sind im Internet über www.dnb.de abrufbar.

Mit 39 Abbildungen

© 2017 Heinz Schott
Herstellung und Verlag: BoD – Books on Demand, Norderstedt.

ISBN: 9783837006018

Vorwort

Lange habe ich nach einem geeigneten Titel für meinen Essay gesucht. Schließlich fiel mir das Spiel „Himmel oder Hölle" ein. Ich kann mich daran erinnern, dass wir es als Kinder hin und wieder gespielt haben. Dabei wird ein Papier so gefaltet, dass zwei kreuzweise angeordneten Spalten entstehen. Die Wände der einen Spalte werden rot, die der anderen blau gefärbt. Mit einer Handbewegung zeigt er Spieler seinem Gegenüber, der das Papierkunstwerk hält, auf die zu öffenende Spalte. Zeigen sich deren Wände blau, kommt er in den Himmel, zeigen sie sich rot, kommt er in die Hölle. Das Sexualleben, nicht zuletzt in Form der bürgerlichen Ehe, wird häufig als ein Glücksspiel aufgefasst, das dem von „Himmel oder Hölle" entspricht: Man hat zwar die Wahl, aber was herauskommt ist Zufall – und eher Hölle als Himmel, gängiger Stoff für Ehedramen und Liebesgeschichten. In Literatur und Kunst ist Sexualität als Ursache gescheiterter Beziehungen, also die „Hölle", zumeist ein interessanterer Gegenstand als jene Sexualität, die Glück, also den „Himmel", bedeutet. Dem entspricht die verbreitete Meinung, dass der Mensch sexuellem Begehren und Getriebensein auf Gedeih und Verderb ausgesetzt sei und dieses allenfalls um den Preis seiner Vitalität und Gesundheit unterdrücken könne. Die Vorstellung, dass Sexualität so gelenkt und gemeistert werden kann, dass sie Vitaliät und Gesundheit steigert, erscheint dagegen weniger populär.

Meine Betrachtungen als Medizinhistoriker resümieren die Ergebnisse langjähriger Forschungen. Erste Überlegungen zur Ideengeschichte der Sexualität stellte ich bereits vor mehr als drei Jahrzehnten an. So eindrucksvoll die psychoanalytisch inspirierten Sexualtheorien und davon abgeleitete Sexualpraktiken damals in den studentenbewegten Jahren auch waren – vor allem Wilhelm Reich wurde seinerzeit intensiv diskutiert –, so unbefriedigend erschienen sie mir in ihrer geistigen und poetischen Substanz. Eine faszinierende Gegenwelt schienen dagegen utopisch erscheinende Sexualkonzepte zu versprechen, welche die geistige Führung des Geschlechtstriebs propagierten und die man im Allgemeinen der „Sexualmagie" zuordnet. Insofern scheint mein

Ansatz „idealistisch" zu sein: Er hat hat keine Scheu, Gebiete der Theologie und Mystik zu berühren und den Begriff des Geistes ins Spiel zu bringen.

Dieser Essay lebt von Zitaten und Anspielungen. Deren Quellen müssen selbstverständlich exakt angegeben werden. Dabei konnte ich aus pragmatischen Gründen die Fußnoten leider nicht vermeiden. Sie beschränken sich auf die bibliografischen Angaben. Wird aus einer Schrift im jeweiligen Kontext mehrfach zitiert, sind die betreffenden Seitengaben in der Reihenfolge der Zitate angefügt.

Dieses Buch ist kein Gesundheitsratgeber, kann aber gleichwohl eine Orientierung für die Lebensführung geben. Es will auch keinen Beitrag zur Sexualethik liefern, obwohl es voller ethischer Implikationen steckt. Dem Leser bleibt es überlassen, inwieweit er aus dem Gelesenen praktische Konsequenzen für sein eigenes Leben ziehen kann und will. Als Autor möchte ich es mit einem Zitat aus Goethes „Faust" halten, welches auch der Selbstanalytiker Sigmund Freud wie eine Schutzformel in seinem Hauptwerk „Die Traumdeutung" ins Feld führte:

„Das Beste, was du wissen kannst,
Darfst du den Buben doch nicht sagen."

Bonn, im Frühling 2017   Heinz Schott

Inhalt

Einleitung 9

1. Geschlechtstrieb: Der gefährliche „Trieb der Natur"............. 13

2. Normen der Sexualwissenschaft und Sexualmedizin 47

3. „Sexuelle Revolution" und biologische Verblendung 73

4. *Unio mystica* als religiöse Liebesvereinigung 94

5. Der Topos von der „Heiligen Hochzeit"................................. 120

6. Erotische Magie und ihr Glücksversprechen 165

Schlussbetrachtung 226

Abbildungen 232

Bildquellenverzeichnis 242

Liebe ist die melodiöseste aller Harmonien, und eine Ahnung davon ist uns allen angeboren. Die Frau ist ein köstliches Instrument der Lust, aber man muß die erzitternden Saiten kennen, muß lernen, wie es anzusetzen ist, wie mit wechselndem Fingersatz die Töne zu meistern sind.

Honoré de Balzac: Physiologie der Ehe (1820)

Die Schwerkraft des Geistes läßt uns nach oben fallen.

Simone Weil: Schwerkraft und Gnade
(niedergeschrieben vor dem Mai 1942)

Wenn der Mann seine Liebe nur auf eine Frau richtet und eine Frau die ihre nur auf einen Mann, was bleibt dann an Liebe für die ganze übrige Welt?

Mahatma Gandhi: Brahmacharya oder Keuschheit (1932)

Versuche einen Roman zu schreiben. Du vermagst es nicht? Dann versuch es mit einem Theaterstück. Du kannst es nicht? Dann mach eine Aufstellung der Börsebaissen in New York. Versuch, versuch alles. Und wenn es gar nichts geworden ist, dann sag, es sei ein Essay.

Ignaz Wrobel [Kurt Tucholsky]: Die Essayisten (1931)

Einleitung

Sex, dieses einsilbige Wörtchen mit nur drei Buchstaben, hat im Laufe des 20. Jahrhunderts – man denke an die „Sexbombe" im klassischen Hollywoodfilm – eine steile Karriere gemacht. Es berührt menschliches Leben schlechthin, wobei wir in unserem Essay von der Sexualität bei Pflanzen und Tieren absehen wollen. „Sex haben" entspringt wohl dem englischen Ausdruck *to have sex* und wurde früher mit dem heute altmodischen klingen Ausdruck „Geschlechtsverkehr ausüben" bezeichnet. Wenn etwas als *sexy* charakterisiert wird, so hat das gewöhnlich mit Sexualität im engeren Sinne ebenso wenig zu tun wie das inzwischen äußerst beliebte Adjektiv „geil". In der Regel aber verweist das Wörtchen *Sex* – zumindest in der heutigen Umgangsprache – auf geschlechtliche Interaktionen zwischen Individuen. Diese können recht verschiedene Formen annehmen und haben auch im Laufe der Menschheitsgeschichte

verschiedene Formen angenommen. Sex bedeutet also die konkrete Ausprä-
gung der Sexualität in einem bestimmten sozialhistorischen Kontext.

Die Sexualität gehört zu den schwierigsten Kapiteln der Menschenkunde. So
tut sich die medizinisch oder philosophisch ausgerichtete Anthropologie
schwer, „Sexualität" begrifflich zu fassen. *Eine* Bewertung scheint alle Zeitalter
zu überdauern und trotz aller biologischer und psychosozialer Erkenntnisse
auch heute noch vorherrschend: Sexualität erscheint als Trieb der Natur und
als solcher irrational, von biologischer Gesetzmäßigkeit bestimmt und deshalb
vom Verstand kaum beeinflussbar. Dieser Trieb scheint alles überrennen zu
wollen, was ihm im Wege steht, und sich wie ein Herrscher in seinem Reich
aufzuführen. Hier stellt sich dann die Frage: Bedeutet Sexualität ein Sperrgebiet für den menschlichen Geist? Gleicht jene nicht einem verminten Schlachtfeld, auf dem dieser letztlich verloren ist, wenn er es betritt?

Merkwürdigerweise wurden und werden diese Fragen in letzter Konsequenz
bejaht. Der Geschlechtstrieb wurde traditionell dem dunklen und gefährlichen
Unterleib des Menschen zugeordnet, dort, wo der Teufel eine Eintrittspforte
finden konnte, während Geist, Verstand, Vernunft im hellen Oberleib, insbesondere Herz und Hirn, lokalisiert wurden. Diesem gefährlichen Feind im Unterleib galt es Paroli zu bieten, ihn zu bändigen und in seine Schranken zu
weisen. Selbst Sigmund Freud bediente sich noch dieses Modells, um seine
spezielle Neurosenlehre aus der Sexuallehre abzuleiten: Zum Aufbau und zur
Erhaltung der Kultur hatte der Mensch seine Sexualität zu unterdrücken. Dies
aber führte zu seiner unauflösbaren Tragik: seiner Neurose, die darin bestand,
dass sich der Sexualtrieb eben nicht besiegen ließ und nur mühsam in Schach
gehalten werden konnte – um den Preis neurotischer Krankheitssymptome.
Freilich war Freud im Gegensatz zu fast allen seiner Anhänger raffiniert genug,
um dieses einfache Unterdrückungsmodell zu verflüssigen: Der Geschlechtstrieb, die „Libido" oder Sexualenergie konnte sublimiert werden, ließ sich also
in kulturelle Leistung verwandeln. Die „Sublimierung" spielte metaphorisch auf
die alchemistische Stoffverwandlung und -veredlung an. Doch auch dieser
Begriff der Sublimierung bestätigt letztlich die traditionelle Auffassung von
Sexualität. Sie ist das urtümliche Reich der Lebenskraft, die zwar verfeinert,

sublimiert werden kann, aber dadurch zugleich die Vitalität des kulturell ge-
zähmten Menschen einschränkt und ihn zum Neurotiker macht. Freud setzte,
was den meisten Interpreten entgangen ist, nicht am Sexualleben unmittelbar
an. Sublimieren bedeutete für ihn also nicht eine veränderte Sexualpraktik,
sondern eine Verschiebung der Energie auf kulturelle Leistungen.

Die „sexuellen Revolutionen" im 20. Jahrhundert blieben in diesem Modell der
unterdrückten Sexualität befangen. Letztere sollte sich endlich von den Fesseln
befreien, sich ungehindert von sozialen Tabus ausleben können. Die Akteure
konnten sich auf ein scheinbar zwingendes Argument berufen: Die Unterdrückung der Sexualität mache krank und schwach, das Ausleben emanzipiere
von den bürgerlichen Normen und mache gesund und stark. Was bestimmte
Vordenker propagiert hatten, etwa in der Lebensreformbewegung um 1900
und dann mit sozialrevolutionärem Elan in der Zwischenkriegszeit, wurde nun
in den 1960er und 1970er Jahren zum Evangelium erhoben. Es kam zu einer
unreflektierten Neo-Romantik, die der menschlichen Natur gegen den normativen Zwang der Gesellschaft zu ihrem Recht verhelfen wollte. Freilich waren
diese Bestrebungen bei genauerem Hinsehen vielmehr der biologistischen
Doktrin – etwa im Sinne eines Wilhelm Reich –, als irgendeiner romantischen
Naturphilosophie – etwa im Sinne eines Novalis – verpflichtet. Mit anderen
Worten: Sex wurde nun in allerlei Spielarten „emanzipatorisch" praktiziert und
war Teil eines mehr oder weniger revolutionären Kampfes, der sich gegen
bürgerliche Normen, kapitalistische Zwänge oder gar faschistische „Panzerun-
gen" richtete. Über dieses Schlachtfeld hatte der menschliche Geist zwar die
Oberaufsicht, insofern er das Terrain mit ideologischer Schärfe absteckte,
einen direkten Zutritt hatte er jedoch nicht. Denn in das sich quasi automatisch entladende Sexleben sollte er sich keinesfalls einmischen. Denn Sexualität erschien ja *per se* unterdrückt und sollte sich endlich aus den kulturellen
Fesseln befreien.

Mein Essay stellt diese einseitige Auffassung der Sexualität und das aus ihr
abgeleitete Sexualverhalten in Frage. In den ersten drei Kapiteln untersuche
ich die traditionelle und letztlich auch heute noch vorherrschende Auffassung
von Sexualität, die als Ausdruck einer natürlichen Triebhaftigkeit begriffen

wird, deren Spannung in einem biologischen Reflexvorgang aufgelöst werden sollte; in den letzten drei Kapiteln stelle ich anhand von historischen Zeugnissen dar, wie das Sexualleben möglicherweise durch die „Macht des Geistes" willkürlich zu einer Quelle von Mitmenschlichkeit und Glück verwandelt werden kann.

Die traditionelle Auffassung von Sexualität als „Trieb der Natur" erblickte im menschlichen Geist eine Art Zuchtmeister, der die Peitsche schwingen muss, um der sexuellen Unzucht Herr zu werden. Die „sexuellen Revolutionen" im 20. Jahrhundert haben zwar den Zuchtmeister zurückgepfiffen, aber keine grundsätzlich neue Auffassung von Sexualität als Naturtrieb hervorgebracht, sondern diese eher noch radikalisiert: Befreiend und gesund schien nun die von geistiger Beeinflussung ungehemmt praktizierte Sexualität. Mein Essay verfolgt eine umgekehrte Perspektive. Ich gehe nicht von der (unbestreitbar vorhandenen) Macht des Naturtriebs und seiner unwillkürlichen Physiologie aus, um von dieser Grundlage aus alle weiteren Überlegungen zu entwickeln, sondern von der Macht des menschlichen Geistes, willkürlich in die physiologischen Vorgänge einzugreifen und diese zu modellieren. Selbstverständlich sind geistigen Kräften – wie auch körperlichen – Grenzen gesetzt. Aber wo liegen sie konkret? Wie ernsthaft versucht der einzelne Mensch, diese Grenzen auszuweiten oder sie kontrolliert zu überschreiten?

Mein Essay schildert also einen Perspektivwechsel. Ich scheue mich, diesen großmundig als einen Wechsel von der Natur zum Geist zu deklarieren, da ich mich nicht auf das Feld der gelehrten Philosophie vorwagen möchte. Aber auf meinem eigenen Gebiet der Medizin- und Wissenschaftsgeschichte gibt es genügend Anhaltspunkte, um einen solchen Perspektivwechsel tatsächlich plausibel zu machen. Ich stütze mich dabei vor allem auf mein Buch „Magie der Natur", dessen letzten sieben Kapitel unter der Überschrift stehen: „Eros – Liebeszauber zwischen Sex und Mystik". Mein Essay geht jedoch über die betreffenden Ausführungen hinaus, indem er die Thematik neu strukturiert und thesenartig zuspitzt. Wenn meine Betrachtungen provozierend wirken und zu Diskussionen führen, umso besser.

1. Kapitel

Geschlechtstrieb: Der gefährliche „Trieb der Natur"

Bevor der Begriff der Sexualität im 19. Jahrhundert allgemein in die medizinische Terminologie eingeführt wurde – von einer „Sexualität der Pflanzen" ist in der Botanik schon um 1700 die Rede –[1], sprach man von „Naturtrieben" oder „Naturinstinkten" und unterschied dabei zwischen den von Gott gewollten und den widernatürlichen, sündhaften. Bereits in der frühen Neuzeit wurde somit das Raster für die moderne Einteilung in normales und pathologisches Sexualleben vorgegeben. Was als normal galt, wurde mit der von Gott gegebenen „Natur" und ab dem 19. Jahrhundert zunehmend mit der von den biologischen Naturgesetzen abgeleiteten „Physiologie" begründet. Mit dem Degenerationsgedanken und der rassenbiologisch argumentierenden Zivilisationskritik am *Fin de siècle* breitete sich ein moderner Topos der medizinischen Anthropologie aus: Die Zivilisation mache krank und stelle selbst eine Krankheit dar. Nietzsche und Freud spitzten diesen Topos auf ihre je eigene Weise zu. Ersterer erblickte in der Unterdrückung der physiologischen Lebendigkeit durch die „asketischen Priester" die Ursache für die „moderne Krankheit" schlechthin, Letzterer machte die Unterdrückung der Sexualtriebe durch kulturelle Verbote für die alle Menschen betreffende „Neurose" verantwortlich. Beide Ansätze begriffen Krankheit nicht als eine pathologische Normabweichung von der gesunden Normalität, sondern behaupteten, dass alle Menschen mehr oder weniger krank seien und sich in ihrer Symptomatik nur graduell voneinander unterscheiden würden. Man befand sich eben im „Zeitalter der Nervosität".[2]

Natürliches und perverses Sexualleben

---

[1] Rudolf Jacob [Rudolphus Jacobus] Camerarius: De sexu plantarum epistola. Tübingen, 1694.

[2] Joachim Radkau: Das Zeitalter der Nervosität. Deutschland zwischen Bismarck und Hitler. München [...]: Hanser, 1998.

In der frühen Neuzeit wurde das, was man ab dem 19. Jahrhundert als „Sexualität" oder „Sexualleben" bezeichnete, zumeist unter „Natur-Trieb" oder „Trieb der Natur" abgehandelt. In Zedlers Universallexikon, dem enzyklopädischen Standardwerk des 18. Jahrhunderts, ist von einem speziellen „Lust-Trieb" die Rede, den man nicht *per se* verpönte, sondern in gewissen Schranken als zweckvolle Sonderform akzeptierte.[1] Interessant sind die lateinischen Synonyme zu „Natur-Triebe" oder „Triebe der Natur": *instinctus naturae, stimuli naturae* oder auch – nach dem Sprachgebrauch der Stoiker – *prima naturalia*. Gott habe gewollt, dass der Mensch nicht nur erhalten werde, sondern auch „unter sich vergnügt und ruhig leben" solle. So habe er dem Menschen drei unterschiedliche „Lust-Triebe" gegeben: den Lust-Trieb zu essen, zu trinken und zu schlafen; sodann den, Kinder zu erzeugen, zu lieben und zu erziehen; und schließlich den Lust-Trieb „die Wahrheit zu erfinden" und „sich untereinander zu lieben". Diesen gottgefälligen natürlichen Lust-Trieben werden andere Lust-Triebe gegenübergestellt, die zwar auch natürlich, aber nicht gottgefällig seien und sich erst nach dem Sündenfall eingestellt hätten, wie „Schaden-Froh", „Ehr-Geitz" und „Geld-Geitz". Da die Menschen den natürlichen, d. h. göttlichen Zweck der Lust-Triebe aus den Augen verloren hätten, seien sie zu „schändlicher Wollust, Hurerey, Völlerey und dergleichen" verkommen. Daraus ergibt sich die Leitlinie, dass man den Lust-Trieben nur „mit gehöriger Mäßigung" nachhängen dürfe.

Diese Leitlinie der Mäßigung der Triebe und der Wollust im Sinne einer natürlichen Lebensordnung und gesunden Lebensführung wurde um 1800 von Christoph Wilhelm Hufeland, dem berühmten Arzt der Goethezeit, am wirkungsvollsten vertreten. Typisch für die von der Aufklärung bestimmte Einstellung gegenüber den zu bändigenden Trieben sind auch die Ausführungen des Leipziger Philosophen Karl Heinrich Heydenreich. Er geißelte die Entkoppelung des Geschlechtstriebes von der Vernunft, was „Wollüstlinge" und „entartete

---

[1] Johann Heinrich Zedler: Grosses vollständiges Universal-Lexicon […]. 64 Bde., 4 Supplementbände. Halle; Leipzig: Zedler, 1732-1754; Bd. 23 (1740): Sp. 1225 f.

Wesen" hervorbringe.[1] Seine Klage war typisch für seine Zeit: „woher denn die ungeheure Schaar der jungen Wollüstlinge unsrer Zeit, woher die zahllosen unzeitigen Geburten von Männern, die [...] Debauche [ausschweifendes Gelage] und thierische Lust zu ihrem Systeme gemacht haben?" Er beklagte das Hervortreten des „Thieres im Menschen" und sah eine tödliche Gefahr für die menschliche Gattung, wenn der Geschlechtstrieb missbraucht und „unnatürlich" befriedigt werde. Die einzige zulässige Form der Befriedigung dieses Triebes erblickte er „in einem wohleingerichteten häuslichen Leben" zum pflichtgemäßen Zwecke einer geglückten Fortpflanzung. Das Verderben der gegenwärtigen Gesellschaft liege darin, den „heiligen Trieb der Natur" nur zu einem frivolen Spiel zu missbrauchen. Der Geschlechtstrieb sei „zu einem Spielwerke für unsere spaßhafte Laune" gemacht, „mehr und mehr verunedelt" worden. Der Autor ging von einem natürlichen Kontrast zwischen männlichem und weiblichem Geschlecht aus. Die Frauen hätten ihre häuslichen Pflichten zu erfüllen: „sie dienen dann eben so treu der Natur, und haben so viel Verdienst, als der Mann, wenn er für den Staat kämpft oder einen Planeten entdeckt."

Die normative Vorgabe war eindeutig, Abweichungen von der Geschlechterrolle konnten klar definiert werden: Es gebe „eine Menge Carrikaturen [sic] oder wohl gar förmlicher Unwesen". Eine solche „Geschlechtskarrikatur [sic]" sei „ein weibischer Mann und ein männisches Weib". Obwohl Heydenreich Ende des 18. Jahrhunderts noch nicht auf den sich gerade entfaltenden Mesmerismus einging und stattdessen auf die „Einbildungskraft" abhob, enthielt seine Darstellung der Geschlechterbeziehung Momente des animalischen Magnetismus, insbesondere die Vorstellung von Verschmelzung und Sympathie. Durch die Einbildungskraft „verschmelzen in den schönen Momenten der Sympathie Mann und Weib, und Weib und Mann in ein ander; sie vermittelt es, daß ihre Wesen sich identificiren, daß sie geistig Eins sind, daß im Ich das Du, und im Du das Ich liegt." Der Autor endete in zerrütteten Verhältnissen,

---

[1] Karl Heinrich Heydenreich: Mann und Weib, ein Beytrag über die Geschlechter. Leipzig: Martini, 1798: S. 2-4, 11, 27, 100, 102, 38.

das von ihm beschworene häusliche Lebens- und Liebesglück blieb ihm selbst versagt.

Um 1900 wurde die Sexualität wissenschaftlich erforscht und wurde physiologisch als Naturvorgang im menschlichen Organismus aufgefasst, der nach biologischen Gesetzen abläuft. Anders ausgedrückt: Sex wurde naturalisiert oder biologisiert und somit zum Gegenstand der naturwissenschaftlichen Betrachtung. Diese wurde in der Medizin zum Maßstab für alle Bewertungen des Sexuallebens und alle therapeutischen Maßnahmen, seine Störungen zu beheben und pathologische Abweichungen zu bekämpfen. Die Naturalisierung der Erotik, das heißt die Reduktion der Geschlechterrollen auf die biologisch fixierten Unterschiede, war gegen Ende des 19. Jahrhunderts in einem Hauptwerk der neu entstehenden Sexualmedizin bzw. Sexualwissenschaft mustergültig zu beobachten. Der Wiener Psychiater Richard von Krafft-Ebing definierte in seinem einflussreichen Werk *„Psychopathia sexualis"* den Natur-Trieb in seinen geschlechtsspezifischen Varianten lapidar: „Ohne Zweifel hat der Mann ein lebhafteres geschlechtliches Bedürfniss als das Weib. Folge leistend einem mächtigen Naturtrieb, begehrt er von einem gewissen Alter an ein Weib. [...] Dem mächtigen Drange der Natur folgend, ist er aggressiv und stürmisch in seiner Liebeswerbung."[1] Anders sei das Weib veranlagt. „Ist es geistig normal entwickelt und wohlerzogen, so ist sein sinnliches Verlangen ein geringes. Wäre dem nicht so, müsste die ganze Welt ein Bordell und Ehe und Familie undenkbar sein. Jedenfalls sind der Mann, der das Weib flieht, und das Weib, welches dem Geschlechtsgenusse nachgeht, abnorme Erscheinungen." Somit unterscheide sich das Weib in der Wahl des Lebensgefährten fundamental vom Mann: Des Weibes „seelische Richtung" sei „eine monogame, während der Mann zur Polygamie hinneigt."

Für Krafft-Ebing war die stärkste Wurzel der Liebe die Sinnlichkeit und die Platonische Liebe galt ihm als „ein Unding, eine Selbsttäuschung". Da die Liebe

---

[1] Richard von Krafft-Ebing: Psychopathia Sexualis mit besonderer Berücksichtigung der conträren Sexualempfindung. Eine klinisch-forensische Studie. 9. verbesserte u. theilweise vermehrte Aufl. Stuttgart: Enke, 1894 [Erstaufl. 1886]: S. 14, 15, 13, 24, 56, 231- 234.

also sinnliches Verlangen voraussetze, sei sie „normaliter nur denkbar zwischen geschlechtsverschiedenen und zu geschlechtlichem Verkehr fähigen Individuen. Fehlen diese Bedingungen, so tritt an die Stelle der Liebe die Freundschaft." Krafft-Ebing hing der in der damaligen Psychiatrie vorherrschenden Theorie an, dass alle geistigen und seelischen Störungen durch pathologische Hirnprozesse verursacht seien und dass es die Aufgabe der Hirnforschung sei, die entsprechenden Funktionen bzw. Funktionsstörungen im Gehirn zu lokalisieren. In dieser Perspektive der „Gehirnpsychiatrie", wie sie dann in der Medizingeschichtsschreibung genann wurde, formulierte er lapidar: „Der Sexualtrieb als Fühlen, Vorstellung und Drang ist eine Leistung der Hirnrinde. Ein Territorium in dieser, das ausschliesslich sexuale Empfindungen und Dränge vermittelte (Centrum des Geschlechtssinns), ist bis jetzt nicht nachgewiesen."

Diese normative Fixierung des „naturgemäßen" Sexualverhaltens war unerbittlich, wie Krafft-Ebing als führende Autorität auf diesem Gebiet verkündete. Alles, was sich diesem Sexualverhalten nicht fügte, galt als eine „Perversion": „Als pervers muss – bei gebotener Gelegenheit zu naturgemässer geschlechtlicher Befriedigung – jede Aeusserung des Geschlechtstriebs erklärt werden, die nicht den Zwecken der Natur, i. e. der Fortpflanzung entspricht." Dies betraf vor allem die Homosexualität oder „conträre Sexualempfindung". Das Erstaunliche sei, dass – anders als beim Zwitter – „vollkommen differenzierte Zeugungsorgane" vorhanden seien, „so dass also, gleichwie bei allen krankhaften Perversionen des Sexuallebens, die Ursache im Gehirn gesucht werden muss (Androgynie und Gynandrie)." Homosexualität gehörte also demnach ebenfalls zu den „Gehirnkrankheiten". Die homosexuelle Einstellung, „diese eigenartige Geschlechtsempfindung", erschien Krafft-Ebing als „ein funktionelles Degenerationszeichen und als Theilerscheinung eines neuro(psycho)pathischen, meist hereditär bedingten Zustands". Vielfach lasse sich dieser Zustand auch durch „anatomische Entartungszeichen" bemerken, fast immer sei „Neurasthenie" nachweisbar. „Geweckt und unterhalten wird sie durch Masturbation oder durch erzwungene Abstinenz", sodass sich eine

„*Neurasthenia sexualis*" ausbilde, die sich „in reizbarer Schwäche des Ejaculationscentrums" kundgebe.

Die Ärzte im ausgehenden 19. Jahrhundert fühlten sich nicht weniger zur Volksbelehrung und Volkserziehung berufen wie ihre Vorgänger unter dem Einfluss der Aufklärung 100 Jahre zuvor. Dies galt vor allem für die Psychiater, die es als ihre politische Mission ansahen, gegen Alkoholismus, Degeneration, Sittenverfall (auch in politischer Hinsicht) sowie sexuelle Unarten und Perversionen zu Felde zu ziehen. Positive Vorbilder des richtigen, d. h. naturgemäßen Lebens sollten in der Öffentlichkeit für eine vernünftige Lebensführung gerade auf dem Gebiet des Geschlechtslebens werben. Paradigmatisch für dieses Vorhaben war das umfangreiche Werk „Die sexuelle Frage" des Zürcher Psychiaters Auguste Forel.[1] Als volkstümliches Aufklärungsbuch und Gesundheitsratgeber erlebte es seit seinem Erscheinen 1905 in knapp vier Jahrzehnten zahlreiche Auflagen. Im Geiste des ausgehenden 19. Jahrhunderts verschmolz Forel alle maßgeblichen Strömungen der Zeit zu einem klaren Plädoyer für die „*Einführung des biologisch-wissenschaftlichen Geistes* [...] in den Massen der Menschheit". So stützte er seine Argumentation auf Fortpflanzungsbiologie, Evolutionslehre, Ethnologie, sexuelle Psychopathologie, Suggestionslehre, soziale und politökonomische Verhältnisse, Sexualhygiene und *last but not least* auch auf sozial- und sexualreformerische Ideen, wie etwa die „sozialrechtliche Gleichstellung der Frau". Der Mann dürfe Frau und Kinder eben nicht als „Besitz oder als Naturgegenstände" betrachten. Er wandte sich also dagegen, die von ihm durchweg betonten natürlichen bzw. biologischen Geschlechtsunterschiede zur Legitimation sozialer Ungleichheit heranzuziehen.

Der Geschlechtstrieb war auch für Forel primär ein Naturtrieb zum Zwecke der Fortpflanzung. Naturtriebe aber seien „tiefererbte Instinkte, die weit in die Stammesgeschichte unserer Tierahnen zurückreichen." So gehöre die geschlechtliche Liebe des Menschen zur „Großhirnseele" und beruhe auf „einer sekundären Ausstrahlung des tierischen Sexualtriebes". Damit kehrte Forel –

---

[1] Auguste Forel: Die sexuelle Frage. 17. Aufl. Zürich: Rascher, 1942. [1. Aufl. München: Reinhardt, 1905]: S. 435, 325, 70-72, 87-89, 229, 445-455.

entgegen seiner sozialreformerischen Ideen – wieder zur klassischen Rollenzu-schreibung zurück, die offenbar biologisch ein für alle Mal im sexuellen Rollen-verhalten fixiert zu sein schien: der aktive Mann gegenüber der passiven Frau. „Beim Mann, als dem aktiven Teil im Begattungsakt, ist die direkte sexuelle Begierde, d. h. die Begierde zum Koitus, zunächst am stärksten. Sie entwickelt sich auch bei ihm am spontansten, denn seine Rolle bei der Begattung ist ja seine wichtigste sexuelle Betätigung. Auch strahlt dieselbe gewaltig in sein Seelenleben herein, obwohl sie darin eine viel geringere Rolle spielt als beim Weibe." Demgegenüber unterschied sich in den Augen Forels die Frau beim Geschlechtsakt wesentlich vom Mann, „nicht nur durch die ihr zufallende natürliche Passivität bei der Begattung, sondern durch das Fehlen des Vorgan-ges der Samenentleerung." Immerhin gestand er der Frau einen gewissen analogen Vorgang zu. Zwar gebe es bei ihr keine Anhäufung von Samen, aber doch „im Zentralnervensystem eine Art Ansammlung des libidinösen Triebes bei längerer Enthaltung." Die biologischen Unterschiede bestimmten in dieser Sicht die unterschiedlichen Verhaltensweisen. So mache die geringere Körper-kraft und -größe der Frau, „verbunden mit ihrer passiven Rolle bei der Begat-tung, [...] die Sehnsucht nach einer kräftigen Stütze infolge einer natürlichen Anpassung durchaus erklärlich." Und schließlich der Schlüsselsatz in diesem Zusammenhang: „Im allgemeinen sind die Frauen noch größere Sklavinnen ihrer Instinkte und Gewohnheiten als die Männer."

Das Ausleben des Geschlechtstriebs sollte vor allem eugenischen Zielen nicht widersprechen. Um diesen gerecht zu werden, wurden sogar gewisse Perver-sionen in Kauf genommen. So war die „Sodomie" oder „Bestialität", der sexu-elle Umgang mit Tieren, in den Augen Forels „eine der harmlosesten Formen der pathologischen Verirrungen des Sexualtriebs". Denn es werde beim Ge-schlechtsverkehr mit großen Tieren niemand geschädigt und keine Nachkom-menschaft oder Infektion riskiert. „Es ist für die menschliche Gesellschaft wohl doch besser, wenn ein Idiot oder ein Schwachsinniger sich an einer Kuh sexuell vergeht, als wenn er ein Mädchen schwängert und für Weitererzeugung von Idioten sorgt; die Kuh frißt gemütlich weiter und alles bleibt beim alten."

Forels „utopische Gedanken über die Zukunftsehe" am Ende seines Werkes enthalten lebenspraktische Ratschläge. Diese kreisen um zwei Techniken. Einerseits um die „Kunst, lange zu lieben", sozusagen um eine erotische Variante von Hufelands „Makrobiotik". Hierbei ging es dem Autor vor allem um das Problem, wie „verirrte Liebesleidenschaft in das Ehebett zurückgeleitet" werden kann – durch „geistige" oder „höhere Liebe", welche die sexuelle zu begleiten habe. Andererseits sollte die Kunst der Ablenkung hierzu dienen: „Die Arbeit sowie die Verfolgung sozialer Lebensideale sind und bleiben die gesündeste Ablenkung für den Geschlechtstrieb. Müßiggang, Luxus und großstädtische Sittenkorruption sind es besonders, die den Geschlechtstrieb durch einseitige Züchtung als Selbstzweck zur individuellen Entartung führen, wie man es bei den Helden beider Geschlechter in modernen Romanen sieht. Außerdem frischt die Arbeit die Liebe auf und läßt zum Ehestreit wenig Zeit." Forels Plädoyer für „Arbeit" erscheint hier als ein sexualpädagogisches Analogon zu Sebastian Kneipps „Abhärtung" durch die Kaltwasserkur. Es kam am *Fin de siècle* zu einer Liaison zwischen Psychiatern und Naturheilkundlern, schienen doch die die Methoden der Naturheilkunde und insbesondere Badekuren die allenthalben vermutete „Nervenschwäche" (Neurasthenie) beheben zu können.

Forels großes Aufklärungsbuch liest sich wie ein Kompendium der Sexualwissenschaft unter dem Vorzeichen des Biologismus und seiner sozialhygienischen (rassenhygienischen) Zielsetzung, den „Verfall unserer Rasse" nicht tatenlos hinzunehmen. Der Geschlechtstrieb wurde in dieser Perspektive als Naturtrieb evolutionsbiologisch begriffen. Als eingeborenen Instinkt konnte man ihn nur mit psychologischen oder geistigen Mitteln in Schach halten und idealer Weise durch „Arbeit" von ihm ablenken. Die romantische Idee, Sexualität mit kosmischen oder religiösen Weiterungen in Beziehung zu setzen, lag Forel und seiner Generation fern.

Onanie als Quelle allen Übels

Das Klischee von der Leib- und Lustfeindlichkeit des Christentums wird bis heute eifrig gepflegt. Vor allem die Unterdrückung der Sexualität wird dabei beklagt, die gesundheitsschädigende Auswirkungen habe. Ab den 1950er Jahren wurden Störungen, die man der triebfeindlichen Erziehung nach rigiden Vorgaben der Kirche zuschrieb, als Symptome der „ekklesiogenen Neurose" angesehen.[1] Ein herausragendes Zeugnis hierfür stellte der autobiografische Bericht „Gottesvergiftung" des Psychoanalytikers Tilmann Moser dar.[2] Doch bei aller Kritik einer kirchlich verordneten Sexualmoral sollte nicht in Vergessenheit geraten, dass die „Triebfeindlichkeit" seit der Aufklärung im 18. Jahrhundert primär nicht mehr von Religion und Kirche, sondern von Medizin und Gesundheitspolitik ausging. Das Sexualverhalten geriet wie andere Lebensbereiche ins Visier der Medizin und wurde zum Gegenstand der Gesundheitspolitik, was heute als „Medikalisierung der Gesellschaft" bezeichnet wird. So ging die heftig geführte Debatte über die Onanie und ihre Gefährlichkeit, die im 18. Jahrhundert in Gang kam, nicht von einer Moralkampagne katholischer Priester aus, sondern entsprang einem Feldzug aufgeklärter Ärzten für die Volksgesundheit. Diese argumentierten zum einen physiologisch im Sinne der Humoralpathologie, wonach der Verlust an Samenflüssigkeit (der dem Schleim, dem *phlegma* im Gehirn zugeordnet wurde) sowie die übermäßige Nervenreizung eine „Rückenmarksdarre" verursachten. Zum anderen argumentierten sie psychologisch im Sinne der Imaginationslehre, wonach wollüstige Einbildungen zu Verirrungen des Geistes und des Körpers führen würden. Das Schreckgespenst der Onanie als Krankheit verursachendes Übel verschwand letztlich erst mit der „sexuellen Revolution" in den 1960er Jahren. Kirchen- bzw. religionskritische Autoren wie Tilmann Moser traten just da auf den Plan, als die Medizin selbst sich wandelte und ihren dogmatischen Paternalismus in Frage stellte. Die Lehre von der „ekklesiogenen Neurose", die ja durchaus eine gewisse Plausibilität hat, sollte den historischen Rückblick auf die nicht weniger problematische „iatrogene Neurose" verstellen, die von einem – gerade auf sexuellem Gebiet – extrem normativen Menschenbild der Medizin ausging. Denn „Perversionen" wurden insbesondere von der Psychiatrie unerbittlich

---

[1] http://de.wikipedia.org/wiki/Ekklesiogene_Neurose (27.02.2016).

[2] Tilmann Moser: Gottesvergiftung. Frankfurt am Main: Suhrkamp, 1976.

gegeißelt und Homosexualität und Onanie oft in einem Atemzug als solche „Perversionen" oder Kennzeichen der „Psychopathie" gebrandmarkt.

Der US-amerikanische Wissenschaftshistoriker Thomas Laqueur lässt die Debatte über die Schädlichkeit der Onanie mit dem Jahr 1712 beginnen, als in England die anonyme Schrift *„Onania or the Heinous Sin of Self-Pollution"* erschien.[1] Das Buch sei „von einem Quacksalber und Pornografen aus Profitstreben verfasst" worden, den er namentlich identifizieren könne: John Marten, „der 1708 wegen Obszönität verklagte Chirurg und Quacksalber."[2] Die deutsche Übersetzung erschien in der Erstauflage 1736 unter dem Titel „Onania oder die Sünde der Selbst-Befleckung, mit allen ihren entsetzlichen Folgen".[3] Die Wirkung dieser Schrift war offenbar beachtlich, wurde sie doch bereits wenige Jahre später in dem betreffenden Band von Zedlers „Universal-Lexicon" im Artikel „Selbst-Befleckung" als eine Hauptquelle ausführlich zitiert[4] – 17 Jahre vor dem Erscheinen der klassischen Schrift *„L'Onanisme"* des Lausanner Arztes Samuel-Auguste Tissot.[5] Bereits lange zuvor wurde dem großen Publikum das Schreckenspanorama dieser „Sünde" ausgemalt, die auch als *„Onania"* und *„Crimen onanitium"* bezeichnet wurde. *Crimen* war in jener Zeit ein Synonym für „Laster, Übelthat, Missethat, Verbrechen", wobei die Onanie als ein *Crimen occultum*, ein „heimlich und verborgen Laster" aufgefasst wurde.[1] Als verwerflich galt, dass sich die betreffenden Personen „in

---

[1] Onania or, the heinous sin of self-pollution, and all its frightful consequences (in both sexes) considered: with spiritual and physical advice. 19th ed., as also the 10th ed. of the supplement to it. [1st ed. c. 1712]. London: Corbett; Cooke, 1759 [author: John Marten].

[2] Thomas W. Laqueur: Die einsame Lust. Eine Kulturgeschichte der Selbstbefriedigung. Aus dem Amerikanischen von Clemens Brunn. Berlin: Osburg, 2008: S. 416 bzw. S. 33.

[3] Onania, oder erschreckliche Sünde der Selbst-Befleckung mit allen ihren entsetzl. Folgen so dieselbe bey beyderley Geschlecht nach sich zu ziehen pfleget ; nebst geist- u. leibl. Rath vor alle diejenigen, welche sich durch diese abscheul. Gewohnheit bereits Schaden zugefüget haben; nach d. 15. Herausgebung aus d. Engl. ins Dt. übers. Leipzig: Löwe, 1736.

[4] Zedler, 1732-1754 [Universal-Lexicon]; Bd. 36 (1743): Sp. 1586-1590.

[5] Samuel Auguste Tissot: L'onanisme ou Dissertation physique sur les maladies produites par la masturbation. Trad. du latin [...] et considérablement de augmente par l'auteur. Lausanne : Chapuis, 1760.

ihren Gedancken bemühen, der Natur nachzuäffen" und sich die Empfindung selbst verschaffen, die Gott verordnet habe, um die „fleischliche Vermischung" zum Zwecke der Fortpflanzung „angenehmer" zu machen.[2] Mit Hinweis auf den biblischen Onan (Gen 18,9-10) wurde der zutiefst sündhafte Charakter der Onanie herausgestellt. „Die Selbst-Befleckung ist nicht nur eine Sünde wider die Natur, sondern auch eine solche Sünde, so die Natur umkehrt, und gleichsam ausrottet, und wer sich deren schuldig machet, der bemühet sich um den Untergang seines Geschlechts, und suchet gleichsam der Schöpfung selbst Schaden zuzufügen."

Als besondere Ursachen – abgesehen den „Ursachen der Unreinigkeit überhaupt" wie „ärgerliche Bücher, böse Gesellschaft, [...] unzüchtige Gespräche" – wurden drei genannt: (1) die Unwissenheit über die „Erschrecklichkeit des Lasters", seine die Gesundheit ruinierenden Folgen; (2) die „Heimlichkeit dieser Sünde", die ohne Zeugen begangen wird; und (3) die „fälschlich eingebildete Straflosigkeit", da das Laster nicht, wie die Hurerei, Geld koste und eine Ansteckungsgefahr mit sich bringe. Der Katalog der „erschrecklichen Folgen und Plagen" ist lang und betrifft beide Geschlechter. Es sei hier nur eine Auswahl von Stichwörtern wiedergegeben: Verhinderung des Wachstums bei beiden Geschlechtern; bei Männern und Knaben werden u. a. Phimosen, Strangurien, Priapismus, Gonorrhöen, Ohnmachten, Fallsucht, Schwindsucht, körperliche Abzehrung, Penisschwäche, Unfruchtbarkeit, kränkliche und schwache Kinder genannt; bei Frauenzimmern führe die Onanie zum Ausfluss, zu bleichem bzw. schwarzgelbem und bleifarbenem Aussehen, hysterischem Paroxysmus, „Mutter-Beschwerung", Abzehrung des Leibes und Unfruchtbarkeit. Der Artikel in Zedlers „Universallexicon", der mit einer religiösen Brandmarkung des Lasters begonnen hat, greift diese im Schlussteil noch einmal auf und verstärkt sie: Dieses Laster, die „Gewohnheit der Unreingkeit durch die Selbst-Befleckung", sei besonders gefährlich, da sie den anderen, wie Ehebruch und Hurerei, den Weg bahne. Im Grunde können auch alle andern Las-

---

[1] Zedler, 1732-1754 [Universal-lexicon]; Bd. 6 (1733): Sp. 1645 f.

[2] Zedler, 1732-1754 [Universal-Lexicon]; Bd. 36 (1743): Sp. 1586, 1587, 1590

ter von der „ersten Schooß-Sünde" hervorgerufen werden, wie Lügen, Schwören, „ja vielleicht Mord und Todtschlag." Es erscheint auf den ersten Blick
paradox und absurd, dass die Onanie just im Zeitalter der Aufklärung ihre
intensivste und penetranteste Unterdrückung erfuhr. Die tatsächliche Durch-
schlagskraft des Onanie-Verbots verdankte sich wie gesagt weniger theologischen Verdikten, als vielmehr der strikt medizinischen Argumentation, welche
die schrecklichen Folgen der Sünde für Leib und Leben im Diesseits höchst
dramatisch auf der öffentlichen Bühne darzustellen wusste und diese *performance* im Namen der Wissenschaft mit religiöser Sündenrhetorik einrahmte.

Wie bereits erwähnt, veröffentlichte der Arzt und medizinische Schriftsteller
Samuel Auguste Tissot schließlich 1860 seine berühmte Abhandlung
„*L'Onanisme*". Im selben Jahr erschien bereits die erste Ausgabe der deutschen Übersetzung unter dem Titel „Versuch von denen Krankheiten, welche
aus der Selbstbefleckung entstehen".[1] Auf der Rückseite des Titelblatts ist
folgende bedrohlich klingende Strophe des Friedrich Rudolph Ludwig Freiherrn
von Canitz zu lesen, die in der französischen Ausgabe fehlt und von der origi-
nalen Fassung an einer Stelle abweicht:

> „Wenn schnöde Wollust dich erfüllt,
> So werde durch ein Schrökenbild
> Verdorrter Todenknochen
> Der Küzel unterbrochen."

Bei dem 1699 gestorbenen Diplomaten und Lyriker von Canitz lautet der
erste Vers (aus den „Geistlichen Gedichten" entnommen): „Wenn schnöde
Wollust *mich* erfüllt".[2] Das reuevolle In-sich-Gehen wurde vom Tissot-
Übersetzer zur pädagogischen Ermahnung anderer umgemünzt. Diese Ver-
se erschienen auch in leicht veränderter Schreibweise als Legende zu einem
Kupferstich, der in einer 1787 erschienenen Abhandlung gegen die Onanie

---

[1] Samuel Auguste Tissot: Versuch von denen Krankheiten, welche aus der Selbstbefleckung
entstehen. Aus dem Lateinischen übersetzt. Frankfurt; Leipzig: Fleischer, 1760.

[2] Friedrich Rudolph Ludwig von Canitz: Des Freyherrn von Caniz Gedichte […]. Leipzig; Berlin:
Haude ; Leipzig: Barthel, 1727: S. 45.

als Frontispiz vorangestellt wurde.[1] (**Abb.** 1) Es zeigt einen Erzieher, der seinen Zögling vor einem Skelett schwören lässt. Ein solches *setting*, das an den Einsatz von Skeletten zur Abschreckung in der Irrenheilkunde erinnert, war im ausgehenden 18. Jahrhundert offenbar beliebt. Der Pietist Georg Sarganeck schrieb: „Ich kenne einen Freund, der ein Sceleton oder Todtengerippe von einem Weibsbilde, so ihrer Unzucht und Kindsmordes wegen am Leben erst vor 5 Jahren bestraft worden, besitzet und selbiges zu dergleichen Vorstellungen für sich und ander gebrauchet."[2] Mit diesem Bild illustrieren übrigens heutige Autoren im Bereich der Kulturwissenschaften gerne ihre Studien zur Geschichte der Sexualität.[3]

Zurück zu Tissot: Er schilderte vor allem eigene Fallbeispiele für krank machende, ja tödliche Ausschweifung bzw. Onanie, etwa die Geschichte eines älteren Mannes, der wegen zu häufigen Beischlafs mit seiner jüngeren Frau zu Tode gekommen sei: „Ich kenne einen sehr gelehrten aber dabei zärtlichen und pflegmatischen [sic] Mann / der in seinem neun und fünfzigsten Jahre eine junge und sehr geile Frau heurathete, in der dritten Woche nach der Hochzeit von wegen des allzufleißigen Beischlafs in eine plözliche und gänzliche Blindheit verfallen ist / in dem vierten Monat gieng er den Weg alles Fleisches."[4] Die Schreckensbilder der Onanie bzw. der sexuellen Ausschweifung gleichen denen, die uns bereits in Zedlers „Universallexicon" begegnet sind. Interessant ist Tissots Schilderung der weiblichen Onanie und seine Begründung ihres *geringeren* Gefahrenpotenzials. Die Frauen bewegten sich sozusagen im Windschatten der Männer. Zunächst stellte er

---

[1] Gotthilf Sebastian Rötger: Über Kinderunzucht und Selbstbefleckung. Ein Buch bloß für Ältern, Erzieher und Jugendfreunde. Züllichau: Frommann, 1787: Frontispiz.

[2] Georg Sarganeck: Ueberzeugende und bewegliche Warnung vor allen Sünden der Unreinigkeit und Heimlichen Unzucht [...]. Züllichau: Waisenhaus (bey Gottlob Benj. Frommann), 1740: S. 500 f. ; zit. n. Karl Braun: Die Krankheit Onania. Körperangst und die Anfänge moderner Sexualität im 18. Jahrhundert. Frankfurt; New York Campus, 1995 (Historische Studien; Bd. 16): S. 218

[3] Corinna Wernz: Sexualität als Krankheit. Der medizinische Diskurs zur Sexualität um 1800. Stuttgart: Enke, 1993 (Beiträge zur Sexualforschung; Bd. 67): Frontispiz.

[4] Tissot, 1760 [L'onanisme]: S. 17, 38 f., 41, 42.

fest, „daß auch selbst das schöne Geschlecht von der Schändlichkeit der Selbstbefleckung nicht völlig frei ist", wobei ihm die „weibliche Schändung, welche mit dem Küzler geschiehet", besonders am Herzen lag. Aber Frauen seien sowohl durch übermäßigen Geschlechtsverkehr als auch durch Onanie weniger gefährdet als Männer, was eine physiologische Ursache habe, „weil der sogenannte weibliche Samen keine belebende Kraft hat, mit weit weniger Zubereitung und Umständen abgesondert wird, und von geringerem Werth ist, als der rechte Hoden-Samen der Männer". Immerhin zählte Tissot eine Reihe von Krankheiten auf, welche durch weibliche Onanie hervorgerufen würden: „grausame Mutter [Gebärmutter] Beschwerden, peinliches [schmerzhaftes] Zuken, die gelbe Sucht [...] , grose und hartnäkige Verstopfung des Leibes, [...] weisen Flus [Scheidenausfluss], [...] die geile Wuth [Nymphomanie]und dergleichen mehr."

In diesem Zusammenhang wäre die Aufklärungsschrift des sozialmedizinisch interessierten Arztes Bernhard Christoph Faust zu erwähnen, der bis 1785 in Rotenburg an der Fulda praktizierte: „Wie der Geschlechstrieb der Menschen in Ordnung zu bringen und die Menschen besser und glücklicher zu machen". Die Gewährsleute des Autors waren Tissot und Rousseau. Er prangerte die Selbstbefleckung als das größte Übel an und sah in ihr ein Zeichen des allgemeinen Sittenverfalls. Seit zwei Generationen seien Zucht und Ordnung angesichts von Üppigkeit, Wollust und Weichlichkeit verloren gegangen. „Ginge dies fürchterliche um sich greifende Uebel, in eben der Progression, mit der es angefangen hat, steigend fort: so würde es um das Menschengeschlecht, das schon jetzt so sehr verfallen ist, bald gänzlich gethan seyn."[1] Er meinte, die weibliche Ordnung bzw. Unordnung würde dem männlichen Vorbild folgen. Deshalb müsse man die erste und größte Sorge auf das männliche Geschlecht verwenden: „Mit dem männlichen kommt auch das weibliche Geschlecht in Ordnung." Sein Rezept war die „Abhärtung", das auch die Forderung nach Abschaffung der Kopfbedeckung

---

[1] Bernhard Christoph Faust: Wie der Geschlechstrieb der Menschen in Ordnung zu bringen und die die Menschen besser und glücklicher zu machen. Mit einer Vorrede von H. H. Campe. Braunschweig: Schulbuchhandlung. 1781: S. 1, 3, 134, 67-157, 66.

einschloss. Faust schlug in einem umfangreichen Kapitel eine detaillierte Kleiderordnung vor, eine „Landesordnung über künftige einförmige Kleidung der Kinder der Landleute". Der Zweck dieser Uniformierung war, die Geschlechtsteile „vorzüglich des männlichen Geschlechts, in den ersten 14 bis 15 Jahren des Lebens kühl und frei zu halten" und die Kinder „wieder in den Stand der Kindheit einzusetzen – und so einen Anfang zur Ordnung und zum Glück im Menschengeschlechte zu machen".

Faust schickte sein Buch an zahlreiche „weise, edle Männer" in Europa, darunter auch an den Naturforscher und Jakobiner Georg Forster und den Anatomen Samuel Thomas Sömmerring. Er legte es pathetisch vor dem „Altar der Menschheit" nieder, was er entsprechend illustrierte – ein schönes Beispiel für die Sakralisierung profaner Naturwissenschaft, die sich dann in ihren Laboratorien des 19. Jahrhunderts im „Tempel der Wissenschaft" wähnte. (**Abb. 2**) Johann Heinrich Campe, ein Vertreter der Aufklärungspädagogik in Deutschland, lobte in seiner „Vorrede" die lauteren Absichten des Autors, dem es um das Wohl der Menschheit und nicht um sich selbst gehe. Auch er machte ungünstige „Beinkleider" der Knaben für die Sittenverderbnis verantwortlich. Campe wollte den Einwurf dagegen, dass auch in früheren Zeiten solche Kleidungsstücke ohne Schaden in Gebrauch waren, entkräften: „Was das rohe, unverderbte und durch jede Art von Abhärtung gestählte Kind der Natur, ohne merklichen Schaden erträgt, das kann für den durch Kunst und Ueppigkeit verweichlichten und verkrüppelten Schwächling die gefährlichsten Folgen haben."[1]

„Todsünde" wider die Natur

Die Gefährlichkeit der Onanie (wie des übermäßigen Geschlechtsverkehrs) ergab sich aus der Vorstellung, dass mit dem Verlust des Samens zugleich Lebenskraft verloren gehe. Diese Lehre konnte sich in der abendländischen Tradition auf Aristoteles berufen, der tatsächlich in *„De generatione animalium"* festgestellt hatte, dass im allgemeinen bei den meisten Männern der

---

[1] Johann Heinrich Campe: Vorrede. In: Faust, 1781 [Geschlechtstrieb], S. VII-XXVIII: hier S. XXIII.

Geschlechtsverkehr zu Erschöpfung und Schwäche führe.[1] Wir werden nun sehen, wie Christoph Wilhelm Hufeland in den 1790er Jahren die oben skizzierte Lehre von der verderblichen Onanie unverändert aufgriff und höchst wirkungsvoll in seine „Makrobiotik" einbaute. Hufeland war seinerzeit noch Hofmedikus in Weimar. Zu seinen Patienten gehörten die dort ansässigen Geistesgrößen wie Goethe und Schiller. Nach seiner Berufung 1801 nach Berlin stieg er zu einer führenden Figur der deutschen Universitätsmedizin auf. Seine Lehre repräsentierte die medizinische Wissenschaft seiner Zeit. Deshalb sind seine Ausführungen zur Onanie besonders aufschlussreich und sollen im Einzelnen vorgestellt werden. Der Titel von Hufelands populärer Programmschrift lautete „Die Kunst, das menschliche Leben zu verlängern". Sie erschien erstmals 1796 bzw. 1797 und wurde in zahlreichen späteren Auflagen unter dem Obertitel „Makrobiotik" in weiten Teilen der Bevölkerung auch als „Volksausgabe" bekannt. Es lohnt sich, das dem Abschnitt „Verkürzungsmittel des Lebens" zugeordnete Kapitel „Ausschweifungen der Liebe. – Verschwendung der Zeugungskraft. – Onanie, sowohl physische als moralische" etwas genauer in Augenschein zu nehmen.[2] Es stand bereits in der ersten Auflage von 1797 an zweiter Stelle von insgesamt 12 Kapiteln, was die Wichtigkeit seiner Thematik von Anfang an unterstrich. Auf wenigen Seiten malte Hufeland ein unüberbietbares Schreckensgemälde an die Wand. Die Ausschweifung sei das zerstörendste „von allen Lebensverkürzungsmitteln": „Was kann aber wohl mehr die Summe der Lebenskraft vermindern, als die Verschwendung desjenigen Saftes, der dieselbe in der concentrirtesten Gestalt erhält, der den ersten Lebensfunken für ein neues Geschöpf, und den größten Balsam für unser eigenes Blut in sich faßt?" Seelenorgane (Gehirn) und Zeugungsorgane seien eng miteinander verbunden und verbrauchten „beide den veredeltsten und sublimirtesten Theil der Lebenskraft". Je mehr wir die Denkkraft anstrengen würden, desto weniger lebe unsere Zeugungskraft und „je mehr wir die Zeugungskräfte reizen und ihre Säfte verschwenden, desto mehr verliert die Seele an Denkkraft,

---

[1] Aristoteles: De generatione animalium: Buch I, 18 (724a).

[2] Christoph Wilhelm Hufeland: Makrobiotik oder Die Kunst, das menschliche Leben zu verlängern. Volksausgabe von Alfred Maury. Berlin: Cronbach, 1869: S. 49-53.

Energie, Scharfsinn, Gedächtniß." Hufeland empfahl nun ein allgemeines therapeutisches Konzept gegen die triebhafte Säfteverschwendung, nämlich die Ehe, „die den Reiz des Wechsels ausschließt und den physischen Trieb höhern moralischen Zwecken unterwirft". Somit könne „dieser Trieb auch physisch geheilt, d. h. unschädlich und heilsam gemacht werden." War nun die sexuelle Ausschweifung *per se* schon schlimm genug, so erschien die Onanie als der Gipfel der Schädigung, als Todsünde wider die Natur. Denn es gelte der Grundsatz, „daß die Natur nichts fürchterlicher rächt, als das, wo man sich an ihr selbst versündigt. – Wenn es Todsünden giebt, so sind es zuverlässig die Sünden gegen die Natur." Onanie schade bei beiden Geschlechtern „unendlich mehr [...] als der naturgemäße Beischlaf." Hufeland malte ein entsprechendes Schreckensbild des „Sünders" aus, der wegen seines Lasters von so gut wie allen Krankheiten, die seinerzeit diagnostiziert wurden, heimgesucht werden konnte. Es soll hier ausführlich wiedergegeben werden, da es jene medizinische Doktrin prägnant zusammenfasste, die erst im ausgehenden 20. Jahrhundert ihre Gültigkeit verlor.

„Schrecklich ist das Gepräge, was die Natur einem solchen Sünder aufdrückt! Er ist eine verwelkte Rose, ein in der Blüthe verdorrter Baum, eine wandelnde Leiche. Alles Feuer und Leben wird durch dieses stumme Laster getödtet, und es bleibt nichts als Kraftlosigkeit, Unthäthigkeit, Todtenblässe, Verwelken des Körpers und Niedergeschlagenheit der Seele zurück. Das Auge verliert seinen Glanz und seine Stärke, der Augapfel fällt ein, die Gesichtszüge fallen in das Länglichte, das schöne jugendliche Ansehen verschwindet, eine blassgelbe bleyartige Farbe bedeckt das Gesicht. Der ganze Körper wird krankhaft, empfindlich, die Muskelkräfte verlieren sich, der Schlaf bringt keine Erholung, jede Bewegung wird sauer [...]. Knaben, die Genie und Witz hatten, werden mittelmässige oder gar Dummköpfe; die Seele verliert den Geschmack an allen guten und erhabnen Gedanken; die Einbildungskraft ist gänzlich verdorben. Jeder Anblick eines weiblichen Gegenstands erregt in ihnen Begierden, Angst, Reue, Beschämung und Verzweiflung an der Heilung des Uebels macht den peinlichen Zustand vollkommen."

Der Onanist sei auch von „Anwandlungen zum Selbstmord" wegen peinigender Gefühle und geheimer Vorwürfe bedroht: „Das schreckliche Gefühl des lebendigen Todes macht endlich den völligen Tod wünschenswerth." Aber auch andere schreckliche Leiden der Körperorgane und des Organismus insgesamt könnten entstehen: „Überdies ist die Verdauungskraft dahin, Winde und Magenkrämpfe plagen unaufhörlich, das Blut wird verdorben, die Brust verschleimt, es entstehen Ausschläge und Geschwüre in der Haut, Verdrocknung und Abzehrung des ganzen körpers, Epilepsie, Lungensucht, schleichendes Fieber, Ohnmachten und früher Tod." Das Übel werde noch komplettiert durch die Folgen der „moralischen Onanie", der „Anfüllung und Erhitzung der Phantasie mit lauter schlüpfrigen und wollüstigen Bildern". Dies könne zur „Gemüthskrankheit" führen, zu einem schwächenden Reizfieber, einer „Reizung ohne Befriedigung". Hufeland sah besonders drei Gruppen von der „moralischen Onanie" betroffen: „Wollüstlinge", Menschen „im religiösen Cölibat", die ihre „Geistesonanie" hinter heiligen Entzückungen verstecken könnten, sowie ledige Frauen, die durch die Lektüre von Romanen „oft im innern gewaltig ausschweifen".

Auf der anderen Seite sang Hufeland ein Loblied auf die „Enthaltsamkeit von dem Genuss der physischen Liebe in der Jugend und ausser der Ehe", wie das vierte Kapitel von insgesamt 17 im Abschnitt „Verlängerungsmittel des Lebens" überschrieben ist.[1] Zwei Gründe waren für ihn ausschlaggebend: zum einen die Vergeudung von Lebenskraft durch übermäßigen Samenverlust und zum anderen die Gefahren einer Ansteckung durch das „venerische Gift". Beides könnte durch die Enthaltsamkeit vermieden werden. Als Lohn winkte dann ein „glücklicher Ehestand", der Hufeland im darauffolgenden Kapitel mit rosigen Farben häuslichen Glücks ausmalte. Ein neuer Gesichtspunkt kam nun hinzu: Der Mensch sei gegen den physischen Schaden, „den die Nichtbefriedigung des Geschlechtstriebs erregen könnte, gesichert, es existirt keine unwiderstehliche blos thierische Nothwendigkeit desselben". Es gebe „natürliche

---

[1] Christoph Wilhelm Hufeland: Die Kunst das menschliche Leben zu verlängern. Jena: Akad. Buchhandlung, 1797: S. 513-544.

Ableitungen" – „*Pollutiones nocturnae* beym männlichen und *Menstrua* beym weiblichen Geschlechte". Daraus schloss Hufeland, dass die Enthaltsamkeit keinen Schaden anrichte, im Gegenteil: Die Säfte seien „nicht bloß zur Ausleerung sondern am meisten zur Wiedereinsaugung ins Blut und zu unserer eigenen Stärkung bestimmt". Gerade diese Idee der Wiedereinsaugung bzw. Zurückhaltung des Samens spielte in asiatischen Sexualpraktiken und ihren westlichen Adaptionen, wie etwa *Karezza*, die freilich ein gänzlich anderes Verständnis von „Enthaltsamkeit" als Hufeland hatten, eine wichtige Rolle (siehe Kapitel 6).

Eine solche Brandmarkung der Onanie als naturwidrige und zu Krankheit und Tod führende Handlung durch ärztliche Autoritäten war zwischen dem 18. und 20. Jahrhundert gang und gäbe. Sie bezeugt, wie religiöse Vorstellungen, vor allem die von Sünde, Schuld und Strafe (vor allem der „Natur") ungebrochen in den medizinischen Diskurs einflossen und diesen befeuerten. Die Sünde bestand nun weniger darin, dass Gottes Gebot verletzt wurde – entsprechend der Geschichte des Onan im Alten Testament, die allerdings den *Coitus interruptus* und nicht die „Onanie" problematisiert –, als vielmehr in der Missachtung der physiologischen, naturgegebenen Ordnung des menschlichen Organismus: die Vergeudung der Lebenskraft, die Schwächung des Körpers und im Falle der „moralischen Onanie" die Überreizung der Seele. Letztlich galt die Onanie als potenzieller Selbstmord – und der war für Ärzte wie Seelsorger gleichermaßen mit allen Mitteln zu bekämpfen. Inwieweit ihr pädagogisches Wirken selbst dazu beitrug, dass solche Selbstmordgedanken bei Jugendlichen überhaupt erst entstehen konnten, lag außerhalb der zeitgenössischen Denkgewohnheit.

Der Kampf gegen die Onanie wurde mit allen möglichen Mitteln geführt. Zu den drastischen gehörten bestimmte Bandagiertechniken, wie sie der norddeutsche Arzt und Initiator des Seebades Heiligendamm Samuel Gottlieb Vogel empfahl. In seiner Aufklärungsschrift über das „unglaubliche gemeine Laster der zerstörenden Selbstbefleckung" empfahl er u. a. das Hochbinden der Unterarme auf den Rücken zur Verhütung der Onanie.[1] Auch Apparate zur Verhütung der Onanie in Form altbekannter Keuschheitsgürtel wurden bei beiden Geschlechtern eingesetzt. Der Pädagoge und Philanthrop Johann Heinrich Campe berichtete zur selben Zeit von einem Erzieher, dem als Jugendlicher Tissots Buch in die Hände gefallen sei und der sich von seinem vermeintlichen Leiden durch einen gekrümmten Draht befreit habe, den er sich an seinen zwei ringförmig gebogenen Enden durch die Vorhaut zog, sodass die Krümmung auf der Eichel lag. Um die Löcher in der Vorhaut anzubringen, legte er sie „etwas vorgezogen auf den Tisch, setzte den Nagel darauf und – man bewundere den tugendhaften Heldenmuth des Knaben! – nagelte sich, indem er einen derben Schlag mit einem Buche [Tissots Buch!] darauf versetzte fest."[2] Campe beschrieb den vielfachen Nutzen einer solchen Drahtvorrichtung, die er, wie er beteuerte, auch am eigenen Sohn einsetzen würde und die zu seinem Bedauern nur bei Jungen Anwendung finden könne: „Erstens macht er [der Draht] die Selbstschändung schlechterdings unmöglich; zweitens verhindert er auch die bloße Erection durch den Schmerz, der in dem nemlichen Augenblicke, da dieselbe sich ereignen will, alle wollüstigen Empfindungen sogleich unterdrückt; und hierdurch wird er drittens ein vollkommen sicheres Verwahrungsmittel auch gegen alle unwillkürlichen Schwächungen [Pollutionen] im Schlafe." Im Kampf gegen die Onanie sollten sich der Knabe oder Mann als Helden profilieren, die ihren Geschlechtstrieb mit aller Härte kontrollieren konnten – als Erziehungsprodukt im Sinne einer Modellierung des „männlich-bürgerlichen Körpers", wie es aus heutiger Sicht erscheint. Es sei hier angemerkt, dass Keuschheitsgürtel noch Mitte des 19. Jahrhunderts propagiert und hergestellt wurden. So veröffentlichte der schottische Chiurg John

---

[1] Samuel Gottlieb Vogel: Unterricht für Eltern, Erzieher und Kinderaufseher] [...] wie das unglaubliche gemeine Laster der zerstörenden Selbstbefleckung am sichersten zu entdecken, zu verhüten und zu heilen sei. Stendal: Franz & Grosse, 1786,

[2] Zit. n. Sabine Todt: „... das Gemüth wird verschlossen, verdrossen, unlustig zu Spiel und nützlicher Beschäftigung". Die Bedeutung des Anti-Onanie-Diskurses für die Volksaufklärung im 18. und frühen 19. Jahrhundert. In: Volksaufklärung. Eine praktische Reformbewegung des 18. und 19. Jahrhunderts. Hg. von Holger Böning, Hanno Schmitt und Reinhart Siegert. Bremen: Ed. Lumière, 2007 (Presse und Geschichte – neue Beiträge; Bd. 27): S. 237-260; hier S. 252, 253, 255, 258.

Moodie 1848 Baupläne zu Apparaten für beide Geschlechter, mit denen dieses „tödlichen Lasters" zu bekämpfen sei.[1]

Versuche der Enttabuisierung

Der Zürcher Psychiater Auguste Forel, der seine biologische Darstellung der Sexualität mit normativen Vorstellungen des Sexuallebens verknüpfte (siehe oben), stellte allerdings die Onanie als schreckliche Krankheitsquelle infrage. Man habe Ursache und Wirkung miteinander verwechselt: „Weil willensschwache Menschen leichter Onanisten werden, glaubt man, die Onanie sei die Ursache ihrer Willenschwäche!"[2] In den meisten Fällen handele es sich ohnehin – in Ermangelung der Möglichkeit zum Geschlechtsverkehr – um eine „Notonanie", sodass man nicht von einer „eigentlichen Abnormität" sprechen könne. Sein Hauptargument gegen die aus dem 18. Jahrhundert stammende medizinische Verteufelung der Onanie beruhte auf der besagten Verwechslung der Ursache mit der Wirkung: „Die sexuelle Hypochondrie ist keineswegs die Folge der Onanie, sondern sie geht ihr voraus und ist mit ihre Ursache." Zwar hielt auch Forel an der traditionellen Lehre vom grundsätzlich schädigenden Samenverlust („Säfteverlust") bei onanierenden Männern fest, stellte aber die oft beschriebenen direkten körperlichen Auswirkungen infrage. Denn „Parforce-Onanisten" müssten keineswegs ein Jammerbild abgeben, sondern könnten „ebenso schneidige und körperlich gewandte Leute sein wie andere, und sich zu allen Streichen und Tollheiten bereit finden." Zu einem ähnlich widersprüchlichen Ergebnis gelangte Forel bei onanierenden Frauen. Wenn auch der „Samenerguß" und der entsprechende „Säfteverlust" bei ihnen fehle, „so ist dafür die Wiederholung und Intensität des Nervenreizes stärker und diese schadet im ganzen mehr, als der Säfteverlust." Dies könne man nicht damit erklären, „daß onanierende Frauen moralisch minderwertigere Ge-

---

[1] John Moody: A medical Treatise; with principles and observations, to preserve chastity and morality; with 4 plates of an apparatus for the same purpose. Edinburgh: Sold by the Booksellers, 1848: pp. 7, 10, 13, 69 [Fig. 1-4].

[2] August Forel: Die sexuelle Frage. 17. Aufl. Zürich: Rascher, 1942. [1. Aufl. München: Reinhardt, 1905]: S. 201, 205 f.

schöpfe seien". Ihre hohe Reizbarkeit des Geschlechtstriebes habe mit ihren sonstigen Charaktereigenschaften nichts zu tun, ja sie könnte sogar „mit höherer Begabung in ethischer, ästhetischer und intellektueller Beziehung" einhergehen. Forel enttabuisierte damit als einer der ersten Mediziner von Rang die verteufelte Onanie.

Einen besonderen Beitrag zur Onaniedebatte im frühen 20. Jahrhundert leistete die Psychoanalyse. Freud „enttabuisierte" keineswegs die Selbstbefriedigung schlechthin, sondern sah sie als Ausdruck eines anomalen und pathogenen Sexuallebens an. In zahlreichen seiner Schriften ging er auf die Problematik der Masturbation ein, so auch in der 1908 publizierten Abhandlung „Die kulturelle Sexualmoral und die moderne Nervosität".[1] Seine zwiespältige Haltung ist typisch für die Einschätzung des Verhältnisses von Kultur und Sexualität. Die Masturbation und ähnliche Befriedigungen, „die an die autoerotischen Sexualtätigkeiten der frühen Kindheit anknüpfen", seien „als Ersatzmittel zur sexuellen Befriedigung keineswegs harmlos; sie disponieren zu den zahlreichen Formen von Neurosen und Psychosen, für welche die Rückbildung des Sexuallebens zu seinen infantilen Formen die Bedingung ist." Zugleich widerspreche die Masturbation der „kulturellen Sexualmoral" und führe deshalb die jungen Menschen in dieselben Konflikte mit dem „Erziehungsideale", denen sie durch die Abstinenz entgehen wollten. Interessanterweise legte Freud hier den Akzent aber weniger auf die Unterdrückung der Sexualität durch kulturelle Normen und deren krank machendes Potenzial, als vielmehr auf die Gefahren der Masturbation für die Entwicklung des (heterosexuell und genital orientierten) Sexuallebens. Denn die Masturbation verderbe „den Charakter durch *Verwöhnung* auf mehr als eine Weise, erstens indem sie bedeutsame Ziele mühelos, auf bequemen Wegen, anstatt durch energische Kraftanstrengung erreichen lehrt, also nach dem Prinzip der *sexuellen Vorbildlichkeit*, und zweitens, indem sie in den die Befriedigung begleitenden Phantasien das Sexualob-

---

[1] Sigmund Freud: Die kulturelle Sexualmoral und die moderne Nervosität (1908). In: Ders.: Gesammelte Werke, Bd. 7, S. 143-167: hier S. 162 f.

jekt zu einer Vorzüglichkeit erhebt, die in der Realität nicht leicht wiederge-
funden werden kann."

Freuds Dogmatik der Sexualität gründete auf einer vom Darwinismus geprägten biologischen Entwicklungslehre, wie er sie bereits 1906 in den „Drei
Abhandlungen zur Sexualtheorie" dargelegt hatte.[1] Die sogenannten Entwicklungsphasen der genitalen Organisation waren naturgesetzlich vorgegeben. Die erste „prägenitale Sexualorganisation ist die *orale*, oder wenn
wir wollen, *kannibalische*. [...] Die zweite prägenitale Phase ist die der *sadis-
tisch-analen* Organisation." In der Pubertät komme es dann zum „Primat
der Genitalzone", dem sich die „erogenen Zonen" unterzuordnen hätten.
Vor dem Hintergrund dieser Evolutionstheorie der Sexualität konnte Freud
eine besondere Pointe anbringen: Das „Weibwerden des kleinen Mädchens" sei nur dadurch möglich, dass es die „Klitorissexualität", die der
phallischen Phase entspreche, verdränge und damit „ein Stück männlichen
Sexuallebens". Auf den diesbezüglichen Begriff des Penisneids wollen wir
hier nicht eingehen. Es geht also um die „Übertragung der erogenen Reizbarkeit von der Klitoris auf den Scheideneingang, die „gleichsam die infanti-
le Männlichkeit beseite schafft". In diesem Geschehen lägen „die Hauptbe-
dingungen für die Bevorzugung des Weibes zur Neurose, insbesondere zur
Hysterie." Damit glaubte Freud, das „Wesen der Weiblichkeit" erkannt zu
haben, nahm jedoch eine normative Setzung vor: Der Orgasmus des Weibes
hatte sich in der Vagina und nicht an der Klitoris zu entzünden.

Das Problem der Masturbation kam in der Wiener Psychoanalytischen Vereinigung durchaus zur Sprache, wie die „Protokolle der Psychologischen
Mittwoch-Gesellschaft bei Prof. Freud" belegen. So referierte am 15. Januar
1908 ein gewisser „Dr. Urbantschitsch" zum Thema „Meine Entwicklungs-
jahre bis zur Ehe".[2] Aus der Reaktion der Diskutanten lässt sich schließen,

---

[1] Sigmund Freud: Drei Abhandlungen zur Sexualtheorie (1906). In: Ders.: Gesammelte Werke,
Bd. 5, S. 29-145, hier: 98 f., 108, 122 f.

[2] Herman Nunberg / Ernst Federn (Hg.): Protokolle der Wiener Psychoanalytischen Vereinigung. Bd. 1. 1906-1908. Frankfurt am Main: S. Fischer, 1976: S. 264, 266.

dass der Referent von einer gesund machenden Wirkung der Onanie bei sich selbst berichtete. So meinte Wilhelm Stekel, das Referat habe seine eigene Auffassung von der „Unschädlichkeit der Onanie bestätigt." Freud widersprach laut Protokoll: „Entgegen der Meinung Stekels sei er von der Harmlosigkeit der Onanie keineswegs überzeugt." Rudolf Urban von Urbantschitsch, dessen Namen in verschiedenen Versionen auftaucht, gehörte zu Freuds Umfeld und musste als Jude in die USA emigrieren, wo er als praktizierender Analytiker die Psychoanalyse popularisierte. Bereits 1928 war sein Buch „Psychoanalysis for All" erschienen, eine überarbeitete und übersetzte Fassung seines wenige Jahre zuvor in der Urania in Wien gehaltenen Vortrags mit dem Haupttitel „Psychoanalyse".[1] Seine 1949 in New York erschienene Schrift „Sex Perfection and Marital Happiness" behandelte eingehend „Das Problem der Masturbation".[2]

Für Urbantschitsch war die Masturbation des Kindes eine physiologisch gänzlich ungefährliche Angelegenheit, sie werde „von 90 Prozent aller Kinder auf der ganzen Welt" ausgeübt. Die restlichen 10 Prozent, die „niemals masturbiert haben, entwickeln sich später zu Neurotikern, Pervertierten oder leiden an Impotenz oder Frigidität." Alle Drohungen und Bestrafungen zur Bekämpfung der Masturbation seien nicht nur wirkungslos, sondern regelrecht krank machend. Denn die Schädigung entstehe nicht durch die unmittelbare Handlung, sondern durch die Furcht, die man im Kind erwecke, „indem man ihm die angeblich schrecklichen Folgen seiner Tat vor Augen hält." Wie bereits Jahrzehnte zuvor in der „Psychologischen Mittwoch-Gesellschaft" (siehe oben) vertrat hier der Autor einen klaren Standpunkt. Allerdings folgte er dem Meister Freud in *einem* Punkt: Die sexuelle

---

[1] Rudolf Urban von Urbantschitsch [= Rudolf Urbantschitsch]: Psychoanalyse. Ihre Bedeutung und ihr Einfluss auf Jugenderziehung, Kinderaufklärung, Berufs- und Liebeswahl; an Beispielen aus dem Leben gemeinverständlich dargestellt. Vortrag, gehalten in der Urania in Wien im September 1924.

[2] Rudolf Urban von Urbantschitsch [= Urban, Rudolf von / Urbantschitsch, Rudolf]: Sexuelle Erziehung von der Kindheit bis zur Ehe. Neue Wege zu einem vollkommenen Geschlechtsleben und einer glücklichen Ehe. Wien: Cerny, 1951 [Übersetzung von „Sex Perfection and Marital Happiness", New York: Dial Press, 1949], S. 59-89, hier: S. 50, 65.

Reifung der Frau erfordere die Verlegung des Lustzentrums von der Klitoris zur Vagina. Mit Blick auf die seinerzeit idealisierte Sexualmoral der Trobriander auf den „Melanesischen Inseln" schrieb er: „Ein Mädchen, das unfähig ist, beim Sexualakt einen starken erlösenden Orgasmus zu erreichen, oder nicht gelernt hat, *ihre unreifen Empfindungen in der Clitoris zugunsten der reifen, erwachten Gefühle in der Scheide aufzugeben*, müßte alle Hoffnung auf eine Ehe verlieren, denn sie würde als minderwertig angesehen werden." In einer Fußnote schob er gegen etwaige Einwände eine physiologische Begründung nach: „Wenn auch ein Clitoris-Orgasmus ebenso stark sein kann wie ein vaginaler, so macht doch die lokale Clitoris-Entspannung beim Sexualakt die viel wirkungsvollere Entspannung des Gesamtorganismus unmöglich".

Die biologische Gefährlichkeit der Onanie stand bis weit ins 20. Jahrhundert hinein gerade bei nichtärztlichen Autoren weiterhin außer Frage. Freilich gab es vereinzelt auch Stimmen, die sozusagen den Spieß der biologistischen Argumentation umdrehten und die Onanie mit Hinweis auf das Tierreich zu einer natürlichen, gesunden Betätigung erklärten. Die unter dem Pseudonym P. N. Teulon veröffentlichte Schrift eines englischen „Naturwissenschaftlers, Psychologen und Erziehers" wäre hier zu erwähnen, der in einer anderen Schrift auch über eine fragwürdige Methode der „sexuellen Heilbehandlung" an einem eigenen Fallbeispiel berichtete (siehe Kapitel 2). Gegen die überlieferten Schreckensbilder ging Teulon von der These aus, dass die Onanie weder unnatürlich noch krankhaft sei, sondern „ein sinnvolles und normales Geschehen".[1] Dies lasse sich naturwissenschaftlich durch Tierbeobachtung bestätigen. Bei vielen Säugetierarten lasse sich beobachten, dass die Mütter die Geschlechtsteile ihres Nachwuchses mit der Zunge leckten. Das Belecken und Kratzen von kranken oder verletzten Körperstellen werde von Lustgefühlen begleitet und stelle zugleich eine „heilende Handlung" dar. Das Reiben bedeute der Natur eine Unterstüt-

---

[1] Teulon, P.N. [Pseudonym]: Selbstbefriedigung (Masturbation). Versuch eines Erfassens von Zusammenhängen. Unveröffentlichtes englisches Manuskript, übersetzt und gekürzt von Werner Zimmermann. Nürnberg: Zitzmann, 1930: S. 6, 9, 11 f., 14, 15 f.

zung des Heilprozesses und analog sei die Selbstbefriedigung zu betrachten. Sie könne dazu dienen, „in jungen Jahren den Blutumlauf in den betreffenden Organen zu erhöhen und ihre Entwicklung zu ermutigen, sowie in reiferem Alter ihre Tätigkeit zu verlängern und zu vertiefen." Die Natur wird als scharfsinnige Agentin gesehen, die ihre Wesen durch „Lustprämien" dazu verlocke, die „Riesenarbeit der Arterhaltung" letztendlich auf sich zu nehmen. Das Belecken der äußeren Geschlechtsteile erscheint in dieser Perspektive als vernünftige Natureinrichtung. Beim *cunnilingus* gehe es im Wesentlichen um die „Schlüpfrigmachung der Scheide" und der Zweck der *fellatio* bestehe „fast rein in einer Unterstützung der männlichen Reinheitspflege [!]". Teulons Legitimierung der „Masturbation", die er hier nur als gegenseitige sexuelle Stimulierung ohne Koitus verstand, stützte sich letztlich auf das Argument, dass der natürliche Zweck die masturbatorischen Mittel heilige.

„Einsame Lust" mit Zuschauer

Thomas Laqueur hat die soeben skizzierte Onanie-Debatte in seine global angelegte „Kulturgeschichte der Selbstbefriedigung" eingeordnet, die er mit dem Erscheinen des Buches *„Onania"* um 1712 beginnen lässt (siehe oben). Alle früheren Darstellungen und Anspielungen rechnete er zur Vorgeschichte der Selbstbefriedigung, die er bis zu den Anfängen der Kulturgeschichte zurückverfolgte. Er warf die zentrale Frage auf, warum die Selbstbefriedigung ab dem 18. Jahrhundert zu einem Problem geworden sei. Seine Antwort ist einfach: Weil die Einsamkeit zum Ort der ursprünglichen Reinheit geworden sei, „wo wir uns nach einer verlorenen Unschuld und Unabhängigkeit sehnen". Selbstbefriediger würden lernen, dass sie potenziell autarke Wesen seien „und sie nehmen dieses schmutzige Geheimnis in ihre Einsamkeit mit, an jenen Ort der angeblichen Reinheit, den sie auf diese Weise beflecken. Ihre Welt ist die auf den Kopf gestellte richtige Welt."[1] So werde der Onanist in der Morgenröte der Aufklärung „zum Alter ego, zum ungezogenen bösen Bruder oder zur bösen Schwester des modernen Selbst und ist das bis heute geblieben." Inte-

---

[1] Laqueur, 2008 [Die einsame Lust]: S. 346, 404.

ressant ist die Bilderserie, mit der Laqueur sein Buch illustrierte, von Tizians „Venus von Urbino" über erotische Darstellungen im 18. Jahrhundert bis hin zu einer rezenten Fotografie *Annie Sprinkle with Cigarette and Clitoris*", auf der die bekannte US-amerikanische Performance-Künstlerin und Porno-Darstellerin ihren Unterleib präsentiert.

Auf einer lasziven Karikatur zur 1848er Revolution, die Klaus Theweleit in „Männerphantasien" reproduzierte, zeigt sich eine nackte Frau in onanisti-scher Gebärde vier Herren, die an vier Ecken stehen und durch ihre Attribute erkenntlich „Republik", „Communismus", „Parlament" und Priestertum („Ruh") symbolisieren. Die Unterschrift lautet: „Ihr seid Narren alle vier / was ihr wollt, das findet ihr hier." (**Abb. 3**) In diesem Zusammenhang bedeutet Onanie jedoch nicht einsame Lust, sondern öffentliche Prostitution. Die Frau desavouiert die diversen Ideale der Männerwelt als närrisch und unterstellt ihr ein gemeinsames geheimes Motiv: den Sexualverkehr mit ihr. (Dies erinnert an die spätere psychoanalytische Ableitung der „Neurose" aus dem verdrängten Sexualtrieb.) Sie erscheint jedoch nicht als Hure − entsprechende Attribute fehlen −, sondern als Natur-Frau: einen Fuß im Wasser, lässig an eine Bö-schung angelehnt, eingerahmt von schilfartigem Gras; die natürliche Umge-bung der Frau weist ihrerseits gewisse Züge einer Vulva auf. Offenbar sind wir hier mit einer kryptischen *Natura*-Darstellung konfrontiert, die vordergründig von einer sinnlich-sexuellen Pose überlagert wird, womit die Akteure der 1848er Revolution verspottet werden.

Illustrationen aus dem 18. Jahrhundert betreffen fast ausschließlich die weibli-che Masturbation in Kombination mit Buch- bzw. Romanlektüre. Laqueur interpretierte sie als Beispiele „einsamer Lust". Sie sind aus meiner Sicht zu-nächst Beispiele für den männlichen Voyeurismus, von dem sich offenbar auch Laqueur anstecken ließ. Zumindest die tendenziösen Legenden, die kaum Raum für anderweitige Interpretationen lassen, wollen sozusagen mit einem desavouierenden Augenzwinkern die sexuelle Bedeutung des Dargestellten demonstrieren. Bei dem „Schlaf der Philosophie" (1777) von Jean-Michel Mo-reau d. J., dem Kupferstecher und Buchillustrator des französischen Rokokos, wird diese Engführung deutlich. (**Abb. 4**) Im Folgenden soll das Bild aus einem anderen Blickwinkel gesehen werden. Der „matt-zufriedene Blick", den Laqueur ausmachen will, ist beim besten Willen nicht zu erkennen. Die Frau hat die Augen geschlossen, sie träumt, ihr Gesicht strahlt eine Innerlichkeit aus, die keineswegs „matt-zufrieden" ist. Ihre Umhüllung erinnert an den Schleier der Isis. Das Schoßhündchen muss keineswegs einzig und allein als „Punzenlecker" gedeutet werden. Er taucht in der Kunstgeschichte auch als Symbol des Schutzes und der Heilkraft auf und begleitet manche Götter und Heilige. So könnte hier die Philosophie als Personifikation der *Natura* erscheinen, die in Schlaf und Traum mit ihrer göttlichen Quelle vereint ist. Nur handelt es sich hier nicht um eine göttlich erhabene *Natura*, wie etwa bei Robert Fludd im frühen 17. Jahrhundert, sondern um eine irdische junge Frau. Der Künstler ahnte gewissermaßen den um 1800 viel diskutierten Somnambulismus voraus, der vor allem bei Frauen spontan auftrat oder durch magnetische Manipulationen hervorgerufen wurde. Die Frauen schienen im Kontext der Romantik die verborgene Natur *par excellence* zu verkörpern. Laqueurs thematische Engführung der Selbstbefriedigung verfehlt also andere Deutungsperspektiven, die im historischen Kontext mindestens ebenso plausibel sind.

Die Titelvignette „Hymne auf den Kuss" (*Hymne au Baiser*) eines 1770 publizierten Buches zeigt eine Dame in lässiger Haltung halb bekleidet auf einem Himmelbett. (**Abb. 5**) Sie hält mit der einen Hand ein Buch, in das sie aufmerksam schaut, die andere Hand liegt auf ihrem vom Hemd bedeckten Schoß. Für Laqueur ist es „offensichtlich", wo das hinführt: zur „einsamen Lust". Beachten wir jedoch die naturphilosophischen und wissenschaftshistorischen Implikationen, so können wir dem Bild – gewissermaßen „nebenbei" – auch noch andere Bedeutungen abgewinnen. Immerhin schwebt ein geflügeltes Wesen, höchstwahrscheinlich Eros persönlich, am lichten Himmel, zudem ist das Bild von einer Blumengirlande eingerahmt und das Bett befindet sich, von den Säulen zu schließen, in einer großen Tempelanlage, einem sakralen öffentlichen Raum, der so gar nicht zur Einsamkeit der sich selbst Befleckenden passt. Vor allem aber weist der Hymnus selbst auf den intensivsten zwischenmenschlichen Kontakt hin, nämlich den Kuss. Dieser wird als „himmlisches Geschenk", „süßer Stachel der Natur", bezeichnet, als „Blitz, der alles brennt, was er berührt, durch ein glückliches Signal des Mundes". Es geht hier um jenen Vorgang, der in den zeitgenössischen Schauexperimenten als „elektrischer Kuss" vorgeführt und später im Mesmerismus als „Mitteilung des Lebensfeuers" begriffen wurde. So hat das Bild durchaus etwas mit Sexualität zu tun, aber auf eine noch ganz andere Weise, als Laqueur vermutet.

Der Kupferstich „Eine Nonne erkundet sich" aus einem mehrbändigen französischen Roman, der in den 1760er Jahren erschien, ist für Laqueur wiederum ein klarer Fall. (**Abb. 6**) Aber die Nonne, die ihr Habit in die Höhe hebt und sich ihren nackten Unterleib im Spiegel betrachtet, der auf dem Boden liegt, ist nicht in masturbatorischer Aktion dargestellt. Vielmehr betrachtet sie sich selbst. Auf dem Tisch liegt ein größeres aufgeschlagenes Buch. Möglicherweise will sie das, was sie dort gelesen hat, bei sich selbst erkunden. Was das ist, geht aus dem Bild selbst nicht hervor. So können wir die Nonne auch als Naturforscherin verstehen, welche die kirchlich verhüllte Wahrheit an sich selbst entschleiern will – ob sie dabei onaniert oder nicht, erscheint dann nebensächlich. Auf dem Bild tut sie es jedenfalls nicht. Schließlich sei noch das Bild „La Dormeuse" von Jean Michel Moreau erwähnt, einer Illustration aus einem 1764 erschienenen Buch. (**Abb. 7**) Laqueur deutet die herabgefallenen Bücher und die Körperhaltung der Schlafenden dahingehend, dass sie ihre Befriedigung alleine gefunden habe. Diese Vermutung zeugt von der Onanie-Brille des Autors, seinem erkenntnisleitenden Interesse, die Onanie dingfest zu machen. Indes deutet nichts auf Selbstbefriedigung hin, weder die entspannte Körperhaltung der Schlafenden noch ihr ordentlich auf den Boden fallendes und bis zu den Fußknöcheln reichendes Kleid. So erscheint die Schlafende als die natürliche Unschuld in Person, während der sich nähernde Galan diese Szene der Reinheit mit seiner Gestik der Geilheit gewissermaßen befleckt. Das ist jedenfalls das, was zu sehen ist. Laqueur aber spekuliert auf das, was *nicht* zu sehen ist, aber doch, wie er meint, zu vermuten sei: die Onanie, die diesen entspannten Schlaf erst ermöglicht habe.

Noch krasser ist seine Deutung der ersten Illustration aus dem dreibändigen pornografischen Werk von André Nerciat „Le diable au corps". (**Abb. 8**) Hier lässt sich die „Marquise" von ihrem Schoßhündchen Médor mit gespreizten

Beinen ihre Vulva lecken. Es sei dahingestellt, inwieweit *animalsex* oder *bestiality*, wie heute der Geschlechtsverkehr mit Tieren international bezeichnet wird, überhaupt der Onanie zugeordnet werden kann. Jedenfalls berichtet die Geschichte nur davon, dass die Marquise erwache, den Bettvorhang wegziehe und ihren Schoßhund seine „Aufwartung" machen lasse, bevor sie der Kammerdienerin schelle.[1] Es ist also keine Rede von Romanlektüre und Masturbation, wie Laqueur insinuiert, stattdessen in der französischen Originalausgabe von „*gamahucher*", oralem Sex, in diesem Falle mit einem Schoßhund. In welchem Kontext steht nun das besprochene Bild? Nerciats Sittengemälde zum *ancien régime* ist mit einer eindrucksvollen Serie von pornografischen Abbildungen ausgestattet, auf denen Gruppensex, Sex mit Tieren (Hund und Esel) sowie verschiedene andere Praktiken des Geschlechtsverkehrs vorgestellt werden. Es handelt sich um ein buntes geselliges Treiben, das Gegenteil von „einsamer Lust"! Folgerichtig ist diese selbst auf keiner einzigen Illustration zu sehen. Man wird hier unwillkürlich an den Aphorismus von Karl Kraus erinnert, den er im Hinblick auf die Psychoanalyse prägte: „Ein guter Psycholog ist imstande, dich ohne weiteres in seine Lage zu versetzen". Der Aphorismus ließe sich vielleicht dahin gehend abwandeln: „Ein guter Kulturhistoriker ist imstande, den befremdlichen Gegenstand ohne Weiteres in seine eigene Welt zu übertragen." Eine ganz andere Art der „kognitiven Verzerrung" (*cognitive bias*) ist bei der deutschen Übersetzung von Nerciats Buch zu beobachten, die in der Endphase der DDR neu herausgegeben wurde. Sie liefert ein bemerkenswertes Beispiel für editorische Manipulation. Sie entstellt nicht nur die originäre Vulgärsprache (etwa „Röslein pflücken" statt „*gamahucher*", „die Fotze lecken"), sondern unterschlägt auch – ohne editorischen Hinweis – die zahlreichen pornografischen Darstellungen, die man im Jahr 1986 offenbar dem Volk noch nicht zumuten wollte.

Der Wandel, der sich im 20. Jahrhundert vollzog, sozusagen der Übergang von Tissot und Rousseau zu Freud und der (nur relativ) liberalen Sexualwissen-

---

[1] Robert-André Andréa de Nerciat: Den Teufel im Leibe. Deutsche Übersetzung von Georg Cordesmühl. Hg. und mit einem Vorwort versehen von Eberhard Wesemann. Kiepenheuer: Leipzig 1986: S. 43.

schaft, machte nach Laqueur die Selbstbefriedigung, von deren körperlichen Unschädlichkeit man nun ausging, zur „totipotente[n] erotische[n] Stammzelle, aus der sich alles Spätere entwickelt. Im neuen Jahrhundert sollten statt blankem Terror nun die richtige Ernährung, Maßhalteappelle, Sublimierung und vor allem die Erziehung sicherstellen, dass die Selbstbefriedigung auch wirklich in die geeigneten Bahnen gelenkt wurde, um ins gesellschaftliche Ideal gesunden Erwachsenenseins zu münden."[1] Diese Neuausrichtung des Diskurses über die Selbstbefriedigung zu Anfang des 20. Jahrhunderts wurde durch das Internet an dessen Ende radikal verändert: Die Masturbation, so Laqueur, sei im Zeitalter des Internet „nicht nur zu einer Quelle der individuellen Selbsterfahrung geworden, sondern auch zur Basis einer neuen Form der sexuellen Geselligkeit." Im neuen „Alternativuniversum der Geselligkeit" organisieren sich in der Tat virtuelle Gemeinschaften der Onanisten, wie zum Beispiel *Jackinworld, The Ultimate Male Masturbation Resource*.[2]

Was bedeutet diese irritierende „potenziell autarke, einsame Geschlechtslust"?[3] Manche Kultur- und Wissenschaftshistoriker haben sich einen Tunnelblick auferlegt, der im Grunde den Voyeurismus noch einmal wiederholt, den unzählige Künstler – von der Malerei in der Renaissance bis hin zur Produktion von pornografischen Filmen in unserer Zeit – ins Bild gesetzt haben. Offenbar handelt es sich hierbei vorwiegend um ein männliches Vergnügen, um „Männerphantasien", wie der Titel des einschlägigen Bestsellers von Klaus Theweleit im Geiste der „68er" lautete. Denn wie im 18. Jahrhundert interessiert auf den heutigen Webseiten vor allem die masturbierende Frau, wie sie von Männern gerne heimlich ausgespäht und belauscht wird. Dieser Tunnelblick durchs Schlüsselloch (*peephole*) ist sogar in Echtzeit ohne Wissen der Ausgespähten mit Hilfe von *spycams* im Internet jedermann möglich.[4] Er hat jedoch einen entscheidenden Fehler: Er blendet synchrone Phänomene des kulturellen

---

[1] Laqueur, 2008 [Die einsame Lust]: S. 349.

[2] http://www.jackinworld.com/ (10.11.2009).

[3] Laqueur, 2008 [Die einsame Lust]: S. 416.

[4] http://www.peepholecam.com/peepholecam.html (10.05.2011).

Umfeldes ebenso aus, wie diachrone intellektuelle Strömungen, in denen das jeweils aktuelle Geschehen eingebettet ist. Wie stand es einst mit der einsamen Lust der Liebespaare, die sich nur heimlich treffen konnten? Was ist von der *Unio mystica* zu halten, die äußerlich, vom Körpergeschehen und seinem Ort her betrachtet, möglicherweise von der Selbstbefriedigung kaum unterscheidbar ist? Welche Rolle spielt die „Liebe", insbesondere das Verhältnis von „Selbstliebe" und „Nächstenliebe", bei diesem Geschäft? Vor allem eines fällt auf: Die historischen Analysen des „Anti-Onanie-Diskurses" bedienen sich eines Schlagworts (Onanie, Masturbation, Selbstbefriedigung), das vermeintlich völlig klar und selbstverständlich ist. Es scheint wie das sexualmedizinische Verständnis von „Orgasmus" vollständig aus der Biologie abgeleitet und objektiv definiert werden zu können. Doch wie sich die Qualität eines „Koitus" von Fall zu Fall himmelweit voneinander unterscheiden mag, so auch die Qualität der „Selbstbefriedigung".

Gefährlicher Orgasmus

Studieren wir die Geschichte der Sexuallehren, so können wir grundsätzlich zwei gegensätzliche Einstellungen zum Orgasmus feststellen. Am Orgasmus schieden und scheiden sich sozusagen die Geister. Dabei stand fast immer der männliche Orgasmus in seiner Verbindung mit der Ejakulation im Mittelpunkt der Betrachtung. Im Unterschied zur biologistischen Sicht der modernen Sexualwissenschaft und -medizin, die in der vollständigen Entspannung durch einen möglichst gleichzeitigen Orgasmus der Sexualpartner ein physiologisches Ideal sah, gab es sowohl in der asiatischen, vor allem in der altindischen Tradition als auch in sozialutopischen und lebensreformerischen Ansätzen des 19. und 20. Jahrhunderts die Gewissheit, dass der Samenverlust des Mannes tendenziell immer zu Schwäche und Krankheit führe. Auf die Praktiken, die den Samenerguss im Sexualakt vermeiden sollten und die eine besondere Art des Orgasmus ohne Ejakulation anstrebten, kommen wir zurück (siehe Kapitel 6). Die radikalste Lösung war natürlich die Keuschheit, die sowohl Onanie als auch Sexualverkehr ausschloss. Dabei war seit der Aufklärung weniger das moralische Argument der Sünde, als vielmehr das physische Argument der Gesundheitsschädigung entscheidend. Der US-amerikanische Prediger und Vertreter des *Natural Hygiene Movement* Sylvester Graham veröffentlichte 1837 sein Plädoyer für die Keuschheit junger Männer, eine glühende Anti-Onanie-Schrift, deren deutsche Übersetzung unter dem Titel „Eine Vorlesung für junge Männer über Keuschheit" bis 1900 sieben Auflagen erlebte.[1] Graham propagierte vegetarische Kost als Mittel gegen Alkoholismus und sexuelle Gelüste. Berühmt wurde er durch das bis heute produzierte „Graham-Brot", ein ohne Treibmittel hergestelltes Vollkornweizenbrot. Auch seine Vollkorn-Kekse, die *Graham Cracker*, waren ein Erfolg. Er war ein Verfechter der reinen Naturheilkunde, die im deutschen Sprachraum auch als „Physiatrie" bezeichnet wurde. Im Vorwort zur deutschen Ausgabe von 1900 schrieb ein gewisser Griebel, "Naturarzt zu Lichtenthal-Bade", Graham sei „der größte Physiologe unseres Jahrhunderts", dessen kenntnisreiche Schrift „von Jedermann gelesen zu werden verdient und gewiß viele Irregeleitete und Verzweiflungsvolle vom sicheren Verderben errettet wird."

Grahams Grundsatz entsprach dem der Naturheilkunde: „jede Krankheit und jedes Leiden, welches die menschliche Natur belastet, ergiebt sich aus der Verletzung der constitutionellen Gesetze unserer Natur." Diese seien gut, alles Üble entspringe nicht „dem gesetzlichen und ruhigen Haushalte Ihrer [des Lesers] ursprünglichen Constitution". Sein physiologisches Dogma besagte, dass der Samen „wie alle andern Säfte des Körpers in gewissem Grade wieder aufgesaugt wird". Somit erschien die Onanie als das „äußerst gefährliche Laster", als die „unvergleichlich verwerflichste Form geschlechtlicher Befriedigung". Denn es verletze „in jeder Beziehung die Natur" und Schwäche den Organismus. Insbesondere ruiniere es den heranwachsenden Organismus. Graham stellte einen Katalog von Ursachen der Selbstbefleckung auf:[2] Ungeeignete Diät wie Fleisch und Gewürze; Überernährung als

---

[1] Sylvester Graham: Eine Vorlesung für junge Männer über Keuschheit. Zugleich Warnungs- und Belehrungsschrift für Eheleute, Eltern und Vormünder. Mit Beigaben von Dr. Seharman. 7. Aufl. Mit einem Vorwort von Carl Griebel. Leipzig: Grieben, 1900: S. 3, 18 f., 19, 26, 40, 65-70.

[2] A. a. O., S. 65-67.

„eine mächtige Ursache früher Wollust und Ausschweifung"; Mangel an gehöriger Bewegung erzeuge „unnatürliche Empfindsamkeit und Erregbarkeit" in den Genitalien; Überanstrengung des Gehirns, durch dessen Überhitzung sympathetisch auch die Genitalien betroffen seien. Von diesem Ursachenkatalog leitete Graham seine diätetischen Gegenmaßnahmen ab. Knaben und Studierende müssten, so lautete seine Grundregel, „immer von ungekünstelter, einfacher, nicht reizender vegetabilischer Diät und Wasser leben und dürfen nicht zu schnell und in übermäßiger Menge essen." Wenn Diät und allgemeine Lebensregeln eingehalten würden, habe man von Selbstbefleckung, Magenschwäche und Überanstrengung des Gehirns wenig zu befürchten, ja, die menschliche Rasse könne sogar „in allen ihren leiblichen, geistigen und sittlichen Fähigkeiten bedeutend verbessert werden."

Graham sah analog zur Onanie auch durch den Orgasmus im Geschlechtsverkehr eine Gefahrenquelle. Je leidenschaftlicher dieser ausgeführt werde, um so gefährlicher für die Gesundheit.[1] Deshalb sollten die Leidenschaften gezügelt und alle außerehelichen Abenteuer vermieden werden, um die schädliche Erregung zu minimieren. Eine züchtige Ehe reduziere die Leidenschaftlichkeit in der ehelichen Beziehung und der Orgasmus würde dadurch weniger schädlich sein. Grahams Ideen wurden vor allem vom US-amerikanischen Naturheilarzt John Harvey Kellog begeistert aufgegriffen, dem Miterfinder der *Cornflakes*, die er zusammen mit seinem Bruder in einem gemeinsamen Unternehmen ab 1897 als *Kellog's Cornflakes* herstellte. Er war überzeugt, dass er damit eine geeignete Diät produzierte, die das sexuelle Begehren reduziere und insbesondere zur Bekämpfung der Onanie geeignet sei. Denn wie Graham erblickte er in der Onanie die Quelle allen Übels. Den Orgasmus verstand er als einen der Epilepsie ähnlichen Krampf,

---

[1] June Machover Reinisch / Carolyn S.Kaufman: Historical, medical, scientific, philosophical, literary and cultural perspectives on orgasm. In: The first International Conference on Orgasm. February 3-6, 1991, New Delhi. Proceedings. Hg. von Prakash Kothari u. Rafi Patel. Bombay: VRP Publishers, 1991: S. 253-269.

dessen exzessives Erleben tatsächlich Epilepsie und andere Krankheiten verursachen könne.

Dieser Gedanke war in der medizinhistorischen Tradition durchaus verankert. Bereits antike Autoren setzten die Epilepsie mit dem Koitus bzw. Orgasmus gleich, so „daß man in der Antike Epileptikern nicht nur sexuelle Enthaltsamkeit empfahl, sondern soweit ging, an Kastration zu denken."[1] Für Kellog war Geschlechtsverkehr überhaupt nur als Zeugungsakt zulässig. Er heiratete 1879 eine Krankenpflegeschülerin seines Sanatoriums *Battle Creek* (Michigan), wobei die Ehe wegen seiner Überzeugung von der Schädlichkeit des Geschlechtsverkehrs angeblich nie vollzogen wurde.[2] Dieses Verhalten verlockte den aus Neuseeland stammenden US-amerikanischen Sexualwissenschaftler John Money zu einer *„wildcat speculation"* über Kellogs eigene Sexualität: Er habe sich jeden Morgen in seinem Sanatorium von einem Krankenpfleger ein Klistier verabreichen lassen, obwohl dies vermutlich wegen der Diät gar nicht nötig gewesen sei. Dies sei symptomatisch für die *„klismaphilia"*, eine sexuelle Perversion (*paraphilia*), in der ein Einlauf den Sexualverkehr ersetze.

2. Kapitel

Normen der Sexualwissenschaft und Sexualmedizin

Erst im 20. Jahrhundert wurden die Termini Sexualwissenschaft und Sexualmedizin geprägt. Selbstverständlich bezog die Medizin zu allen Zeiten die Sexualität und ihre Störungen in ihre theoretischen Konzepte und praktischen

---

[1] Fridolf Kudlien: Keuschheit und Heilkraft. Clio Medica 19 (1984), S. 94-110. Kudlien, 1984, hier: S. 102.

[2] Reinisch / Kaufman , 1991 [perspectives on orgasm]: S. 261.

Behandlungsmethoden ein, wenngleich nicht unter dieser Bezeichnung. Wahrscheinlich treten auf keinem anderen Gebiet Menschenbild und Krankheitsverständnis der Medizin so plastisch in Erscheinung wie hier. Auch wenn sich die gegenwärtige Sexualmedizin explizit auf die Kulturgeschichte beruft und auf die kulturabhängigen Konstruktionen des Sexuellen verweist, bleibt sie – angereichert durch soziologische und psychologische Aspekte – in der Bahn des biomedizinischen Denkens. So vertritt sie ein „biopsychosoziales Modell des Sexuellen", das zunächst in der Psychosomatik entwickelt wurde.[1] Die stark veränderten Formen der Sexualität und ihrer jeweiligen wissenschaftlichen und sozialen Bewertung springen ins Auge. Beispielhaft lässt sich dies an der „Konstruktion des Masturbierens" oder der „Konstruktion der weiblichen Sexualität" Ende des 19. Jahrhunderts im Vergleich zur Situation Ende des 20. Jahrhunderts aufzeigen. Die Masturbation verwandelte sich von der in jeder Hinsicht überaus gefährlich eingeschätzten „Selbstbefleckung" zur durchweg als harmlos eingestuften und in gewisser Hinsicht sogar gesunden „Selbstbefriedigung"; die weibliche Sexualität verwandelte sich von der pflichtgemäßen Ausübung des Koitus mit dem Ehemann zu einer Variabilität der sexuellen Betätigung auch in nicht ehelichen Lebensgemeinschaften. Es hat den Anschein, als bedeuteten die heutigen „Konstruktionen" einen wahrhaften Fortschritt des humanen Sexuallebens im Einklang mit den wissenschaftlichen Erkenntnissen, eine gelungene „Enttabuisierung der Sexualsphäre".[2] Dennoch sind Zweifel angebracht, wenn wir die heute gängige Gegenüberstellung von normaler und pathologischer Sexualfunktion und die damit verbundenen Gesundheitsvorstellungen und Leistungsnormen ins Auge fassen.

Geschlechtsverkehr als Therapeutikum

---

[1] Klaus M. Beier / Hartmut A.G.Bosinski / Kurt Loewit: Sexualmedizin. Grundlagen und Praxis. 2., völlig neu bearb. u. erw. Aufl. München; Jena: Urban & Fischer, 2005: S. 30-32.

[2] Rudolf Kaden: „Einleitung" zu Rudolf Kaden (Hg.): Allgemeine Pathologie der Sexualfunktionen. Störungen der Reproduktion und der Kohabitation. Köln: Deutscher Ärzte-Verlag, 1980: S. 15-17.

Schon in der Antike wurde bei bestimmten Erkrankungen der Geschlechtsverkehr und beim weiblichen Geschlecht insbesondere die Schwangerschaft als ein Therapeutikum angesehen. Die theoretische Grundlage hierfür boten Humoralpathologie und Diätetik als Lehre von der gesunden Lebensführung. Der harmonische Ausgleich der Säfte, Kräfte und Affekte, das Mittelmaß im Alltagsleben, die Pflege eines wohltemperierten Körpers waren zielführend. Die sich ständig neu bildenden Körpersäfte sollten im natürlichen Lebensrhythmus ausgeleitet werden. Deren Zurückhaltung oder „Retention" galt als pathogen. Normalerweise half sich die Natur selbst. Als Beispiele hierfür galten die Menstruation der Frau und – analog hierzu gedacht – die Hämorrhoidalblutung des Mannes. Auch die Samenflüssigkeit als Besonderheit des Kardinalsaftes „Schleim" wurde entsprechend stark beachtet. Nach dem *Corpus hippocraticum* und nach Galen verfügte auch die Frau über Samen, deren Entleerung in bestimmten Zeitabständen als eine gesunde Reinigung des Körpers angesehen wurde.[1] Die Schlussfolgerung war einfach: Wer sich vom Koitus fernhalte, laufe Gefahr, dass sich die Genitalflüssigkeiten im Unterleib anstauten und zu schweren Krankheiten führten. Nach der hippokratischen Lehre wurde der Uterus durch den Beischlaf vom Mann angefeuchtet und bekam so seine natürliche Schwere. Beim Ausfall des Koitus würde der Uterus austrocknen, leichter werden und dann wie ein Tier im Körper umherwandern und schließlich auch zur „hysterischen Erstickung" (*suffocatio uteri*) führen, wenn er auf die im Bauch vermutete Atmungsbahn drücke. Die hippokratischen Ärzte empfahlen deshalb Beischlaf und Heirat, um den Uterus durch Koitus bzw. Schwangerschaft zu beschweren und am Umherwandern zu hindern.

Zudem nahm man an, dass sich die angestaute Sexualflüssigkeit krankhaft verändern würde. Deshalb war therapeutisch die künstliche Entleerung bzw. die Einschränkung der betreffenden Flüssigkeitsproduktion angesagt. Die klassische ärztliche Empfehlung bei Samenverhaltung war der Koitus. Konnte

---

[1] Günter Elsässer: Ausfall des Coitus als Krankheitsursache in der Medizin des Mittelalters. Berlin: Ebering, 1934 (Abhandlungen zur Geschichte der Medizin und der Naturwissenschaften; H. 3).Elsässer, 1934: S. 5, 10-12, 14.

dieser aus welchen Gründen auch immer nicht vollzogen werden, wurde – wie bei Galen, Rhazes und anderen medizinischen Autoritäten zu lesen ist – *de facto* zur Onanie bzw. Masturbation durch eine andere Person geraten. So wurden Vulva oder Muttermund mit Ölen eingerieben, um einen „Samenerguß" wie bei einem Koitus herbeizuführen. Analoges galt für den Mann. Die regelmäßige Samenentleerung sollte durch Onanie oder Beischlaf erzielt werden. Doch nicht nur die Entleerung angestauter und verderblicher Genitalsäfte sollte heilsam sein. Sie sollte auch bei anderen Krankheiten helfen und den betreffenden Organismus allgemein stärken, Pollutionen verhindern und den Appetit steigern. Der Beischlaf galt sogar als regelrechtes Heilmittel bei einer Reihe von schweren Krankheiten wie u. a. Melancholie, Epilepsie und Phthise (Schwindsucht), eine Idee, die in der Entstehungszeit der „Irrenheilkunde" teilweise noch lebendig war (siehe unten). Jedenfalls war er ein wesentliches Moment der antiken Diätetik und wurde auch von dem griechischen Arzt Soranos von Ephesos im ersten nachchristlichen Jahrhundert in seiner Abhandlung über die Frauenkrankheiten entsprechend thematisiert. Zwar sei „die beständige Bewahrung der Jungfrauschaft für beide Geschlechter gesund", da der Koitus als solcher schädlich sei, aber zur Erzeugung des Nachwuchses sei er unvermeidlich.[1] Da der Mann nur Samen entleere, die Frau aber auch Samen „als Grundstoff zu einem neuen Geschöpfe" aufnehme, sei der richtige Zeitpunkt der Defloration bzw. Verheiratung entscheidend. Sie sollten dann geschehen, wenn die Gebärmutter voll entwickelt sei, aber auch nicht viel später.

Ein besonderes medizinisches wie moralisches Problem warf das Keuschheitsgelübde (Zölibat) auf, das vor allem für Priester der römisch-katholischen Kirche verpflichtend war (und bis heute ist). So setzte sich der spätmittelalterliche Theologe und Mainzer Domprediger Johann von Wesel mit der Frage auseinander, ob Mönche wegen des Keuschheitsgelübdes an der Zersetzung

---

[1] Soranus von Ephesus: Die Gynäkologie des Soranus von Ephesus. Geburtshilfe, Frauen- und Kinder-Krankheit, Diätetik der neugeborenen. Übersetzt von H. Lüneburg. Commentirt u. mit Beilagen versehen von J. Ch. Huber. München: Lehmann, 1894 (Bibliothek medicinischer Klassiker; Bd. 1). Soranus von Ephesus, 1894, S. 20, 28 f.

des Samens leiden könnten. Sein Standpunkt lehnte sich an die medizinische Lehrmeinung an: Der göttliche Wille wolle die Reinigung der Natur, deshalb sei unwillentliche Samenentleerung keine Sünde. Wenn der menschliche Wille, der mit dem göttlichen übereinstimmen sollte, „nichts zur Fleischeslust tut noch in sie einwilligt, so kann er eine Reinigung wollen, welche für die durch Samenverhaltung gequälte Natur heilsam ist, auch wenn die Reinigung von vornherein, gleichzeitig oder in Folge mit Fleischeslust erfolgt". So werde das Lustgefühl „im vorliegenden Fall ohne Sünde sein." Unter dieser Voraussetzung könne ein solcher Mensch „seinen Körper von der Infektion des verdorbenen Samens [...] mithilfe der Medizin sei es prophylaktisch oder therapeutisch heilen." Freilich findet sich bei Johann von Wesel keine explizite Empfehlung des Koitus oder der Onanie.

Gerade die Ärzte um 1800 gaben im Geiste der Aufklärung entsprechende praktische Ratschläge. So formulierte der Mainzer Medizinprofessor und Mitbegründer des dortigen Jakobinerklubs Georg Wedekind eine Art diätetische Regel für den Koitus von Eheleuten. Auch hier sei das gesunde Mittelmaß gefordert: „Ohne starken Afekt [sic] kann der Coitus nicht statt finden, wenigstens nicht bei den Mannspersonen [...]. Zu grose Anstrengung und zu lange Unterhaltung des Afekts schadet. [...] Daher, das der Coitus den ledigen Leuten mehr schadet, als verheirateten, weil der Afekt zu vor zu stark ist und gar zu lange dauert, weil das Herz schon zu sehr gezabelt hat, bis endlich die Gelübte Gehör giebt. [...] Eheleuten [sic] sollten sich daher billig dran gewönen, den Coitus die Woche 1 oder 2 mal zur bestimmten Zeit zu pflegen, etwa den [sic!] Sontagsmorgens, weil man denn nicht viel drauf arbeitet, und eine Stund darauf schlafen kann. Morgens deswegen, weil der Körper des Abends zu schwach ist, und die Strabaz nicht aushalten kann. [...] Alle unnathürliche Lagen und Stellungen fordern eine heftigere Anstrengung beim Coitus und schaden daher, am meisten schadet, stando [im Stehen] das Werk zu verrichten. Man glaubt gewöhnlich, diese gäbe keine Kinder, es ist aber falsch. Hallers

Schwiegervater zeigte seine Tochter in einem öffentlichen Auditorium und sagte: hanc stante feci [ich habe sie im Stehen gemacht]."[1]

Der Hallenser Medizinprofessor Johann Christian Reil subsumierte den Beischlaf unter die „psychischen Mittel", um „Geisteszerrüttungen" zu therapieren. Psychische Mittel würden durch Handlungen, „die sie im Nervensystem erregen", auf dieses einwirken und das „dynamische Verhältniß des [erkrankten] Seelenorgans" wieder in Ordnung bringen.[2] Hierzu gehörten „Körperrreize, in deren Gefolge *thierische Lust* entsteht." Zur Erregung eines angenehmen Lebensgefühls empfahl Reil Wein und Mohnsaft, Streicheln und Reiben des Körpers mit der Hand, Anwendung von Wärme, laue Bäder, „mäßigen Kitzel", auch die „Erregung des *thierischen Magnetismus*". Das stärkste Gefühl bewirke aber „der Genuß des Beischlafs." Reil nahm hier Bezug auf den italienischen Psychiater Vincenzo Chiarugi, der darin ein vorzügliches Heilmittel der Melancholie sah. „Männern kann man durch eine öffentliche Dirne, Weibern schwerer genügen, weil sie schwanger werden, und ihr Uebel auf die Frucht forterben können. An sich möchte vielleicht eine Schwangerschaft heilsam seyn, als Ableitungsmittel, und besonders für solche Verrückte, die vor Gram über kinderlose Ehen hysterisch geworden sind". Reil ging von einer „merkwürdigen Wechselwirkung" zwischen den beiden Polen des Körpers – „Kopf und Geschlechtstheile" – aus: „Erschütterungen des einen Endpunkts durch Beischlaf und Schwangerschaft befreien den entgegengesetzten von Anhäufung." Insofern könne in „Verrücktheiten, deren Ursache Geilheit ist, [...] der Beschlaf als Heilmittel wirken."

Im Umfeld von Lebensreformbewegung, sich entfaltender Psychoanalyse und Sexualwissenschaft gewannen auch Versuche der psychotherapeutischen Behandlung von Sexualstörungen im frühen 20. Jahrhundert an Boden. Dabei

---

[1] Georg Christian Gottlieb Wedekind: Die Diätetikvorlesung von 1789/90. In: Martin Weber: Georg Christian Gottlieb Wedekind : 1761-1831. Werdegang und Schicksal eines Arztes im Zeitalter der Aufklärung und der Französischen Revolution. Mit einem Anhang [...]. Stuttgart; New York: G. Fischer, 1988 (Soemmerring-Forschungen; Bd. 4), S.281-416, hier: S.362 f.

[2] Johann Christian Reil: Rhapsodieen über die Anwendung der psychischen Curmethode auf Geisteszerrüttungen. Halle: Curt, 1803: S. 150, 182, 185 f.

verwischten sich oft die Grenzen zwischen therapeutischer Abstinenz und sexuellem Missbrauch, zulässiger Erziehung und nötigendem Eingriff. Ein illustres Beispiel schilderte ein englischer Universitätsprofessor, der unter dem Pseudonym „P. N. Teulon" über die spezielle Methode einer „psycho-sexuellen Heilbehandlung" berichtete, die angeblich ein „alter Freund", ein praktischer Psychologe, bei einer Patientin angewandt habe.[1] Die Vermutung liegt nahe, dass sich hinter dem „alten Freund" der Autor selbst verbergen wollte. Die Behandlung betraf die „psycho-sexuelle Geschichte eines jungen Mädchens vom 10. bis zum 14. Lebensjahre". Der „Behandelnde" oder „Beobachter", wie der eigenwillige Sexualtherapeut durchweg bezeichnet wird, ging von der These aus, dass „der normale Beischlaf als Angelpunkt des psycho-sexuellen Kräftehaushalts" stark überschätzt werde und dass die „psycho-sexuelle Spannung" auch auf andere Weise gelöst werden könne, nämlich durch die „Herbeiführung des Orgasmus durch Masturbation". Unter Masturbation verstand Teulon nicht die Selbstbefriedigung, sondern die sexuelle Befriedigung mit der Hand durch eine andere Person. Bei dem Mädchen handelte es sich um die älteste Tochter eines Ehepaares. Die Familie wohnte in einem Bauernhaus, das nahe der Unterkunft des Behandlers lag. Sie litt angeblich unter starken Angstträumen und war tagsüber stark verstört. Als sich der Zustand verschlechterte, schlug der selbst ernannte Therapeut vor, zur Beobachtung des Kindes die Nacht in dessen Schlafzimmer zu verbringen, was die Eltern „bereitwillig" erlaubten. Wie der Behandelnde dann feststellte, litt das Mädchen an „hysterischem Somnambulismus" und veranstaltete nachts „somnambulistische Pantomimen". Seine Gebärdenspiele stellten sexuelle Inhalte dar: Schändung, Verführung, Wehe und Geburt sowie Stillen. Der „pantomimische Beischlaf" in verschiedenen Stellungen gipfelte im Orgasmus. Im Anschluss daran war der Gesichtsausdruck „verklärt" und zeigte offensichtlich höchste Befriedigung an.

Die „psycho-sexuelle Heilbehandlung" setzte damit ein, dass der Beobachter während der Anfälle intervenierte: „Er fand, daß ein leichtes Drücken seiner

---

[1] Teulon, P.N. [Pseudonym]: Psycho-sexuelle Heilbehandlung. Hg. von Werner Zimmermann. Nürnberg; Bern; Leipzig: Zitzmann, 1930: S. 6, 8, 11 f., 15, 19, 21, 24-26, 32, 37 f., 41, 44, 49, 50, 52. 59.

Hand auf den Schamberg oder ein leichtes Streicheln der Innenfläche des Schenkels sie erleichterte oder den Anfall zeitweise zum Stocken brachte." Die geschlechtliche Aufklärung des Mädchens wurde vom Behandelnden intensiv betrieben. Unter anderem wies er darauf hin, dass wie wir „zu viel oder zu wenig essen können, können wir auch unseren Geschlechtsdrang zu viel oder zu wenig ausüben." Offenbar war er mit dem Diskurs der zeitgenössischen Sexualwissenschaft vertraut, da er die Sexualität der Frau, die bisexuelle Veranlagung des Menschen und die Sublimation sexueller Energie in kulturelle Leistung ansprach. So bleibe „die Macht, sexuelle Kräfte auf nicht-sexuellem Wege zu gebrauchen, eine Vorbedingung für das Hinausentwickeln der Menschheit." Die nächste Behandlungsstufe bestand darin, dass das Mädchen im Landhaus des Beobachters nackt neben ihm schlief. Es kam offenbar zu beruhigenden Körperkontakten: „Dieser innige Verkehr entzündete zweifellos in X. eine tiefe und leidenschaftliche Liebe zu dem Beobachter" im zweiten und dritten Jahr der Behandlung. Die körperliche Beziehung wurde intensiver. Der Beobachter überließ dem Mädchen „seinen Penis (nie erigiert) vor dem Schlafen zum Halten, um Zeit zu sparen und ihr mit Sicherheit die ganze Nacht Ruhe und Schlaf zu verschaffen, was sie sicher ohne diese geschlechtliche Behandlung nicht gehabt hätte." Bei unruhigem Schlaf ließ er sie „mit seiner Hand oder seinem Knie zwischen den Schenkeln weiterschlafen." Als sich ihr Zustand wieder verschlechterte und sie über Rückenschmerzen klagte, masturbierte sie der Beobachter, „indem er die Innenseite der Schamlippen mit nassem Finger bestrich, wodurch er den Orgasmus hervorbringen konnte." Sie schlief darauf ein und wachte offenbar geheilt auf. Später löste der Beobachter bei Bedarf durch Bestreichen der Brustwarzen oder der Klitoris den Orgasmus aus und konnte so die Anfälle des Mädchens „heilen".

Schließlich versuchte der Beobachter „die geschlechtliche Erregung in die eigentliche Scheide zu verlegen, ohne dabei die Jungfernhaut, die normal und intakt war, zu zerreißen." Erst Monate später habe die Scheide „voll und ganz ohne die Reizung der übrigen Sexualregionen des Körpers" reagiert. In einer chronologischen Tabelle führte er die „periodischen (monatlichen) Anfälle" vor der Geschlechtsreife bzw. den Verlauf der schmerzhaften Menstruationen nach deren Eintreten zwischen 1922 und 1924 auf, die durch Masturbation (mit Orgasmus) entweder vom Beobachter „geheilt" oder von der Patientin „selbst geheilt" wurden . Der Orgasmus erschien hier als wirksames Heilmittel. Nebenbei merkte der Beobachter an, ähnliches „während der letzten 15 Jahre an vielleicht 40 meist geschlechtsreifen Frauen" bemerkt zu haben. Dies lässt darauf schließen, dass er seine „psycho-sexuelle Heilbehandlung", die man als wilde Sexualtherapie bezeichnen könnte, gewissermaßen professionell ausübte. In der hier referierten Fallgeschichte bemühte er sich, den distanzierten „Beobachter" zu markieren. Trotz aller Versuche, seinen Penis zu reizen, habe das Mädchen keinen Erfolg gehabt, „das widerspenstige Organ" zur Erektion zu bringen. Schließlich sei ihr dies aber mit der *fellatio* gelungen. Daraufhin sei sie „sehr glücklich und erleichtert" und für mehrere Wochen geheilt gewesen. Die Masturbation konnte auch dadurch geschehen, „indem sie die äußerste Spitze des *penis* [sic] des Beobachters gegen ihre Clitoris rieb. Dabei erigierte sich der Penis bis zu einem gewissen Grade und sie versuchte, die Eichel mit ihrer Hand gegen den Hymen pressend, den Beobachter zu ‚vergewaltigen'". In einer Nachschrift von 1927 beschrieb er den offenbaren Erfolg seiner Behandlung: Die nunmehr 16jährige sei „ein blühendes, gesundes, strammes Mädchen oder vielmehr ein vollentwickeltes Weib." Teulons Bericht beleuchtete ein tabuisiertes Terrain, das in der offiziellen medizinischen und pädagogischen Literatur fast gänzlich ausgeblendet wurde, aber doch von praktischer Relevanz gewesen sein dürfte. Was fand hier wirklich statt? Sexueller Missbrauch eines Kindes, Pädophilie – oder eine bestimmte Form der Sexualtherapie und Sexualerziehung? Lässt sich beides in dem soeben referierten Fall überhaupt klar voneinander abgrenzen?

Orgasmus, gesundmachender Reflex?

Die Problematik des Orgasmus spielte eine Schlüsselrolle im Diskurs von Sexualwissenschaft und Sexualmedizin des 20. Jahrhunderts. War er zur Gesundheit notwendig? Welche Qualität sollte er haben? War er mehr oder weniger identisch mit der Ejakulation des Mannes? War der Orgasmus der Frau dem des Mannes analog oder grundsätzlich verschieden? Wie oft sollte der Mensch einen Orgasmus haben? Ab welcher Frequenz wirkte er schädlich? Wir werden noch in anderem Zusammenhang auf die Orgasmusfrage zurückkommen, vor allem beim sogenannten Phasenmodell der normalen Sexualfunktion (siehe unten) sowie beim Thema der sexuellen Revolution und ihrer Fixierung auf Wilhelm Reichs biologistischen Ansatz (siehe Kapitel 3). Dieser Diskurs konnte auf eine bis in die Antike zurückreichende Tradition zurückblicken. Bereits Aristoteles hatte in *„De generatione animalium"* festgestellt, dass Frauen einen – im heutigen Sprachgebrauch – „Klitoris-Orgasmus" erleben konnten, der freilich zur Empfängnis nicht nötig sei.[1] Demgegenüber gab es gerade in Renaissance und früher Neuzeit eine Reihe von Autoren, die für die Zeugung einen gleichzeitigen Orgasmus von Mann und Frau für nötig erachteten, da in diesem Augenblick der männliche und der weibliche Samen ausgestoßen würde. Dies habe insbesondere der berühmte französische Chirurg Ambroise Paré im 16. Jahrhundert behauptet, den eine kulturhistorische Betrachtung zum Orgasmus erwähnt.[2]

Gegen die anhaltende Verteufelung der durch die überflüssige Ejakulation krank machenden Sexualität, welche durch die Onanie-Debatte seit dem 18. Jahrhundert angestoßen worden war, gab es auch sexualfreundlichere Gegenentwürfe. Sie respektierten auch die weibliche Sexualität als menschliches Bedürfnis. Hier wäre der französische Frühsozialist Charles Fourier zu nennen, der für ein kultiviertes und allseits befriedigendes Sexualleben als Menschenrecht plädierte.[3] Seine utopischen Ansichten wurden im 19. Jahrhundert in (zumeist nur kurzlebigen) US-amerikanischen Gemeinschaften zum Teil in die Tat umgesetzt, etwa in der *„Experimental Community of New Harmony"*, die der Waliser Industrielle und Sozialreformer Robert Owen in *Southern Indiana* kurzzeitig von 1825 bis 1828 etablierte. Auf den Sonderfall der *Oneida Com-*

---

[1] Aristoteles: De generatione animalium, Buch I, 19, 727b bzw. Buch 20, 728a.

[2] June Machover Reinisch / Carolyn S.Kaufman: Historical, medical, scientific, philosophical, literary and cultural perspectives on orgasm. In: The first International Conference on Orgasm. February 3-6, 1991, New Delhi. Proceedings. Hg. von Prakash Kothari u. Rafi Patel. Bombay: VRP Publishers, 1991, S. 253-269, hier: S. 255.

[3] Reinisch / Kaufman, 1991 [perspectives on orgasm], S. 257 f.

munity gehen wir noch ausführlich ein (siehe Kapitel 6). Der US-amerikanische Arzt und Freidenker Edward B. Foote setzte sich für die Geburtenkontrolle und eine Sexualreform ein. Er identifizierte den *„sexual magnetism"* mit elektrischer Energie, die den Einzelnen auflade und aufbaue. Der Sexualverkehr erschien in dieser Sicht als ein physiologisches Stärkungsmittel, das die Gesundheit fördere: *„The nervous system requires sexual magnetism to preserve it in health ...the sexes cannot maintain perfect health in isolation."*[1] Allerdings galt dies nur, wenn beim Sexualverkehr ein Energieaustausch stattfand und die Verausgabung nicht einseitig verlief.

Gegenüber der allgemeinen Abwertung der weiblichen Sexualität und der Verneinung des weiblichen Orgasmus fiel eine Schrift des französischen Arztes Jules Guyot völlig aus dem Rahmen: nämlich der «Bréviaire de l'amour expérimental», 1859 verfasst und 1882 posthum veröffentlicht.[2] Guyot ging davon aus, dass alle Männer und Frauen fähig seien, den Orgasmus zu erleben. Dieser sei psychisch und physisch wohltuend, da er Fröhlichkeit und Öffnung fördere. Sexualverkehr ohne orgasmische Befriedigung sah er als gefährlich an, da er zu Erschöpfung und schweren nervösen Leiden führe, insbesondere bei unbefriedigten Frauen. Guyot entdeckte lange vor der „sexuellen Revolution" im 20. Jahrhundert sozusagen die Sexualität der Frau: ihr erotisches Verlangen, ihre Orgasmusfähigkeit und die Bedeutung der Klitoris für ihre sexuelle Befriedigung.

Doch wollen wir uns nun dem 20. Jahrhundert zuwenden. Welche Auffassungen vom Orgasmus hatten Ärzte, die sich nicht explizit als „Sexualwissenschaftler" oder „Sexualtherapeuten" verstanden? Die 1909 publizierte Schrift „Die libidinösen Sexualausflüsse und der Orgasmus" eines gewissen Dr. Rohleder aus Leipzig ist recht aufschlussreich für das ärztliche Verständnis jener

---

[1] Zit. ebd, S. 262.

[2] Jules Guyot: Bréviaire de l'amour expérimental, médiations sur le mariage selon la physiologie du genre humain. Édition elzévirienne. 2e mille. Pairs: Marpon et Flammarion: Librairie physiologique, 1882.

Zeit.[1] Der Autor argumentierte auf der Grundlage der Organmedizin, insbesondere der Anatomie. So wollte er den anatomischen Sitz des Orgasmus bei Mann und Frau genau bestimmten. Er gelangte zu einer bemerkenswerten Fiktion der „Jungfräulichkeit", die man sogar in Bezug auf erlebte Pollutionen anamnestisch diagnostizieren könne. Er ging davon aus, dass auch Frauen ein der Ejakulation gleichwertigen Sexualausfluss haben, aber nur bei direkter Reizung oder nach sexueller Erfahrung: „Fast jeder keusche Jüngling resp. Mann ist den Pollutionen unterlegen, eine keusche Jungfrau nie! Pollutionen kommen beim weiblichen Geschlecht nur dann vor, wenn früher geschlechtlicher Umgang vorhanden war, der durch irgend welche Momente Unterbrechung gefunden hat, also besonders bei Witwen, Strohwitwen, etc. hieraus folgt: Eine wirklich keusche Jungfrau kann keine Pollutionen haben, klagt sie über solche, so ist sie dringend geschlechtlicher Reizung verdächtig [...], der Onanie, ja sie ist wohl sicher Onanistin." Diese Schilderung der „wirklichen Jungfrau" folgt im Selbstverständnis des Autors wissenschaftlichen Erkenntnissen, ist aber offensichtlich eine höchst voluntaristische Konstruktion. Eine „wirkliche Virgo" sei durch „anatomisch-physiologische Deduktionen" beweisbar, habe keine nächtlichen Pollutionen, da der „ganze Vorgang des Uterusreflexes" nur durch „hochgradige sexuelle *Lokal*reizung" ausgelöst werden könne. „Eine wirkliche Jungfrau kennt aber die durch Coitus resp. Phallus ausgelösten Gefühle nicht im bewußten Zustande".

Mit dem Kinsey-Report und der sich anbahnenden „sexuellen Revolution" in der zweiten Hälfte des 20. Jahrhunderts rückte der Orgasmus der Frau verstärkt in den Blickpunkt von Wissenschaft und Öffentlichkeit. Die tradierten Rollenzuweisungen im Sexualleben erzeugten weithin ein Unbehagen, wie es beispielsweise der US-amerikanische Psychologe Seymour Fisher in seinem einschlägigen Standardwerk äußerte.[2] Er berichtete über das Orgasmuserleben von Frauen aus seiner Praxis und stellte eine große Vielfalt unterschiedli-

---

[1] Hermann Rohleder [angeblich Dr. R. Rohleder]: Die libidinösen Sexualausflüsse und der Orgasmus. Berliner Klinik 21 (1909) Heft 257: S. 6, 12.

[2] Seymour Fisher: Der Orgasmus der Frau. Psychologie, Physiologie, Phantasie. Stuttgart: Deutsche Verlags-Anstalt, 1973: S. 205 f.

chen individuellen Erlebens fest. Freilich blieben seine theoretischen Reflexionen jenseits der praktischen Fallgeschichten recht oberflächlich und blass. Sein kritisches Fazit lautete, dass der westliche Kulturkreis gegenüber dem Orgasmus der Frau „Klischeevorstellungen anstelle eines der Wirklichkeit entsprechenden Modells der Weiblichkeit" geschaffen habe. Die Besorgnis, dass viele Frauen nicht beständig zum Orgasmus gelangen, „resultiert aus Fakten, die belegen, daß unser Kulturbereich antiweiblich strukturiert ist. Das Leben der Frauen wird dadurch ungewöhnlich erschwert." Ihm schwebte eine utopische Lösung des Orgasmusproblems vor: „Das sogenannte Orgasmusproblem würde verblassen, wenn Frauen in einem Kulturbereich aufwachsen könnten, in dem sie nicht durch die Drohung möglicher Vereinsamung zum Gehorsam gezwungen sind."

Ein Schüler von Wilhelm Reich, der US-amerikanische Arzt und Psychotherapeut (Körpertherapeut) Alexander Lowen prägte ab den 1960er Jahren nachhaltig den Begriff des Orgasmus in seiner gegenwärtigen Bedeutung. Mit seinem Buch „Liebe und Orgasmus" wollte er einen „Weg zu menschlicher Reife und sexueller Erfüllung" aufweisen.[1] Er wandte sich in leicht verständlicher Sprache an eine breite Öffentlichkeit, wobei er sich auf langjährige ärztliche Erfahrungen stützte. Zugleich wollte Lowen den Lesern eine Lebensberatung anbieten, wie es auf dem Buchdeckel heißt: „Dieses Buch bietet allen, die zu reifer Sexualität gelangen wollen, Hilfe an." Im Mittelpunkt des therapeutischen Bemühens stand die „orgastische Impotenz" bei beiden Geschlechtern.

Lowen betonte, dass nur „die Beteiligung des ganzen Körpers an den unwillkürlichen lustvollen Bewegungen der sexuellen Entladung" zu einem befriedigenden Orgasmuserlebnis führe. Damit stand für ihn fest, dass dies nur im heterosexuellen Geschlechtsakt möglich sei, da der homosexuelle „sich auf die Genitalien beschränkt". Mit peinlicher Genauigkeit beschrieb er den idealtypisch verlaufenden heterosexuellen Geschlechtsakt, der im Wesentlichen dem „sexuellen Reaktionstyp" nach Masters und Johnson entsprach (siehe unten),

---

[1] Alexander Lowen: Liebe und Orgasmus. Ein Weg zu menschlicher Reife und sexueller Erfüllung. München: Kösel, 1980 [Engl. Originalausgabe 1965]: S. 247-251, 253.

wobei er psychoanalytische Versatzstücke einstreute, wie: „Wenn der Mann nicht den Drang zur Penetration verspürt, kann das ein Hinweis auf eine Furcht vor der Vagina sein." Er erwähnte auch die Theorie des Psychoanalytikers Sandór Ferenczi, dass der Geschlechtsakt für den Mann „eine symbolische Rückkehr in den Mutterleib, seine ursprüngliche Heimat", sei. Entscheidend für den Ganzkörperorgasmus waren die „unwillkürlichen Bewegungen" des Beckens, die „voll und frei" ausgeführt werden müssten.

Lowens mechanistisch-biologistische Normierung des idealen (selbstverständlich heterosexuellen) Geschlechtsakts war frappierend. „Das Becken sollte sich mit der Geschmeidigkeit einer gut geölten Türangel bewegen [...]. Beim Mann kommt der Bewegungsstoß von den Beinen und ist völlig vom Ich beherrscht. Während der Mann durch seine Beine ‚geerdet' ist, ist die Frau in der Rückenlage durch den Kontakt zwischen ihren Beinen und dem Körper des Mannes an ihm ‚geerdet'. Dadurch können sich ihre Bewegungen mit den seinen synchronisieren." Damit erhob Lowen die klassische „Missionarsstellung" zur Norm, die eine Hierarchie der Geschlechter definierte: Der Mann schien direkt an der Erde, die Frau direkt am Mann „geerdet". Somit war klar, wer wen missionierte. Als Gegenstück zur Ejakulation erschien bei der Frau „die Kontraktion der glatten Muskulatur, die die Vagina umgibt." Das „Endziel" der Liebe war das Verschwinden des „Selbst" im Orgasmus, die „Verschmelzung mit dem Liebesobjekt", was für Wilhelm Reichs Vorstellung spreche, „im Orgasmus finde der Mensch seine Identifikation mit kosmischen Prozessen."

Die Metaphorik, womit Lowen den Orgasmus veranschaulichte, war bezeichnend und entsprach der Auffassung seines Lehrmeisters. Zum einen benutzte er das bekannte, auch von Sigmund Freud bemühte Gleichnis von Ross und Reiter: Auf der Funktionsebene der unwillkürlichen Sexualbewegungen „ist der Reiter Teil des Pferdes. Beim Orgasmus verschwindet das Ich und wird vom Es absorbiert." Zum anderen benutzte er die elektrotechnische Metapher der „vollständigen Entladung", der „Schlussentladung": „Der volle Orgasmus, wie Reich ihn definiert hat, ist das Ergebnis der unwillkürlichen Kontraktion des Organismus und der vollständigen Entladung der Erregung". Schließlich verglich er den Geschlechtsakt mit Pfeil und Bogen, die schon in alten Zeiten als

„Symbol der Liebe" verwendet worden seien: „Der Pfeil repräsentiert das männliche Geschlechtsorgan; der Bogen entspricht dem Körper des Menschen [d. h. in diesem Kontext: des Mannes] . [...] je stärker der Bogen gespannt wird, desto weiter fliegt der Pfeil".

Neben dieser Lehre vom sexuellen (genitalen) Orgasmus als einer vollständigen „Entladung" ist noch eine weitere biologistische Leitidee zu erwähnen. Sie geht auf die Wiener Ärztin und Psychoanalytikerin Helene Deutsch zurück, die in ihrer Schrift „Psychoanalyse der weiblichen Sexualfunktionen" von 1925 Geschlechtsverkehr und Gebären als zwei Phasen eines einzigen Prozesses ansah: „So wie der erste Akt (im Orgasmus) Elemente des zweiten enthält, ist dementsprechend auch der zweite mit Lustmechanismen des ersten durchtränkt. Ich nehme sogar an, daß der Geburtsakt die Akme (den Gipfelpunkt) der sexuellen Lust darstellt".[1] Sie sah insofern den Geburtsakt als Analogon zur Ejakulation an. Auch Stillen sei laut Deutsch „ein sexuelles Genießen, in dessen Zentrum die Mamille [Brustwarze] als erogene Zone steht." Diese Deutung des Geburtsvorgangs als ein orgasmisches Geschehen für die Mutter fand im Zusammenhang mit einer wichtigen Neuerung in der Geburtshilfe der 1970er Jahre von Neuem Beachtung, als der französische Arzt Frederick Leboyer die „sanfte Geburt", insbesondere die Unterwassergeburt, propagierte. Dessen Schüler Michel Odent gründete 1987 das *Primal Health Research Centre* in London. Seine jüngste Monografie „Die Natur des Orgasmus" zeigt die für die heutige Medizin typische Kombination von biologischen, ökologischen und psychologischen Gesichtspunkten.[2] Die „komplexen Interaktionen zwischen verschiedenen Hormonen", der „Sturzbach der Hormone" seien von grundlegender Bedeutung, wenn es etwa um die Auslösung des „Fötus-Ejektions-Reflexes" gehe. Dieser Reflex löse „orgasmische Zustände" aus, die durch „die kulturelle Reglementierung des Gebärens" allerdings nur noch außerordentlich selten vorkämen.

---

[1] Helene Deutsch: Psychoanalyse der weiblichen Sexualfunktion. Leipzig; Wien; Zürich 1925 (Neue Arbeiten zur ärztlichen Psychoanalyse, Nr. 5): S. 66 f., 89.

[2] Michel Odent: Die Natur des Orgasmus. München: Beck, 2010: S. 20, 105, 23-25, 104-106.

Odent zielte darauf ab, Wilhelm Reichs Orgasmustheorie, die nur die genitale Sexualität im Blick hatte, substanziell zu erweitern. Er sah – vor allem in Anlehnung an Helene Deutsch (siehe oben) – im ungehemmten ekstatischen, dem Orgasmus ähnlichen Erleben des Geburtsvorgangs den springenden Punkt: das Gebären als höchste Stufe des Orgasmus. So ist die Metapher der „Geburtsleiter" und ihrer „obersten Sprossen" aufschlussreich. „Im Moment der Geburt ist es nicht mehr weit zum höchsten Punkt der Leiter. Der eigentliche Höhepunkt wird erst ein wenig später erreicht, wenn die Mutter, die sich immer noch gleichsam auf einem anderen Planeten befindet, ihr neugeborenes Kind entdeckt. Dies ist ein weiterer Grund, warum die meisten Kulturen bis vor Kurzem dem an die Geburt gekoppelten orgasmisch-ekstatischen Zustand keine Beachtung schenkten." Die kulturelle Unterdrückung des orgasmischen Gebärens, d. h. die Hemmung eines physiologischen Vorgangs im „Säugetier Frau" ist für Odent die Quelle des Übels, denn: „Neuere Forschungsdaten und anekdotische Berichte über Geburten, die unter den außerordentlich selten gegebenen Bedingungen der Ungestörtheit und Geborgenheit ablaufen, stützen die Vorstellung, dass das Säugetier Frau darauf programmiert ist, Kinder in einem ekstatisch-orgasmischen Zustand zur Welt zu bringen, und dass die Ausschüttung des ‚scheuen Hormons' Oxytozin in hohem Maße von Umweltfaktoren abhängig ist."

Odent unternahm unter der Überschrift „legendäre Orgasmen" einen recht spekulativen Ausflug in die Mythologie und Religionsgeschichte. Die „wundersamen Empfängnisse und Geburten mythischer Gestalten" wie die Empfängnis der Aphrodite, Buddhas, Jesu oder des Heilgottes Asklepios und ihre angebliche „orgasmische Geburt" dienten ihm als Belege für seine Theorie. Er verstehe sie als „Botschaften zur Natur des Menschen […], bis wir genügend Wissen zusammengetragen haben, um ihren Sinn entschlüsseln zu können." Seine Entmythologisierung bedeute „wissenschaftliche Erforschung der Liebe". Diese versucht, der „Natur" wieder zu ihrem Recht zu verhelfen – mit biologistischen Modellvorstellungen wie dem „Sturzbach der Hormone."

Selbstverständlich fand die physiologische Wertschätzung des Orgasmus auch in alltäglichen Programmen von *Wellness* und *Fitness* ihren Niederschlag. So wurde in einem US-amerikanischen Gesundheitsratgeber der „*Beauty Orgasm*" als eine Körperübung empfohlen, der Furchen im Gesicht glätten und hohle Wangen wieder füllen könne: „*During the Plateau Phase to orgams (phase 2) the facial muscles tighten up. This is a* natural *isometric exercise*".[1] Auch der verlängerte Geschlechtsverkehr, wie er im Orient jahrhundertelang praktiziert worden sei, sei ein Mittel der Gesundheits- und Schönheitskur: „*it prolongs the period of isometric exercise for your entire body, and the time of increased blood circulation, which is necessary for the optimum health and maximum beauty of your skin, hair, and nails.*" Der Sexualverkehr erscheint hier primär als gezieltes Fitness-Training, als eine besondere Art des *body building*.

Das Phasenmodell der normalen Sexualfunktion

Die normale Sexualfunktion als Ausdruck der Gesundheit erscheint heute als Ideal. So ist in einem Lehrbuch zu lesen: „Für einen gesunden und jungen Menschen, Mann wie Frau, gehört die normale Funktion des Sexualsystems wohl zum wertvollsten persönlichen Gut. Die wesentlichsten biologischen Aufgaben des Menschen werden damit angesprochen. Das Verlangen nach Familienplanung und nach sexueller Befriedigung sind die Antriebskräfte für die wissenschaftliche Erforschung und ärztliche Behandlung der Reproduktions- und Kohabitationsstörungen schlechthin."[2] Für die Sexualmedizin wurde gleichzeitig mit der „sexuellen Revolution" der 1960er Jahre die Theorie der „sexuellen Reaktion" von Masters und Johnson maßgeblich, die sich in zahlreichen wissenschaftlichen und populären Schriften niederschlug.[3] Der sogenannte sexuelle Reaktionszyklus läuft demgemäß in vier Phasen ab: (1) Erregungsphase, (2) Plateauphase, (3) Orgasmusphase und (4) Rückbildungsphase. Dabei verlaufe trotz der geschlechtsspezifischen Unterschiede der Reaktions-

---

[1] Oleda Baker / Bill Gale: 29 Forever. New York: Berkley Publishing, 1977: S. 189 f.

[2] Rudolf Kaden: „Einleitung", 1980 [Pathologie der Sexualfunktionen].

[3] William H Masters / Virginia E.Johnson: Die sexuelle Reaktion . Mit e. Einf. von Hans Giese. Wiss. Bearb. d. dt. Ausg.: Volkmar Sigusch. Frankfurt am Main: Akademische Verlagsges., 1967.

zyklus bei Mann und Frau erstaunlich ähnlich.[1] Damit war ein quasi objektives Raster vorgegeben, das bis heute wissenschaftliche Geltung beansprucht und auch in Handbüchern der Sexualmedizin als Goldstandard gehandelt wird.

Zeitgleich zu diesem Phasenmodell des (heterosexuellen) Geschlechtsverkehrs entstand das Phasenmodell des Sterbeprozesses, das für die Thanatopsychologie ebenso bedeutsam werden sollte wie jenes für die Sexualwissenschaft. 1969 begründete nämlich die schweizerisch-US-amerikanische Psychiaterin Elisabeth Kübler-Ross ihre „fünf Phasen des Sterbens".[2] Das Bedürfnis nach einer haltbaren Orientierung war in einer Umbruchzeit, welche für das Verständnis der Sexualität ebenso gravierend war wie für das des Sterbens, besonders groß. Die Idee eines gesetzmäßig ablaufenden Prozesses war gerade für Medizin und medizinische Psychologie attraktiv und gab der medizinischen Praxis einen gewissen Rückhalt. Überhaupt entstanden um 1970 grundlegende Leitideen für Theorie und Praxis der Medizin, die auch heute noch mehr oder weniger anerkannt werden: etwa das Modell der Risikofaktoren oder das Konzept der Hirntoddiagnostik. Die Lehre vom idealtypischen Verlauf der Sexualfunktion bot der professionellen Sexualtherapie eine Grundlage. Wahrscheinlich hatte die Lehre von den idealtypischen Sterbephasen eine ähnliche Bedeutung für die Begründung der professionellen Sterbegleitung. Begriff wie „Zyklus" und „Phasen" sind assoziativ mit biologischen und technischen Funktionsmodellen verknüpft und strahlen von daher eine gewisse wissenschaftliche Objektivität aus. Sie passen zum medizinischen Denken und Handeln. Dies wird gerade beim sexualtherapeutischen Ansatz von Masters und Johnson deutlich, der wie kein anderer die gegenwärtige Sexualwissenschaft beeinflusst hat.

Das anthropologische Verständnis folgte dem einfachen Modell von (sexuellem) Reiz und (psychosomatischer) Reaktion. Der Mensch bestehe aus zwei miteinander in Wechselwirkungen stehenden Systemen: dem „biophysischen"

---

[1] Götz Kokott: Die gestörte Sexualfunktion. In: Rudolf Kaden (Hg.), 1980 [Pathologie der Sexualfunktionen], S. 269-366, hier: 275 f.

[2] Elisabeth Kübler-Ross: On Death and Dying. London: Macmillan, 1969.

und dem „psychosozialen" Bereich. Es war nun nicht nur die Frage, wie er im jeweiligen Bereich auf sexuelle Reize reagiert, sondern auch, wie letzterer Bereich den ersteren beeinflussen kann, sodass entsprechende Reize nur geringe oder gar keine Reaktionen hervorrufen. Die automatische Reaktion im biophysischen Bereich, dem biologischen Fundament der Sexualität, kann also durch den psychosozialen Bereich modifiziert bzw. unterdrückt werden. Dieses Fundament ändert sich im Laufe des Lebens, wie in einem Lehrbuch ausgeführt wird: „Beim Mann wird der Kulminationspunkt sexuellen Interesses etwa um das 21. Lebensjahr erreicht, danach geht das Interesse langsam zurück. Bei der Frau dagegen steigt, generell gesprochen, die Libidostärke bis zum 35. Lebensjahr an und fällt dann im Klimakterium und später kaum mehr ab." [1] Solche Aussagen stützen sich auf scheinbar naturgesetzliche Gegebenheiten und zeugen vom biologischen *bias* des Autors. Ähnlich naiv wird in diesem Zusammenhang der Orgasmus begriffen. Bei Männern sei die Definition nicht schwierig, da er ja – objektiv fassbar – mit der Ejakulation einhergehe. Aber auch bei der Frau lasse sich der Orgasmus – wenn auch nur subjektiv – fassen. Generelles Zeichen sei „die Angabe eines Gefühls des Pulsierens und Pochens im Unterleib mit anschließend angenehm empfundenem Nachlassen einer inneren Anspannung", wie es im betreffenden Lehrbuch heißt. Es ist bemerkenswert, wie sehr das Erleben des Orgasmus, die „Angabe eines Gefühls", vom Autor auf medizinisch objektivierbare physiologische Vorgänge reduziert wird: nämlich „Pulsieren" und „Anspannung".

Die Theorie vom sexuellen Reaktionszyklus erscheint als naturwissenschaftlich gesicherte Grundlage, auf der alle möglichen sexualmedizinischen Studien aufbauen. Jeder Phase des Reaktionszyklus lassen sich somit bestimmte Störungen zuordnen. So werden etwa in einer neueren Übersichtsarbeit die Sexualstörungen des Mannes „nach ihrem Auftreten im sexuellen Reaktionszyklus (Appetenz-, Erregungs-. Orgasmus- und Rückbildungsphase) unterteilt." [2]

---

[1] Kokott, 1980 [Ssexualfunktion]: S. 272, 274 f.

[2] Dirk Rösing et al.: Sexualstörungen des Mannes. Diagnostik und Therapie aus sexualmedizinisch-interdisziplinärer Sicht. Deutsches Ärzteblatt 106 (2009), H. 50, S. 821-828, hier: S. 821.

Paradoxerweise hat gerade die Freud'sche Psychoanalyse, welche die naturwissenschaftliche Medizin psychologisch transzendieren und anthropologisch
reformieren wollte, mit dazu beigetragen, die biologistische Auffassung der
Sexualität zu bekräftigen. Neu war allerdings die Aufdeckung sexueller Motiva-
tionen im kulturellen und sozialen Leben. Freud stellte kulturelle und religiöse
Normen infrage, nicht aber die normativen biologischen Vorstellungen seiner
Zeit über die Sexualität als Triebgeschehen. Insofern erscheinen die Lehren
und Behandlungsmethoden seines fragwürdigen und tragischen Schülers
Wilhelm Reich zum Teil als eine Karikatur derjenigen des Meisters (sieheKapi-
tel 3).

„Physiologischer" Orgasmus als Ideal

Es stellt sich die Frage, wieweit nicht auch die heutige Sexualmedizin trotz aller
„psychosozialen" Erweiterungen letztlich biologistisch argumentiert. Jedenfalls
wurde das soeben skizzierte Modell von Masters und Johnson – psychoanalytisch angereichert – an die (west-) deutschen Verhältnisse angepasst und als
„Paartherapie" in die Praxis umgesetzt.[1] Damit hatte die Sexualmedizin ein
international anerkanntes Leitbild, eine ideologisch e Grundlage. Die Fokussie-
rung auf die Paartherapie verweist auf das Problem der Sexualmedizin heute:
Einerseits geht sie in der Theorie von einem ständigen kulturellen Prozess der
„Umkodierung" der Sexualität aus – ihre Formen seien eben nicht von Natur
aus gegeben –, andererseits macht sie in der Praxis „befriedigendes Sexualverhalten" von der Befolgung physiologischer Naturgesetze abhängig, worauf
alle Therapie abzuzielen habe. Eine *geistige* „Umkodierung" dieser physiologischen Naturgesetze scheint außerhalb der Denkmöglichkeit. Im Rückgriff auf
Wilhelm Reich, der „nach wie vor die geschlossenste und zugleich anspruch-
vollste Theorie über den Orgasmus" vorgelegt habe, und unter Berufung auf
die empirischen Befunde von Masters und Johnson demonstrierte Volkmar
Sigusch diese physiologische Engführung. Die „Physiologie des Orgasmus", die

---

[1] Volkmar Sigusch: Praktische Sexualmedizin. Eine Einführung. Köln: Deutscher Ärzte-Verl.,
2005: S. 66.

alle möglichen organischen Reaktionen bis ins Einzelne beschreibt, begreife das Geschehen als automatisch ablaufenden komplexen Reflexmechanismus.[1]

So kommt ein Menschenbild zum Vorschein, das vom Spannungsfeld zwischen biologischer Basis und mentalem Überbau ausgeht und insofern an das Marx'sche Strukturmodell des Kapitalismus erinnert. Auf der einen Seite scheinen die biologischen Grundlagen der Sexualität objektiv festzustehen, während auf der anderen Seite der soziokulturelle Wandel zu unterschiedlichen Bewertungen bzw. Ausformungen sexueller Aktivitäten führt.[2] Es ist auffällig, wie das sogenannte „biopsychosoziale" Modell der Krankheit, das heute als Insignium einer „ganzheitlichen Medizin" gilt, auch das Verständnis der Sexualität prägt. Biologisch erscheint der Mensch als Reflexwesen, psychologisch als Luststreber und sozial als Objektsucher. Neben die physiologische Forschung tritt die sozialpsychologische, die sich vor allem auf die empirische Erforschung des Sexualverhaltens konzentriert, etwa die statistische Erhebung des Sexualverhaltens im Alter mit entsprechender grafischer Darstellung.[3] Biologische und sozialpsychologische bzw. psychosoziale Beschreibungen und Erklärungen wollen „die" Sexualität wissenschaftlich vermessen und allseitig interdisziplinär erfassen. Dabei spielen nach dem Vorbild des bahnbrechenden *Kinsey-Reports*, eines von der *Rockefeller Foundation* getragenen Forschungsprojekts unter Regie des *National Research Counil's Committee for Research on Problems of Sex*, die Methodologie der empirischen Sozialforschung, insbesondere die statistische Auswertung von Befragungen und Interviews eine

---

[1] Volkmar Sigusch: Physiologie des Orgasmus. Versuch einer Definition. In: Volkmar Sigusch (Hg.): Sexualität und Medizin. Arbeiten aus der Abteilung für Sexualwissenschaft des Klinikums der Universität Frankfurt am Main. Köln: Kiepenheuer & Witsch, 1979: S. 143-156.

[2] Caroline Maake: Biologische Grundlagen der Sexualität: Anatomie, Physiologie, Hormone. In: Sexualität im Wandel. Hg. von Rainer Hornung, Claus Buddenberg, Thomas Bucher. Zürich: vdf Hochschulverlag ETH Zürich, 2004 (Reihe Zürcher Hochschulforum; Bd. 36): S. 29-43. – Gunter Schmidt: Sexualität und Kultur: Soziokultureller Wandel der Sexualität. In: Sexualität im Wandel, 2004 [siehe oben]: S. 11-28.

[3] Rainer Hornung / Thomas Bucher: Sexualität im Alter. In: Sexualität im Wandel, 2004 [Sexualität im Alter]: S. 181-193.

zentrale Rolle.[1] Die quantitative Erfassung hat den Vorteil, dass sie in Kurven und Tabellen veranschaulicht werden kann, wie die Fachliteratur zeigt.

Eine kultur- und religionsgeschichtliche Reflexion fehlt entweder gänzlich oder bleibt an der Oberfläche stehen. Dementsprechend spielen Begriffe wie „Sublimation", *„Karezza"* oder *„Tantra"* keine Rolle, welche die Spiritualisierung der Sexualität zum Inhalt haben. Die „Macht des Geistes über den Körper", wie der Begründer des Hypnotismus James Braid es formulierte, wird als mögliche Option für den Menschen ignoriert. Wenn der Geist nur als Überbau-Phänomen, als Begleiterscheinung der (Nerven-) Physiologie angesehen wird, der gerade durch seine Blockaden der „normalen" physiologischen Vorgänge pathogen wirkt, ist selbstverständlich jede positive („gesunde") Beeinflussung oder gar Modifikation der unwillkürlich ablaufenden Sexualvorgänge schwer vorstellbar. Merkwürdigerweise wird auch bei manchen theologischen Experten, die eine religions- und kulturhistorische Perspektive verfolgen, keine grundsätzlich andere Position sichtbar.[2]

Ein weiteres Beispiel für das (relativ) biologistische Verständnis der Sexualität *nach* der „sexuellen Revolution" der 1960er Jahre bietet das umfangreiche Standardwerk des deutschen Sexualwissenschaftlers Erwin J. Haeberle mit großformatigen Fotografien, die an das Genre von Erotik-Bildbänden erinnern.[3] Auch hier wurde die Vier-Phasen-Theorie von Masters und Johnson als grundlegende Lehre referiert und – für Mann und Frau getrennt – breit ausgewalzt. Der Orgasmus erschien als normales Ziel im „Zyklus der sexuellen Reaktion", das der Mann leichter erreichen könne als die Frau: „Fast alle Männer, die die Fähigkeit zur Erektion besitzen, sind auch zum Orgasmus fähig. Das

---

[1] Alfred C. Kinsey / Wardell B. Pomeroy / Clyde E. Martin: Das sexuelle Verhalten des Mannes. [Originalausg. 1948] Berlin; Frankfurt am Main: S. Fischer, 1965. – Dieselben zusammen mit Paul H.Gebhard: Das sexuelle Verhalten der Frau. [Originalausg. 1953] Berlin; Frankfurt am Main: S. Fischer, 1966.

[2] Regina Ammicht Quinn: Körper – Religion – Sexualität. Theologische Reflexionen zur Ethik der Geschlechter. Mainz: Matthias-Grünewald-Verl., 1999.

[3] Erwin J. Haeberle: Die Sexualität des Menschen. Handbuch und Atlas. Berlin; New York: de Gruyter, 1983rle, 1983: S. 281, 348, 379. 347, 375.

heißt: Im Gegensatz zu Frauen, die oft Schwierigkeiten haben, über die Plateauphase hinauszukommen, können sich Männer normalerweise darauf verlassen, den ganzen Zyklus der sexuellen Reaktion zu erleben." Die physiologischen Abläufe würden unwillkürlich, automatisch verlaufen. Haeberle warnte jedoch davor, vom (biologischen) Sein aufs (ethische) Sollen zu schließen. Denn was als „natürlich" oder „widernatürlich" zu gelten habe, hänge vom jeweiligen moralischen Wertsystem ab: „Natur als solche ist wertfrei, sie kennt keine Bevorzugung, keine Richtung, kein Endziel." So sei „widernatürlich" ein Werturteil und keine Tatsachenbehauptung. Die Naturrechtslehre beruhe eben nicht auf wissenschaftlicher Erkenntnis, sondern sei „Ausdruck einer vorwissenschaftlichen, mythischen Sicht der Welt." In dieser Sicht sei „Natur" eine Ideologie gewesen, demgegenüber „Wissenschaft" dem Menschen ermöglicht habe, „die Natur unvoreingenommen zu betrachten." Hier wird die entscheidende Einstellung der modernen Naturwissenschaften sichtbar: nämlich die Überzeugung, die Natur objektiv erfassen und ihre Kausalgesetze ohne Vernebelung durch normative Moralvorstellungen aufdecken zu können.

Vielleicht ist dies der größte Denkfehler der heutigen Bioethik, zu meinen, die Befunde der Biomedizin bzw. Lebenswissenschaften (*life sciences*) seien absolute Größen, objektive Naturtatsachen, ihre normative Bewertung dagegen „nur" relativ, kulturabhängig. Wer so denkt, und das ist wohl die überwiegende Mehrzahl der heutigen Wissenschaftler, verkennt, dass auch die angeblichen Naturtatsachen Konstrukte darstellen. Diese mögen noch so brauchbar und überzeugend sein – sie können zumindest in der Medizin nicht alles erklären und weisen blinde Flecken auf. Der Begriff des Orgasmus in der Sexualmedizin ist ein solches Konstrukt: Angeblich definiert er nichts anderes als einen rein physiologischen Vorgang, praktisch aber stellt er eine normative Schablone dar, die als diagnostisches Instrument sowie als therapeutische Richtschnur eingesetzt wird.

Als physiologische Voraussetzung des Orgasmus erscheint heute primär die Potenz (*potentia coeundi*) des Mannes. Impotenz hat Krankheitswert und ist schon längst zu einem wichtigen Gegenstand von Sexualmedizin und Andrologie geworden. Sie war in der frühen Neuzeit ein Leitsymptom für Schadenszauber und dämonische Beeinflussung durch Hexen und wurde – abgesehen von der Hexenverfolgung – dementsprechend mit magisch-religiösen Mitteln behandelt. Die moderne Medikalisierung der Impotenz bedient sich des gesamten Spektrums medizinischer Behandlungsmethoden. Welche Bedeutung dem Steifwerden des „männlichen Gliedes" zum geforderten Zeitpunkt gegenwärtig beigemessen wird, mag man am *Viagra hype* ermessen, der dem betreffenden Pharma-Konzern ein unüberbietbares Milliardengeschäft bescherte. „Alternative" Potenzmittel berufen sich auf die Magie der Natur, um dem Übel abzuhelfen. So lautet ein Werbetext für „Vital G MAX", womit die erektile Dysfunktion angeblich „diätetisch" behandelt werden soll: „Entweder greifen Sie zu harter Chemie. Werfen kurz vor Ihrer Begegnung die Chemie-Pille [Viagra] ein. Drücken wie mechanisch auf den Start-Knopf ‚Sex'. Oder Sie kommen langsam und nachhaltig zum Höhepunkt. Mit diesem Mittel aus der Apotheke von Mutter Natur. Mit Vital G MAX bekommen Sie kräftige Helfer für Ihre harte und ausdauernde Männlichkeit. Damit tanken Sie den Sex-Kraftstoff von Mutter Natur."[1] Die „Apotheke von Mutter Natur" hat also im Marketing „natürlicher" Potenzmittel Konjunktur. Das Denkmodell ist freilich dasselbe, wie bei der „harten Chemie", geht es doch um die bessere Durchblutung des Penis, „harte Erektionen und langes Durchhalten", wie es in entsprechenden Werbebroschüren heißt.

Die uralten Sexualpraktiken des fernöstlichen „*Tantra*", aber auch die im Kontext der westlichen Sexualreform um 1900 entwickelte Technik der „*Karezza*" lehnen eine solche rein leistungsphysiologische Auffassung von Potenz und Orgasmus ab und verweisen auf die Möglichkeit, durch bewusstes Training die unwillkürlichen Sexualvorgänge ein Stück weit willkürlich zu modulieren (siehe Kapitel 6). In diesem Zusammenhang ist der Begriff der „Magie" bzw. „Sexualmagie" interessant, worauf im letzten Kapitel zurückzukommen ist. Die Verwurzelung der Sexualmedizin und Sexualwissenschaft im biologistischen Denken der Medizin des 19. und 20. Jahrhunderts zeigt sich in ihrer Einstellung zu

---

[1] http://ws-international.tradoria-shop.de/p/314603401/dr-hittich-90-tabletten-dr-hittich-vital-g-max-potenz-potenzmittel-erektion-libido-potency (14.12.2010).

solchen esoterisch erscheinenden Sexualpraktiken: Diese werden entweder gänzlich ignoriert oder aber nur oberflächlich gestreift. Eine Art komplementäre Sexualmedizin in Analogie zur „Komplementärmedizin" ist nicht Gegenstand meiner Untersuchung und würde deren ideengeschichtlichen Rahmen sprengen. Ich möchte lediglich das Menschenbild der Sexualmedizin problematisieren, das alternative Ideen ausblendet. Dies sei an einem Beispiel erläutert. In dem oben erwähnten Standardwerk von Haeberle wird „Carezza" [sic] an drei Stellen beiläufig erwähnt, ohne dass sich eine Auseinandersetzung mit dieser Methode des Geschlechtsverkehrs anschließt.[1] „Das Ziel ist eine vor allem geistige Vereinigung der Partner, und man sagt, sie erreichten auf diese Weise eine verlängerte Lustphase mit mehreren Orgasmen. Jedenfalls bleibt der Mann wohl länger in der Plateauphase, als für beide befriedigend sein kann." Diese „Orgasmen" seien aber nicht mit den physiologischen Vorgängen identisch, von denen in der Sexualmedizin die Rede sei. Aber um was handelt es sich dann? Und was bedeutet „geistige Vereinigung der Partner"? Diese Fragen bleiben undiskutiert im Raume stehen. „Karezza" wird schlechthin mit dem Coitus reservatus identifiziert, bei der der Mann die Ejakulation vermeidet, und somit den „unzuverlässigen Methoden" der Empfängnisverhütung zugeordnet. Wie wir sehen werden, wollte die „sexuelle Revolution" im Kontext der 68er Studentenbewegung die unterdrückte Sexualität befreien und den Trieben ihre berechtigte Befriedigung verschaffen. Die Überführung sexueller Regungen in geistiges Leben oder gar die geistige Modulierung biologischer, „unwillkürlicher" Abläufe durch meditative Übungen lag außerhalb ihres Denkhorizonts.

Auch in dem umfassenden Standardwerk „Sexualmedizin" können wir Ähnliches beobachten.[2] Im Kapitel „Anthropologische Grundlegung" wird der Einfluss von Kultur und Religion auf das Sexualverhalten thematisiert und die ausschließlich biologische Erklärung sexueller Phänomene (essenzialistische

---

[1] Haeberle, 1983 [Sexualität]: S. 39, 100, 281.

[2] Klaus M. Beier / Hartmut A.G. Bosinski / Kurt Loewit: Sexualmedizin. Grundlagen und Praxis. 2., völlig neu bearb. u. erweiterte Aufl. München; Jena: Urban & Fischer, 2005: S. 45-51, 240.

Perspektive) ebenso abgelehnt wie die ausschließlich historisch-kulturelle Erklärung (konstruktivistische Perspektive). Beide Erklärungsansätze seien gleichermaßen berechtigt, nur führe ihre jeweilige dogmatische Verabsolutierung auf die falsche Fährte. Eine Auseinandersetzung mit naturphilosophischen oder spiritualistischen Konzepten findet freilich nicht statt. Dies hat einen einfachen Grund: Das „biopsychosoziale Modell des Sexuellen" scheint – analog zum Menschenbild der Medizin und insbesondere ihrer psychosozialen Fachgebiete – die „Ganzheit" des menschlichen Lebens zu erfassen. Es unterstreicht zwar den Einfluss von Religion und Kultur auf Gesundheit und Krankheit, nimmt deren Inhalte und ihre ideengeschichtliche Bedeutung für uns heute aber nicht wirklich ernst. Das zeigt sich im Abschnitt „Kulturgeschichte", wo auf wenigen Seiten die Geschichte der Sexualität als eine Geschichte ihrer Unterdrückung entlarvt werden soll. Diese scheinbar obsolete Geschichte, die als unwissenschaftliche Vorgeschichte begriffen wird, fand demnach erst mit dem „Beginn der Sexualwissenschaft" im frühen 20. Jahrhundert ihr Ende, die jenen wissenschaftlichen Fortschritt ermöglicht habe, auf dessen Höhepunkt die Autoren ihre eigene Position ansiedeln. Diese Geschichtsauffassung und wissenschaftliche Selbsteinschätzung stimmen völlig mit denjenigen überein, die wir auch sonst in der medizinischen Literatur – auf biomedizinischem Feld ebenso wie auf sozialmedizinischem – finden. Begriffe wie natürliche Magie, Heilige Hochzeit, Mystik, Alchemie etc. werden wohl als anachronistische Fremdwörter empfunden, die von einer irrelevant eingeschätzten Vorgeschichte herrühren.

So ist es nicht verwunderlich, wenn in dem über 800 Seiten dicken Werk die sogenannten „Tantra- und Karezza-Praktiken" nur mit einem einzigen Satz erwähnt werden: „Einige Männer scheinen tatsächlich zu präejakulatorischen Orgasmen in der Lage zu sein, die nicht nur Erregungsspitzen sind, und es gibt Hinweise darauf, dass durch eine Art viszeralen Lernens eine differentielle Hemmung des sympathisch innervierten Emissionsmechanismus unter Erhalt des somatisch innervierten Kontraktionsmechanismus trainierbar ist, wie dies auch für Tantra- und Karezza-Praktiken beschreiben wird." Die religions- und kulturhistorischen Traditionen sowie – im Falle von *Karezza* – die sexual- und sozialreformerischen Implikationen werden hierbei gänzlich ausgeblendet. Und so erscheint das „biopsychosoziale Modell des Sexuellen" als einzig mögliches Denkmodell, ohne Alternative. Man könnte auch sagen: Es offenbart den Essenzialismus der sexualmedizinischen Konstruktion.

Von Sexualwissenschaft als einer etablierten wissenschaftlichen Disziplin kann gegenwärtig keine Rede mehr Rede sein. Das 1973 am Medizinischen Fachbereich der Universität Frankfurt gegründete Institut für Sexualwissenschaft (IfS) wurde mit der Emeritierung seines Leiters Volkmar Sigusch 2006 wieder geschlossen. Dessen bitteres Fazit lautete, dass sich die „regierenden Körpermediziner mit ihrer offenbar unerschütterlichen Borniertheit" durchgesetzt hätten, wonach „sexuelle Störungen ohne eine Reflexion der seelischen, kulturellen und gesellschaftlichen Umstände erforscht, begriffen und behandelt werden können."[1] Tatsächlich waren die „Körpermediziner" der Meinung, sie hätten operativ „doch alles im Griff", wie es damals ein Ordinarius für Gynäkologie formulierte.[2] Die Sexualwissenschaft scheint demnach also entbehrlich zu sein. Gestörte Sexualität mit Krankheitswert wird in der Frauenheilkunde, Psychiatrie und Chirurgie behandelt, neuerdings auch von Spezialfächern wie Reproduktionsmedizin und Andrologie.

3. Kapitel
„Sexuelle Revolution" und biologische Verblendung

Der Begriff der sexuellen Revolution wird vor allem mit der Einführung der „Antibabypille" und der „Studentenrevolte" in den 1960er Jahre in Verbindung

---

[1] Volkmar Sigusch: Geschichte der Sexualwissenschaft. Mit 210 Abbildungen und einem Beitrag von Günter Grau. Frankfurt; New York: Campus, 2008: S. 475 f.

[2] Volker Breidbeck: Fülle und Falle der Wollust. Zum 70. Geburtstag des Sexualforschers Volkmar Sigusch. Süddeutsche Zeitung, 11. Juni 2010, Nr. 131, S. 14.

gebracht. Die Sexualmoral änderte ihr Gesicht. Frühere Einstellungen wurden kritisiert und als lustfeindlich und pathogen infrage gestellt. Dies betraf die Masturbation, vorehelichen Geschlechtsverkehr und „sexuelle Perversionen", d. h. „widernatürliche" Sexualpraktiken wie vor allem die Homosexualität. Solche Themen wurden schon um 1900 von der entstehenden Sexualwissenschaft aufgegriffen. Dabei fanden insbesondere psychoanalytisch inspirierte Sexualtheorien große Beachtung. Von der Geschichtsauffassung des Marxismus geprägt setzten bestimmte Gesellschaftskritiker den herrschenden Kapitalismus mit der Unterdrückung der Sexualität und die politische Revolution mit der sexuellen gleich. Entsprechende Vorstellungen entstanden bereits gegen Ende des 19. Jahrhunderts, als die Arbeiterbewegung Ziele der Lebensreformbewegung für ihre Zwecke adaptierte. Wir wollen uns hier auf die Betrachtung der modernen Situation beschränken. Sexuelle Revolutionen gab es auch davor, wenn soziale Umbrüche tief greifende Änderungen im Sexualverhalten zur Folge hatten. Als Beispiel wäre hier der Übergang vom Mittelalter zur Neuzeit zu nennen, als grassierende Seuchen wie Pest und Syphilis große Umwälzungen auch auf sexuellem Gebiet verursachten. Wir wollen uns in diesem Kapitel aber auf das 19. und 20. Jahrhundert beschränken und die angeblichen sexuellen Revolutionen kritisch unter die Lupe nehmen. Es wird sich zeigen, dass sie weitgehend dem Biologismus oder Naturalismus verhaftet waren. Im darauf folgenden letzten Kapitel sollen dann jene Ansätze und Strömungen ins Auge gefasst werden, die einen ideellen Bezug zur *Magia naturalis* aufweisen und die man als *Magia sexualis* bezeichnen könnte. Letztere trieben im 19. und 20. Jahrhundert in esoterischen und eskapistischen Zirkeln merkwürdige Blüten. Dieser Umstand sollte jedoch nicht davon abhalten, alternative Vorstellungen von Eros und Sexualität sowie ihre kritische Potenz gegenüber dem real existierenden Sexismus wahrzunehmen und zur Diskussion zu stellen.

„Physiologie der Ehe"

Gegenüber dem viel beklagten sexuellen Elend in der Ehe – der Eintönigkeit des Geschlechtsverkehrs, der Gewaltanwendung des Mannes gegenüber der

Frau, der Herabwürdigung der Frau zur Gebärmaschine etc. – revoltierten sowohl Romantiker um 1800 als auch Anhänger der Lebensreform 100 Jahre später. Neben hedonistischen Strömungen für die „freie Liebe" gab es auch Versuche, das als weithin desolat empfundene Eheleben zu reformieren, es gewissermaßen zu veredeln. In der Regel beriefen sich die betreffenden Protagonisten eines idealen ehelichen Sexuallebens auf die Natur, mit deren Gesetzmäßigkeiten es in Einklang zu bringen sei. Der französische Schriftsteller Honoré de Balzac nahm einen anderen Standpunkt ein, indem er sich auf Napoleons Ausspruch berief: „Die Ehe läßt sich durchaus nicht aus der Natur ableiten. [...] Der Mensch ist ein Werkzeug der Natur, die Gesellschaft aber drängt sich ihr auf. – Das Gesetz ist um der Sitten Willen da, und die Sitten wandeln sich. – Folglich kann die Ehe an der stufenweisen Vervollkommnung teilnehmen, die für alle menschlichen Einrichtungen möglich ist."[1] Balzac veröffentlichte 1829 ein mit praktischen Ratschlägen angereichertes Buch mit dem Titel: „Physiologie der Ehe", in dem „alles Beobachtung und Analyse" sei. Seine Erkenntnisse fasste er in 92 „Grundsätzen" zusammen, die er blockweise in den gesamten Text einfügte. Die Grundsätze 27 bis 54 bezeichnete er als „Ehekatechismus". Sie bilden Aphorismen über die geglückte Liebe, die Balzac als Ausdruck von Kunst und Bildung ansah. So meinte er unter anderem: Die Frau sei „in der Liebe gleich einer Leier, die nur dem ihre Geheimnisse offenbart, der gut darauf spielen kann" (Grundsatz 31). „Leichte Auffassungsgabe für die Nuancen der Wollust, ihre Ausübung, sowie Stilbildung und Originalität der Ausdrucksweise begründen das Genie eines Gatten." (Grunsatz 38) „Zwischen zwei Wesen, die einander nicht lieben, bedeutet dieses Genie Zügellosigkeit; Liebkosungen jedoch, die die Liebe regiert, sind niemals lasziv" (Grundsatz 39).

---

3. Die „sexuelle Revolution" und ihre biologistische Verblendung

[1] Honoré de Balzac: Physiologie der Ehe oder eklektische Betrachtungen über eheliches Glück und Unglück [franz. Originalausg. 1829]. Übertragen von Joachim Huppelsberg. Krefeld, Scherpe, 1951: 11, 22, 82-84.

Der niederländische Gynäkologe und Direktor der Frauenklinik in Haarlem Theodor Hendrik van de Velde nahm im Gegensatz zu Balzac einen biologistischen Standpunkt ein, auch wenn er sich zustimmend auf dessen oben zitierten „Ehekatalog" bezogen hat. Sein in zahlreichen Auflagen und viele Sprachen übersetztes Buch „Die vollkommene Ehe", erstmals 1926 in niederländischer Sprache erschienen, machte wegen seiner freizügigen Darstellungen Furore und gelangte sogar auf den Index des Vatikan.[1] Für den Autor waren normative Vorstellungen entscheidend, ging es ihm doch einzig und allein um die idealtypische heterosexuelle Konstellation in der „Hoch-Ehe". Homosexualität oder „Perversionen" waren für ihn kein Thema. Für ihn war das Hauptproblem der „Kampf zwischen instinktiver geschlechtlicher Abstoßung und triebhafter sexueller Anziehung". Als *ein* Mittel der Rettung der Ehe sei deshalb „die rechtzeitige Verstärkung der sexuellen Anziehungskräfte, so daß die entgegengesetzten überhaupt nicht in die Lage kommen, sich zu offenbaren." Auf diesem Wege sollte die „Hoch-Ehe" erreicht werden, und zwar „durch Ausbildung der Technik der gegenseitigen Geschlechtsbefriedigung, weit über das in der jetzigen Ehe Übliche hinaus." Van de Velde gab eine minutiöse Beschreibung des „normalen, ‚gesunden' Coitus", die an die Gebrauchsanleitung für einen technischen Apparat erinnert: Bei einem solchen Koitus soll „der beiderseitige Orgasmus unbedingt annähernd gleichzeitig eintreten, d. h. normalerweise fängt die Ejakulation beim Manne an, und die Lustlösung setzt beim Weibe sofort darauf ein, – genauer gesagt, nach so viel Zeit, als nötig ist, um den durch die Ejakulation erweckten Gefühlseindruck dem Zentralnervensystem zuzuleiten und ihn dort in die Entladung umzusetzen, das ist also [...] in weniger als einer Sekunde." So entwarf van de Velde Verlaufskurven der „Vergattung", die den „Erregungskurven" des Orgasmus von Wilhelm Reich entsprechen (siehe unten).

Beim Betrachten der Verlaufskurven wird van de Veldes normative Auffassung der „Vergattung" besonders deutlich. Die Graphiken erinnern an zwei aufei-

---

[1] Theodor Hendrik van de Velde: Die vollkommene Ehe. Eine Studie über ihre Physiologie und Technik. 37. Aufl. Leipzig; Stuttgart: Montana-Verl., 1929: S. 18 f., 169, 179, 188 f., 190 f., 219-222.

nander bezogene Fieberkurven, die eine angeblich gesunde Idealkonstellation fixieren und alle davon abweichenden Konstellationen als ungenügend oder „abnormal" definieren. So wird „A. Ideale Vergattung" (**Abb. 9**) kontrastiert mit „B. Coitus ohne Vorbereitung der erfahrenen Frau" (**Abb. 10**) und „C. Coitus mit einer unerfahrenen Frau nach vorhergehendem Reizspiel" sowie „D. Coitus mit einer unerfahrenen Frau ohne genügende Vorbereitung" (**Abb. 11**) und „E. Coitus interruptus". (**Abb. 12**) Letzterer gehöre eigentlich nicht mehr zur Physiologie, da er eine „abnormale geschlechtliche Handlung" darstelle. Denn für „sexuell vollwertige Menschen" bedeute der „systematische Coitus interruptus [...] eine Abwürgung der Ehe, eine Gefahr für die Gesundheit des Mannes und ein Verbrechen an der Frau."

Van de Velde polemisierte auch gegen die Verzögerung des Eintritts der Ejakulation und bezweifelte im Hinblick auf asiatische Sexualpraktiken, dass es dadurch zur Erhöhung der Lustgefühle bei der Frau komme: „ob die den Hindus, Javanern und anderen Bewohnern des Morgenlandes nicht ungewohnte Übertreibung dieser Methode dennoch der Frau die (von dem Manne beabsichtigte) Gelegenheit gibt, die erwünschte, stark vergrößerten örtlichen Reize durch Phallosreibungen tatsächlich auch unverändert zu bekommen?" Das erscheine eher unwahrscheinlich, „weil diese Reibungen bei einem derartigen Verhalten des Mannes wahrscheinlich ziemlich stark an Frequenz und Intensität einbüßen werden. Was ich aber wohl als sicher betrachte, ist, daß dieses Verfahren für Kulturmenschen der weißen Rasse schon aus ästhetischen Rücksichten nicht in Frage kommt, – es sei denn ausnahmsweise und in larvierter Form nach schon vorhergegangener richtiger Vergattung." Nach van de Veldes Theorie der „richtigen Vergattung" bedeutete die *Immissio penis* ohne Ejakulation ein „wirklicher Exzeß", „eine Vergattung – die keine ist."

Beiläufig ging er in diesem Zusammenhang auf die „Oneida-Gemeinde" und „*Karezza*" ein, wobei er die einschlägige Literatur offenbar nur bruchstückhaft zur Kenntnis genommen hatte (siehe Kapitel 6). Er zitierte lediglich das höchst einflussreiche Buch „*Married Love*" der britischen Paläobotanikerin und Frauenrechtlerin Mary Stopes, das 1918 erschien und in den USA bis 1931 wegen des anstößigen Inhalts verboten war. Stopes hatte behauptet, dass die *Karez-*

za-Methode einer Frau mit starkem Geschlechtstrieb „das Gefühl der Geschlechtsvereinigung und der körperlichen Nervenberuhigung" schenken könne.[1] Das sei aber physiologisch völlig widersinnig, so van de Velde, denn ohne „orgastische Befriedigung als naturgewollte Abreaktion" könne es keine Beruhigung „von *normalen* Menschen" geben. So möchte er „vor der ‚Karezza' dringend warnen". Freilich wolle er zugeben, „daß eine derartige Vergattung, die keine ist, gelegentlich für einen stark untererregbaren Mann und seine ebenso untererregbare Gattin [...] ohne Gefahr für Schaden in Betracht kommen kann, wenn ihr seelisches Liebesbedürfnis eine möglichst innige Berührung der Körper wünscht, während dennoch ein ausgesprochener Geschlechtsbefriedigungstrieb fehlt."

Ausführlich schilderte van de Velde „Stellung und Haltung beim Coitus" und entwarf eine *„Tabula positionum"*. Diese „Synousiologie" als „Lehre vom Coitus" sei für Ärzte und Laien gleichermaßen wichtig. Er stellte die möglichen Koitushaltungen in einer doppelseitigen Tabelle zusammen. „Auf Wunsch des Verlags in lateinischer Übersetzung", merkte er in einer Fußnote an. Darin verzeichnete er zu den einzelnen Stellungen die Art der sexuellen Reizung bei beiden Geschlechtern, die jeweilige Indikation und Kontraindikation sowie die Wahrscheinlichkeit der Empfängnis. In Krankheits- und Problemfällen solle der Arzt hinsichtlich des Eheglücks „durch genaue, auf der Physiologie fußende, technische Ratschläge segensreich eingreifen können."

„Orgasmusreflex" und „Christusmord"

Um 1900 gab es ein enges ideologisches Beziehungsgeflecht zwischen Darwinismus, Monismus und Lebensreform sowie völkischen und sozialistischen Bewegungen, die für eine radikale Umwandlung der Gesellschaft eintraten. Der Diskurs über die Bedeutung der Sexualität hatte hierbei einen hohen Stellenwert. Im Fahrwasser von Biologismus und Naturalismus kristallisierte sich nämlich die populäre Auffassung heraus, dass es von Natur aus eine ursprüngliche, quasi unschuldige Sexualität gegeben habe, die zu einem paradiesischen

---

[1] Zit. n. Velde, 1929 [Die vollkommene Ehe]: S. 190.

Urzustand gehörte, den der Kulturmensch verloren habe. Aber die Sexualität war nicht auf den Menschen beschränkt. Biologen beschrieben die Sexualität von Pflanzen und Tieren, Ethnologen die der sogenannten „Wilden". Gleichzeitig wurde die Unterdrückung und Deformierung der natürlichen Sexualität des Menschen durch kulturelle Normen problematisiert und für krankhafte Folgen verantwortlich gemacht. Sigmund Freud war mit seiner Problematisierung der kulturellen Unterdrückung des Sexualtriebs beim Menschen keineswegs singulär. Gerade in der Lebensreformbewegung gab es um 1900 beachtliche Ansätze, welche die sexuelle Emanzipation anstrebten und keineswegs nur eine „Ehereform" im Sinne hatten. Die Popularität eugenischer Ideen beflügelte zusätzlich die Fantasie. Nicht eheliche Lebensgemeinschaften zu zweit oder in der Gruppe wurden denkbar und auch in die Praxis umgesetzt. Die Bildung von Sekten bzw. religiösen Lebensgemeinschaften in den USA sind ein eigenes Kapitel. Die Oneida-Sekte, die eine eigene Methode der promiskuitiven Sexualpraxis propagierte, wird an anderer Stelle ausführlicher abgehandelt (siehe Kapitel 6).

Wilhelm Reichs Ansatz zeigte in einzigartiger Weise, wie der Mythos vom paradiesischen biologischen Urzustand und das Dogma von der kulturellen Unterdrückung dieses Zustands zwangsläufig zur Idee einer „sexuellen Revolution" führten, die gänzlich dem zeitgenössischen Biologismus verhaftet war. Reich versuchte als Arzt und Freud-Schüler Psychoanalyse und Marxismus in seiner sozialpolitischen Arbeit praktisch zu vereinen, wurde jedoch wegen seiner Eigenwilligkeiten sowohl aus den psychoanalytischen Fachgesellschaften als auch aus der Kommunistischen Partei Deutschlands (KPD) ausgeschlossen. Es wird neuerdings behauptet, dass sein Ausschluss aus der Deutschen Psychoanalytischen Gesellschaft und der Internationalen Psychoanalytischen Gesellschaft im Jahr 1934 ein opportunistischer Akt der Psychoanalytiker gegenüber dem Nazi-Regime gewesen sei, das er mit seiner „Sex-Pol-Bewegung" und seiner Kampfschrift „Massenpsychologie des Faschismus" (1933) provoziert habe und das man nicht noch mehr gegen die Psychoanalyse habe aufbringen wollen.[1] Einiges mag für diese These sprechen. Tatsache ist jedenfalls, dass Reich als entschiedenster Kämpfer gegen den Nationalsozialismus eine Sonderstellung unter den Psychoanalytikern einnahm. Er hatte Malinowskis Werk „Das Sexualleben der Wilden", das 1930 erschien, wie viele andere Gesellschaftskritiker mit Begeisterung gelesen und berief sich auf dessen Einsichten. Das freie Sexualverhalten der Kinder bei den Trobriandern erschien ihm als Voraussetzung der sexuellen Freiheit, die er bei diesem Südseevolk gegeben sah. Das Fazit lautete kurz und bündig: „Die Primitiven haben ihre volle genitale Erlebnisfähigkeit, die ‚Zivilisierten' können zu keiner Genitalbefriedigung gelangen, weil ihre Sexualstruktur durch die infolge der Erziehung erworbenen moralischen Hemmungen neurotisch zersetzt ist." Seine Kritik der „sexuellen Misere" richtete sich insbesondere gegen die „Rücksichten auf dauermonogame Zwangsehe", die das Geschlechtsleben bestimmen würden.

Im Zentrum von Reichs Lehre stand das Problem der Orgasmusfähigkeit. Bereits in den 1920er Jahren hatte er es in seiner Schrift „Die Funktion des Orgasmus" thematisiert und sich dabei ganz auf die betreffenden physiologischen Abläufe und ihre möglichen pathologischen Abweichungen konzentriert.[2] Interessant sind dabei die Veranschaulichungen der Vorgänge anhand von „Erregungskurven", wie sie auch anderweitig in der Physiologie und klinischen Medizin – van de Veldes Koitus-Kurven haben wir oben vorgestellt – verwendet wurden und die den naturgesetzlichen Ablauf in seiner Objektivität nach dem Vorbild der „Fieberkurve" demonstrieren sollten. Deren Einführung in die klinische Medizin im 19. Jahrhundert diente zur objektiven Dokumentation eines Krankheitsverlaufs bzw. zur Krankheitsdiagnostik.[3] Ihre Popularität

---

[1] Andreas Peglau: Unpolitische Wissenschaft? Wilhelm Reich und die Psychoanalyse im Nationalsozialismus. Mit einem Vorwort von Helmut Dahmer. Gießen : Psychosozial-Verl., 2013.

[2] Wilhelm Reich: Die Funktion des Orgasmus. Zur Psychopathologie und zur Soziologie des Geschlechtslebens. Wien: Intern. Psychoanalytischer Verl., 1927. – Wilhelm Reich: Die Funktion des Orgasmus. Sexualökonomische Grundprobleme der biologischen Energie. Köln: Kiepenheuer & Witsch, 1969 (Die Entdeckung des Orgons; I). [Engl. Originalausg. 1942].

[3] Volker Hess: Der wohltemperierte Mensch. Wissenschaft und Alltag des Fiebermessens (1850 - 1900). Frankfurt/Main [u.a.]: Campus Verl., 2000.

ist im Kontext der naturwissenschaftlichen Medizin in der zweiten Hälfte des 19. Jahrhunderts zu verstehen, für deren Methodik die grafische Darstellung von Messergebnissen eine wichtige Innovation darstellte.

Wilhelm Reich skizzierte den Verlauf der „typischen Phasen des Geschlechtsaktes mit orgastischer Potenz bei beiden Geschlechtern" als die Kontur eines Bergs, der auf einer Zeitachse stand. (**Abb. 13**) Der flachere Anstieg war links vom Gipfel, der steilere Abfall rechts. Beim Anstieg verläuft die Erregungslinie stufenförmig nach oben (in 12 oder 13 Stufen an der Zahl), was wohl die stimulierende Wirkung der einzelnen Koitus-Bewegungen symbolisieren soll und an das Bild eines Treppenaufstiegs erinnert. In den 1920er Jahren war Reich über Freud hinausgehend zum Schluss gelangt, dass die seelische Erkrankung nicht eine sexuelle Störung im weiteren Sinne, sondern die Folge der Störung der „genitalen Funktion, im strengen Sinne der orgastischen Impotenz" sei.[1] Er reduzierte die sexuelle Problematik auf den „sexualökonomischen Energieverlauf" beim Geschlechtsverkehr und gelangte so zu einer idealtypischen Abstraktion der Erregungskurve. Die Phase der Spannung und die der Entspannung wurden als einfache Linien gezeichnet, die auf einen Gipfelpunkt hin- bzw. von ihm weglaufen. Eine Hemmung der Entspannung entsprach dann einer „gestörten Sexualökonomie" oder „Stauung". (**Abb. 14**) Die betreffende Zeichnung erinnert an einen Reflexbogen, wie er als ein Grundmodell der Neurophysiologie schon im 19. Jahrhundert etabliert worden war. Interessanterweise nimmt der Orgasmus, der von Reich als als „Akme" bezeichnet wurde, formal die Stelle des Reflexzentrums ein, die Stelle also, an die das Seelische – nach Descartes in der Zirbeldrüse – angekoppelt ist.

Auch Freud konzipierte den „psychischen Apparat" als einen Reflexbogen. Die „Traumdeutung" enthält eine Grafik, die den Erregungsverlauf vom Wahrnehmungs- zum Motilitätsende aufzeigt. Doch Freud brach diesen Reflexbogen gewissermaßen auf und fügte das (unbewusste) Seelenleben ein. Der Clou der „Metapsychologie" in der „Traumdeutung" war, dass der Traum durch eine rückläufige Erregung, durch eine Verkehrung des normalen Reflexvor-

---

[1] Reich, 1969 [Funktion des Orgasmus]: S. 100.

gangs erklärt wurde. (**Abb.** 15) Reichs Reflexmodell dagegen kannte keine systemische Unterbrechung, das Unbewusste spielte bei ihm keine Rolle. Er kannte nur eine pathologische Stauung durch Hemmung der Orgasmusfunktion, was er grafisch durch ein Abweichen von der „normalen Orgasmuskurve" darstellte und dabei „typische Genitalstörungen beider Geschlechter" voneinander unterschied. (**Abb.** 16) Konsequenterweise begriff er alle Sexualstörungen als Normabweichung von der idealen Kurve, die er entsprechend einzeichnete, etwa als „Erregungskurve bei frühzeitigem Samenerguß". (**Abb.** 17) Damit glaubte er, den „Schlüssel zum Verständnis der Ökonomie der Neurosen" in Händen zu halten. Solche Erregungskurven werden auch heute noch in sexualwissenschaftlichen Abhandlungen und insbesondere in sexualkundlichen Gesundheitsratgebern gezeigt, wie das Beispiel des schweizerischen Online-Beratungsportals „lilli" zeigt.[1]

Auf die bizarre Lebensgeschichte von Wilhelm Reich in politisch bedrohlichen Zeiten und die Wandlungen seiner Konzepte soll an dieser Stelle nicht näher eingegangen werden. Seine Begrifflichkeit war jedenfalls für die Ideologie der „sexuellen Revolution" ab den 1960er Jahren von großer Bedeutung. Er prägte für seine „Orgonomie", die er als wissenschaftliche Disziplin ansah, klar definierte Termini: „Orgasmusreflex", „orgastische Potenz" bzw. „Impotenz", „Panzerung" „Sexualökonomie" und „Stauung."[2] Charakteristisch hierfür war seine Definition des „Orgasmusreflexes", die sein strikt biologistisches Denken offenbarte: „Die einheitliche, unwillkürliche Konvulsion des Gesamtorganismus in der Akme der genitalen Umarmungen. Wegen der unwillkürlichen Natur dieses Reflexes und wegen der weitverbreiteten Orgasmusangst ist der Reflex bei den meisten Menschen blockiert, die in Gesellschaften aufgewachsen sind, die die Genitalität des Kleinkindes und des Jugendlichen unterdrücken."

---

[1] https://www.lilli.ch/orgasmus_frau/ [3.03.2016]

[2] Wilhelm Reich: Ausgewählte Schriften. Eine Einführung in die Orgonomie. Köln: Kiepenheuer & Witsch, 1976: S. 19-22 [„Glossar"], 20, 28.

Reich glaubte am Ende seines Lebens, mit der „Funktion der orgastischen Plasmazuckung" eine Naturentdeckung gemacht zu haben, die so einzigartig wie die des Kolumbus sei, allerdings mit *einem* Unterschied: „Die Orgonenergie funktioniert in jedem Menschen und vor aller Augen. Amerika musste erst aufgefunden werden." Diese Wahnvorstellung, der absolut erste und einzige zu sein, der die Wahrheit erkannt habe, ist gerade in der Geschichte der Heilkunde häufig bei Gründern von eigenständigen Heilsystemen, insbesondere bei Esoterikern, Sektengründern und Gesundheitsaposteln zu beobachten. Reich konnte sein *„Orgon"* experimentell nicht nachweisen. Seine Versuchsergebnisse, welche er als Beweis für seine Orgontheorie interpretierte, wurden von keinem geringeren als Albert Einstein als nicht stichhaltig entlarvt. Reichs These entsprach fast wörtlich Mesmers Vorstellung vom „Fluidum": „Das Orgon ist eine von Elektrizität und Magnetismus grundverschiedene und vor allem neuartige Energieform."[1] Dass die entsprechende Vorstellung einer kosmischen Kraft oder Energie schon unzählige Male in unterschiedlicher Formulierung in Medizin- und Kulturgeschichte vorgebracht wurde, ignorierte er bewusst oder unbewusst. Er war eben in seinem Selbstverständnis der erste und einzige Entdecker, gleichsam der Kolumbus der Medizin.

Gegen Ende seines Lebens vollzog Wilhelm Reich eine beachtliche religiöse Wende. Zwischen Juni und August 1951 schrieb er *„The Murder of Christ"*. Die deutsche Übersetzung erschien 1978 unter dem Titel „Christusmord". In dieser umfangreichen Monografie identifizierte er sich voll und ganz mit Christus und seiner Verfolgung bis hin zur Kreuzigung, indem er Christus als die Lichtgestalt eines sexuell freien, göttlichen Menschen darstellte. Dabei projizierte er seine Lehre vom Idealtypus des „genitalen Charakters" mit „orgastischer Potenz" auf Christus. So schrieb er im Vorwort von 1952: „'Gott' ist die Natur, und Christus ist die Verwirklichung des Naturgesetzes. Gott (Natur) hat die Genitalien bei allen Lebewesen geschaffen [...], damit diese nach natürlichen, göttlichen

---

[1] Zit. n. Hans Ulrich Demisch: Was ist von der ‚Orgon'-Hypothese Wilhelm Reichs zu halten? In: Volkmar Sigusch (Hg.): Sexualität und Medizin. Arbeiten aus der Abteilung für Sexualwissenschaft des Klinikums der Universität Frankfurt am Main. Köln: Kiepenheuer & Witsch, 1979, S. 343-349, hier: S. 345.

Gesetzen funktionieren. Deshalb ist es weder Sakrileg noch Blasphemie, dem Verkünder Gottes auf Erden ein natürliches, göttliches Liebesleben zuzuschreiben."[1] Kursiv steht an einer Stelle geschrieben: *„Er liebt Frauen"*. Reich hatte sein Ideal in Christus gefunden: „Für den orgonomischen Charakterologen des zwanzigsten Jahrhunderts hatte Christus alle Eigenschaften des genitalen Charakters." Und wie Christus wollte Reich die Menschen von ihrem Elend erlösen, das er in erster Linie von einer naturwidrigen Unterdrückung der Sexualität ableitete. „Der Neue Führer" sollte ein neues Menschengeschlecht hervorbringen. Ohne Frage sah sich Reich selbst in dieser Rolle. Dieser „Neue Führer" à la Reich sei aber nur das positive Gegenbild zu den „Hitlers und Stalins", merkten Kritiker an: „die Ähnlichkeit zu den Utopien von Kommunisten und Faschisten [ist] verblüffend, und verblüffender noch, daß Reich sie nicht bemerkt – oder nicht bemerken will."[2] In seiner Dogmatik sei Reich „den von ihm gegeißelten Führern zum Verwechseln ähnlich". Die gegenwärtige Theologie würde in ihrer Christologie natürlich nicht so weit wie er gehen, aber Christus – im Gegensatz zu Paulus – doch eine gewisse intime Nähe zu und große Wertschätzung von Frauen zubilligen und ihn insofern mit der modernen Idee der Frauenemanzipation in Verbindung bringen.[3]

Es sei hier erwähnt, dass in christlich-esoterischen Sekten, die im 19. Jahrhundert vor allem in den USA eine Blütezeit erlebten, ein widersprüchliches Christusbild gepflegt wurde. Die einen verehrten ihn als Seelenbräutigam im Sinne der Theosophie, die anderen als Vorbild für polygamen Geschlechtsverkehr. So merkte der Spiritit und Lebensreformer Andrew Jackson Davis an, dass der „Nazarenische Reformator" gegen die Ehe gewesen sei.[4] Christus habe sich

---

[1] Wilhelm Reich: Christusmord. Olten; Freiburg im Breisgau: Walter-Verl., 1978: S. 27, 63, 81, 359-391.

[2] Peter Gäng / Ulrich Hausmann: Über Wilhelm Reichs „Christusmord". Eine Lesebegleitung. Hg. von Martin Weinmann. Frankfurt am Main: Zweitausendeins; Affoltern a. A.: Buch 2000, 1997: S. 41 f.

[3] Gerhard Prause: Gehilfin oder Satansweib? Was Theologen gerne verschweigen: Für Jesus waren die Frauen gleichberechtigt. Die Zeit – Nr. 12 – 13. März 1981, S. 66.

[4] Andrew Jackson Davis: Der Reformator. Harmonische Philosophie über die physiologischen Laster und Tugenden und die sieben Phasen der Ehe. Aus der amerikan. Originalausgabe ins

„der leiblichen Ehe und äusseren Vaterschaft" enthalten. Die Mormonen dagegen nähmen an, „dass Jesus wirklich selbst Bräutigam auf der Hochzeit zu Kanaan war, dass er ehelich geliebt wurde von den ihm ergebenen Frauen, welche ihm nachfolgten". Es ist denkbar, dass Reich von diesem spezifisch amerikanischen Diskurs Impulse erhalten hat, die ihn zu seinem „Christusmord" anregten. Es sei hier nur angefügt, dass das Einwanderungsland USA ein günstiger Nährboden für alle möglichen alternativen und esoterischen Konzepte und Ideen war, die in deren europäischen Herkunftsländern oft ihren Zenit schon längst überschritten hatten, wie etwa Mesmerismus, Homöopathie und Phrenologie, die sich aber in der „Neuen Welt" mit religiösen und sozialreformerischen Bewegungen wirkungsvoll verbinden konnten.

Reichs Gesellschaftskritik zielte zentral auf den „Faschismus", dessen Ursache er in der unterdrückten Sexualität und dem daraus resultierenden „Muskelpanzer" der zur Masse erstarrten Individuen erblickte. Seine therapeutischen Vorstellungen waren entsprechend eindeutig. Es sei klar, so formulierte er bereits 1933, „daß die sexualökonomische Massenhygiene schließlich in die allgemeinen gesellschaftlichen Freiheitsbestrebungen einmünden muß."[1] Ende der 1920er Jahre versuchte er, Psychoanalyse und Marxismus theoretisch und praktisch zu vereinen. Er trat 1930 in Berlin der KPD bei und gründete 1931 den Deutschen Reichsverband für Proletarische Sexualpolitik, der als „Sexpol" versuchte, vor allem jugendliche Massen zu agitieren. Die „sexuelle Revolution" à la Reich sollte die „emotionelle Pest" des Faschismus wie auch des Bolschewismus bekämpfen, die er in den 1930er Jahren massenpsychologisch miteinander gleichsetzte. Freilich war und blieb seine „Sexualökonomie" wie seine spätere „Orgonomie" ein biologistisches Konstrukt, aus dem er weitreichende normative Ansprüche ableitete. Oberste Richtschnur war, dass der heterosexuelle „Geschlechtsverkehr der Puberilen [sic]" rechtzeitig mit ent-

---

Deutsche übersetzt von Gregor Constantin Wittig. Leipzig: Mutze, 1874 (Die grosse Harmonie. 4. Bd.: Der Reformator): 94 f.

[1] Wilhelm Reich: Die Massenpsychologie des Faschismus [1933]. Frankfurt am Main: Fischer Taschenbuch Verl., 1974: S. 179, 238.

sprechender Orgasmus-Entladung aufgenommen wurde. [1] Was dem entgegenstand, schien die Gesundheit zu gefährden und den faschistischen „Muskelpanzer" zu generieren. Insofern hegte auch Reich ein Ressentiment gegen die Onanie: „Als frisch, tüchtig und rege erweisen sich immer die, welche im richtigen Augenblick den Schritt von der Onanie zum Geschlechtsverkehr zu machen wagten. Auf die Dauer schwächt ja die Onanie auch die Beziehungen zur Wirklichkeit; die Leichtigkeit, mit der die Befriedigung zu erzielen ist, macht oft unfähig, den belebenden Kampf um einen Partner zu führen." Man spürt hier den Vergleich mit dem „natürlichen" Verhalten der Tiere, etwa gemäß dem Topos vom „Kampf ums Weibchen".

Männerfantasien und Faschismus

Der Germanist und Schriftsteller Klaus Theweleit hat mit seinem Bestseller „Männerphantasien" in der nach-68er Zeit wie kein anderer an Wilhelm Reich und seinen Ansatz der psychoanalytischen Faschismuskritik angeknüpft. [2] Obwohl er sich der kritischen Beurteilung von Wilhelm Reich durch die französischen Analytiker Gilles Deleuzes und Félix Guattari anschloss, bieb seine Analyse monoman auf die Produktion des faschistischen Mannes mit ihrem Höhepunkt im Nationalsozialismus gerichtet. Jene hatten in ihrem „Anti-Ödipus" formuliert: „Er [Reich] als erster hatte es versucht, die analytische und die revolutionäre Maschine gemeinsam funktionieren zu lassen. Und am Ende hatte er nurmehr seine eigenen Wunschmaschinen, seine paranoischen, wundersamen, zölibatären Kästen mit ihren woll- und baumwollbesetzten Metallwänden." [3] Aus dem Abstand von mehr als drei Jahrzehnten erscheint mir Theweleits Analyse – „die vielleicht aufregendste deutschsprachige Publikation dieses Jahres", wie Rudolf Augstein 1977 in „Der Spiegel" schrieb – zwar als eine fulminante Leistung, aber zugleich auch als ein typischer Ausdruck damals

---

[1] Wilhelm Reich: Die sexuelle Revolution. Zur charakterlichen Selbststeuerung des Menschen [1936]. Frankfurt am Main: Fischer Taschenbuch Verl., 1979: S. 122 f.

[2] Klaus Theweleit: Männerphantasien. 2. Bde. [Frankfurt am Main: Roter Stern, 1977: 1. Bd.; 1978; 2. Bd.] Reinbek bei Hamburg: Rowohlt Taschenbuch Verl., 1980.

[3] Zit. ebd., S. 405.

vorherrschender Klischees: Engführung psychoanalytischer Konstrukte, die zur Erklärung sozialpolitischer Verhältnisse herangezogen wurden; die Frau im Fluss, als „Menschin aus dem Wasser", gegenüber dem Mann, der sich einen „Panzer gegen die Frau" zugelegt hat; die absolute Fixierung auf die Ausmalung der Facetten der totalen Katastrophe ohne die utopischen Momente der Befreiung und Erleuchtung einzelner Menschen oder Menschengruppen auch in der schlimmsten Diktatur. Mit anderen Worten: Die Befangenheit im zeitgenössischen Diskurs erlaubte keinen kulturhistorisch geweiteten Blick über den ideologischen Tellerrand. Sie war seinerzeit nicht erstaunlich, da die Auseinandersetzung mit dem Dritten Reich und seinen Folgen, konkret: mit der Generation der eigenen Eltern und insbesondere Väter, gerade erst begonnen hatte und die Blickrichtung fesselte.

Die diversen Versuche, Marx und Freud miteinander zu kombinieren, waren trotz ihrer fundamentalen Kritik an Kapitalismus und Staatssozialismus nicht dazu angetan, religiöse und kulturhistorische Betrachtungen anzustellen und die eigenen Denkmodelle historisch zu relativieren. So blieben die mystischen wie mythischen Aspekte der Sexualität ebenso außer Betracht wie die frühneuzeitlichen Ideen von der Magie der Natur und der Macht des Geistes. Die 68er Vordenker mochten sich einfach nicht vorstellen, dass es sich hierbei um mehr als nur um „Männerphantasien" à la Theweleit gehandelt haben könnte. Die nach-68er Debatte über Sexualität und Gesellschaft war von einer gewissen Hilflosigkeit geprägt. Man wollte „Emanzipation" und verfiel biologistischen Normvorstellungen, man wollte „Triebbefriedigung" und sah diese an bestimmte Formen der Sexualität gebunden. Auch die professionelle Sexualwissenschaft konnte keine Lösung anbieten, wie das „Drama der Sexualität" des Frankfurter Sexualwissenschaftlers Martin Danecker offenbart.[1] Die Abhandlung führt vor Augen, wie gut gemeintes emanzipatorisches Pathos ohne eine tiefer gehende ideengeschichtliche und kulturanthropologische Verankerung ins Leere läuft.

---

[1] Martin Dannecker: Das Drama der Sexualität. Frankfurt am Main: Athenäum, 1987.

Inzwischen ist die von Wilhelm Reich inaugurierte Theorie von der unterdrückten Sexualität als Ursprung des faschistischen Massenmenschen, der mit seinem „Muskelpanzer" die „emotionale Pest" verursacht habe (siehe oben), widerlegt. Die US-amerikanische Historikerin Dagmar Herzog kritisierte in ihrer Studie zur Sexualität in der deutschen Geschichte des 20. Jahrhunderts die These der Neuen Linken bzw. der Studentenbewegung um 1968, dass die sexuelle Repression „nicht nur ein Charakteristikum dieser Bewegung [des Faschismus], sondern ihre Ursache" gewesen sei.[1] Noch unmittelbar nach Ende des Zweiten Weltkriegs sei es die Meinung der Zeitgenossen gewesen, „die Nationalsozialisten hätten im Gegenteil sexuelle Freizügigkeit gefördert und diese sexuelle ,Unmoral' sei sogar untrennbar mit dem barbarischen Völkermord verbunden gewesen." Aus diesem Blickwinkel sei die sexualkonservative Nachkriegskultur keine Fortführung des angeblich sexuell repressiven Faschismus gewesen, sondern habe sich „zumindest teilweise als Gegenreaktion zum Nationalsozialismus" entwickelt: „gerade die von NS-Seite betriebene Ermunterung zu vor- und außerehelichen heterosexuellen Kontakten – nicht nur zum Zwecke der Fortpflanzung, sondern auch zur Lustbefriedigung – wurde in der Nachkriegszeit geflissentlich vergessen." Herzog hat für dieses Verhalten eine plausible Erklärung: Angesichts des NS-Regimes, das eine ungeheuerliche Vernichtungspolitik betrieben hatte, schien es ratsam, „die Erinnerung an die Empfänglichkeit der Bevölkerung für die lustfördernden Aspekte des Nationalsozialismus auszulöschen." Die Verbindung der sexuellen Tabubrüche mit denen beim Völkermord ließ es nach Herzog aus psychologischen wie politischen Gründen opportun erscheinen, „in der Rückschau gewisse Elemente auszublenden und andere herauszustellen." So sei es um 1960 zu einer „Reihe von Halbwahrheiten und ausgemachten Lügen" gekommen, wonach beispielsweise im Nationalsozialismus keinerlei Mittel und Informationen zur Empfängnisverhütung zur Verfügung gestellt worden seien, um die Geburtenrate zu steigern.

---

[1] Dagmar Herzog: Die Politisierung der Lust. Sexualität in der deutschen Geschichte des zwanzigsten Jahrhunderts. Aus dem Amerikanischen von Ursel Schäfer und Anne Emmert. München: Siedler, 2005: S. 10. 80.

Um die Sexualität im Dritten Reich zu verstehen, zog Herzog den Begriff der repressiven Entsublimierung heran, den der Vordenker der 68er Studentenbewegung Herbert Marcuse in seinem Werk „Der eindimensionale Mensch" geprägt hatte.[1] Sie würdigte dessen Verdienst: Er habe als einer der Ersten dargelegt, „dass und auf welche Weise der überhebliche NS-Rassismus untrennbar mit dem Bemühen des Regimes verbunden war, das Sexualleben seiner Bürger neu zu organisieren; von welch zentraler Bedeutung die Politisierung des vormals eher privaten Bereichs der Sexualität für die politische Tagesordnung der Nationalsozialisten war ". Dass die „repressive Entsublimierung" für diverse „sexuelle Revolutionen" im 20. Jahrhundert einschließlich ihrer sexualwissenschaftlichen Begleitung ein Grundproblem markiert, ist augenfällig.

Es ist bemerkenswert, dass auch im „Dritten Reich" das Motiv der Göttin *Natura*, das in der Kunstgeschichte vom ausgehenden Mittelalter bis zum Jugendstil um 1900 eine Rolle spielt, immer wieder in Illustrationen auftaucht.[2] Der naturphilosophisch-religiöse Hintergrund tritt allerdings gegenüber dem rassenbiologischen und antisemitischen Alltagsgeschäft der Propaganda zurüci. Einige Beispiele können dies verdeutlichen. Im Kampfblatt der SS „Das Schwarze Korps" wurden im Oktober 1938 unter der Überschrift „SCHÖN UND REIN" eine Serie von Fotografien abgebildet, die eine junge, schöne, nackte Frau in einer natürlichen Umgebung („Strandlandschaft") zeigen. (**Abb.** 18) Ihre göttliche Unnahbarkeit und Unschuld wird demonstriert, was an klassische Darstellungen der *Natura* erinnert. In der antisemitischen Wochenzeitung "Der Stürmer" wurde im April 1929 eine Karikatur mit der Legende „Nieder mit der Wahrheit!!!" veröffentlicht. (**Abb.** 19) Sie zeigt eine nackte Frau, die gerade von Staatsanwalt und Polizei gefesselt wird und „die Wahrheit" des Nationalsozialismus symbolisieren sollte, die von der staatlichen Gewalt niedergehal-

---

[1] Herbert Marcuse: Der eindimensionale Mensch. Studien zur Ideologie der fortgeschrittenen Industriegesellschaft. Neuwied: Luchterhand, 1967: S. 76. – Reimut Reiche: Sexualität und Klassenkampf. Zur Abwehr repressiver Entsublimierung. Frankfurt/Main: Verl. Neue Kritik, 1968: S. 45.

[2] Heinz Schott: Magie der Natur. Historische Variationen über ein Motiv der Heilkunst. Aachen: Shaker, 2014:

ten wurde. Die Aufforderung an den Betrachter ist eindeutig: Diese gefesselte Wahrheit ist zu befreien, zu entfesseln. Interessant ist der angedeutete Heiligenschein dtaper blonden Frau mit germanischen Gesichtszügen, der mit der Inschrift „Die Wahrheit" versehen ist. Dies erinnert an *„La Nature"*, der man in der Französischen Revolution ein Monument errichtete und die man mit der *raison* und damit implizit mit der *vérité* identifizierte (Kap. 11) Dieses Motiv der gefesselten Wahrheit wurde noch einmal vom Stürmer" im Februar 1930 mit unüberbietbarer religiöser Symbolik verschärft. Die Karikatur „Die Wahrheit am Kreuz" zeigt anstelle von Christus eine nackte Frau mit Lendenschurz, deren Mund verbunden ist und die von „jüdischen Dunkelmännern" lüstern angestarrt wird. (**Abb. 20**) Die antisemitische Hetze bediente sich hier des christlichen Antijudaismus, der sich traditionell an dem Umstand festmachte, dass Christus von den Juden ans Kreuz geschlagen worden war.

Nach der „Machtergreifung" trat dann die „Wahrheit" als strahlende Göttin auf. (**Abb. 21**) Unter der Überschrift „Seltsame Auswirkung" erschien im „Stürmer" im Januar 1935 eine vielsagende Karikatur. Die übergroße stattliche nackte Frau mit langem blondem Haar hält in ihrer rechten Hand einen Spiegel, der ein Lichtbündel nach unten reflektiert, wo entsetzte jüdische „Untermenschen" stehen, denen der Satz in den Mund gelegt wird: „Das haben mer nu davon, mit unserm Geschrei machen mer bloß Reklame für die Wahrheit". Mit der Rechten zieht die „Wahrheit" einen Vorhang beiseite und enthüllt damit ein antisemitisches Schriftrelief an der Wand. Auch hier bediente sich – wahrscheinlich den Machern selbst nicht bewusst – die Hetzpropaganda kulturhistorischer Versatzstücke. Die Frau personifiziert hier Isis-*Natura*, wobei der Spiegel an die göttliches Licht vermittelnde *Natura* in der frühneuzeitlichen Emblematik und der zurückgezogene Vorhang an die sich enthüllende Isis erinnert. Das viel besagte „kulturelle Gedächtnis" war also im Nationalsozialismus keineswegs ausgeschaltet – im Gegenteil: Es wurde zu spezifischen Zwecken aktiviert.

„Neosexualitäten" auf dem Vormarsch

Der Frankfurter Sexualwissenschaftler Volkmar Sigusch prägte in den 1990er Jahren den Begriff der neosexuellen Revolution. Er konstatierte drei sexuelle Revolutionen, die sich gegenwärtig als „Strukturschichten der Sexualität" gleichzeitig bemerkbar machten: (1) Die mit Freuds Sexualtheorien einhergehende Revolution zu Beginn des 20. Jahrhunderts; (2) die mit der 68er „Studentenrevolte" verbundene sexuelle Emanzipation, die durch die „Antibabypille" ermöglicht wurde – die „sexuelle Revolution" im üblichen Sprachgebrauch; und schließlich (3) die in den späten 1970er Jahren schleichend einsetzende „neosexuelle Revolution", die eine *lean sexuality*, eine Auflösung und Fragmentierung der Einheit Sexualität zur Folge gehabt habe.[1] Die „sexuelle Revolution" der „68er" war noch existenziell aufgeladen. Sie ging einher mit innerfamiliären Zerwürfnissen, Experimenten mit psychedelischen Drogen, libertären Wohngemeinschaften. Die Erfahrungen schlugen sich nicht zuletzt in diversen literarischen und künstlerischen Zeugnissen nieder, etwa in Gedichtbänden mit Illustrationen wie *„Orgasme à cœur ouvert"*.[2] Nach Sigusch führte die weitere Entwicklung zum *„Self-sex"*, d. h. zur Selbstdisziplinierung und Selbstoptimierung der Individuen.[3] So gelangte er zu seinem Begriff der Neosexualität(en), mit dem er vor dem Hintergrund des kulturellen Wandels die vielfältigen Formen der Sexualität in der Gegenwart analysieren und zugleich die Gesellschaft kritisch durchleuchten wollte.[4] Die Neosexualität der jungen Leute, die eher Wohllust als Wollust anstrebten, stellte er dem „Hohen Lied der Liebe" gegenüber. Die Liebe throne über allem und sei „stabiler als alle Sexualformen, wiedersteht im neosexuellen Prozess weitgehend dem Zwang zur Vielfalt, beweist, dass es nicht nur um Wandel geht, sondern eben-

---

[1] http://de.wikipedia.org/wiki/Neosexuelle_Revolution#Drei_sexuelle_Revolutionen (4.03.2016).

[2] Roger Galizot: Orgasme à coeur ouvert. Frontispice de Julien-Michel Frebet. Préface de Marceau Granipa. Paris: Presses du Palais-Royal, 1970.

[3] Volkmar Sigusch: Die neosexuelle Revolution. Über gesellschaftliche Transformationen der Sexualität in den letzten Jahrzehnten. Psyche 52 (1998), S. 1192-1234.

[4] Volkmar Sigusch: Neosexualitäten. Über den kulturellen Wandel von Liebe und Perversion. Frankfurt; New York: Campus, 2005: S. 8, 22, 169.

so um Kontinuität." Die Neosexualität lasse den kulturellen Stellenwert der Sexualität geringer als früher erscheinen, „selbstverständlicher, ja banaler": „Weil sie nicht mehr die große Überschreitung ist, kann sie auch unterbleiben."

Sigusch plädierte für die Akzeptanz der Gleichwertigkeit der Geschlechter, für ein Ende der „Zurücksetzung und Herabsetzung des weiblichen Geschlechts" und erblickte im Kapitalismus unserer Tage ein großes Paradox im Hinblick auf das Sexualleben: „Je brutaler und allumfassender der Kapitalismus wird, desto größer werden die Freiräume für sexuelle und geschlechtliche Minderheiten. Das Geheimnis: ‚dem' Kapital ist vollkommen wurscht, was die Gesellschaftsmitglieder außerhalb der Selbstbewegungs- und Profitsphäre tun, solang das, was sie dort tun, nicht mit dieser Sphäre interferiert." Ein weiteres Paradox fiel ihm auf: Durch die kulturelle Inszenierung, beinahe lückenlose Kommerzialisierung und elektronische Zerstreuung würde heutzutage sexuelle Lust wirksamer ausgetrieben, als durch die alte Unterdrückung durch Verbote. Früher seien die sexuelle und geschlechtliche Selbstbestimmung Ziel von Reformbestrebungen gewesen, heute seien die egoistischen und unsozialen Ausprägungen von *Selfsex* und *Selfgender* zu beklagen.

Es bleibt zu fragen, ob die drei oben genannten „sexuellen Revolutionen" auch von unterschiedlichen Welt- und Menschenbildern motiviert waren und ob die „neosexuelle Revolution" unserer Tage wirklich eine nie da gewesene Banalisierung des Sexuallebens bedeutet. Die Begrenzung der historischen Betrachtung auf die letzten hundert Jahre, die in sozial- und kulturwissenschaftlichen Untersuchungen zu Medizin und Gesundheitswesen häufig anzutreffen ist, ignoriert vormoderne Perspektiven, die im 20. Jahrhundert keineswegs spurlos verschwanden, etwa religiöse, lebensreformerische oder romantische Thematisierungen von Liebe und Sexualität. So ist Sigusch demselben Zeithorizont verhaftet wie die anderen Historiker der Sexualwissenschaft, wenngleich er mit seiner marxistisch grundierten Gesellschaftskritik über diese hinausgeht und mit gewissem Recht die „Furie des Somatischen, die die heutige Sexual-medizin wieder so sehr fasziniert", schon vor geraumer Zeit heftig attackierte.[1]

In seinem umfassenden Alterswerk „Geschichte der Sexualwissenschaft" spiegelt sich seine ideologische Engführung wider, die vormoderne und außereuropäische Konzepte außer Acht lässt.[2] Alternative Sexualpraktiken wie etwa *Karezza* und mentale erotische Erfahrungen (die durchaus körperlich waren) wie etwa die „Brautmystik" liegen außerhalb seines Horizonts. Es fällt besonders auf, dass er die reichhaltige Literatur des Mesmerismus und seiner Folgen gänzlich ignoriert und mesmeristische Spekulationen, die ja Sexualität und Erotik intensiv berühren, nur an einer einzigen Stelle streift, nämlich dort, wo Karl Heinrich Ulrichs, ein Vorkämpfer für die Rechte der Homosexuellen, von einem entsprechenden Erlebnis berichtete: einem „glänzenden Funken" auf seiner Eichel. Sigusch will die Geschichte der Sexualwissenschaft nicht wie üblich mit Iwan Bloch und Richard Krafft-Ebing um 1900 beginnen lassen, sondern hebt auf zwei Pioniere ab, die zwischen 1850 und 1870 die Weichen in Richtung auf eine „Wissenschaft von der Wonne und von der Liebe" gestellt hätten: den katholischen Norditaliener Paolo Mantegazza und den soeben erwähnten protestantischen Norddeutschen Karl Heinrich Ulrichs. „Gemeinsam ist beiden Kulturkritikern der Kampf für eine breite Aufklärung. Zugleich aber glaubten sie an die befreiende Wirkung der aufkommenden, angeblich rationalen Wissenschaften."

Eine Geschichte der Sexualwissenschaft hätte freilich den ideengeschichtlichen Impakt der „Magie der Natur" zu berücksichtigen, wenn sie den Begriff der Sexualität und den der sexuellen Revolution des 20. Jahrhunderts darstellen will. Wer mit seiner Analyse erst im ausgehenden 19. Jahrhundert einsetzt, blendet die kulturhistorischen Aufladungen von Sexualität und Erotik aus, die

---

[1] Volkmar Sigusch: Menschen sind mehr als geköpfte Frösche. Zwanzig Jahre Sexualmedizin – Irrwege, Rückschritte und Mißverständnisse. Süddeutsche Zeitung Nr. 46, 23./24. Februar 1991, S. 185.

[2] Volkmar Sigusch: Geschichte der Sexualwissenschaft. Mit 210 Abbildungen und einem Beitrag von Günter Grau. Frankfurt; New York: Campus, 2008.Sigusch, 2008: S. 156, 11 f.

unterschwellig weitergewirkt haben und als Kontrastfolie für die gegenwärtige (insbesondere biologistische) Eindimensionalität heuristisch hilfreich wären.

4. Kapitel

Unio mystica als religiöse Liebesvereinigung

In der ideengeschichtlichen Literatur werden üblicherweise drei Begriffe voneinander unterschieden: *Agape, Eros* und *Sex*. Wie der israelische Religionshistoriker Moshe Idel ausführte, sei *Agape* „ein Begriff der uneigennützigen Liebe" und bezeichne eine „spirituelle Anziehungskraft", *Eros* benenne „einen Gefühlskomplex aus ontologischen Konstrukten und Verhaltensformen in einer bestimmten Kultur" und *Sex* sei „die körperliche Befriedigung eines erotischen Impulses"[1] Eine solche Begriffsdefinition entspricht unausgesprochen der klassischen Dreiteilung des Menschen in Körper, Seele und Geist, die auch der Seelenlehre des Aristoteles in *„De anima"* zugrunde lag, der dort vegetatives, sensitives und intellektuelles Seelenvermögen voneinander unterschied. Diese Trias bot der neuzeitlichen Anthropologie auch in der Medizin ein oft gebrauchtes Gerüst. So positionierte Joseph Görres „das *Seelische"* in der Mitte zwischen dem *„Geist* oben" und dem *„Leben* unten", wo „der Knoten zwischen Geistigem und Vitalem" geschlungen wird.[2] Aber solche Definitionen sind selbst Teil des Problems. Sie nehmen Abgrenzungen vor, die im konkreten Fall aufgehoben sind. Nirgends wird dies deutlicher als in mystischen und sexualmagischen Praktiken. Gian Lorenzo Berninis berühmte Skulptur „Die Ekstase der Hl. Teresa von Avila" in der Kirche *Santa Maria della Vittoria* in

---

[1] Moshe Idel: Kabbala und Eros. Aus dem Englischen übersetzt von Elke Morlok. Frankfurt am Main, Leipzig: Verlag der Religionen, 2009. [Engl. Originalausgabe „Kabbalah and Eros", 2005]: S. 23-25.

[2] Joseph Görres: Die christliche Mystik. 4 Bde. Regensburg und Landshut: Manz, 1836-1842; 3. Bd. (1840): S. 321.

Rom, vollendet im Jahr 1652, ist hierfür ein illustres Beispiel. (**Abb. 22**) Teresas Gesichtsausdruck und Körperhaltung wurden zumeist als „Orgasmus" interpretiert.[1] Wenn wir ihre mystischen Erlebnisse zur Kenntnis nehmen (siehe Kapitel 5): Wer vermag da noch klar zwischen *Agape, Eros* und *Sex* zu unterscheiden?

In diesem Kapitel wollen wir die Begriffe „Eros" und „Liebe" nur insoweit in Betracht ziehen, als sie die Idee von der Magie der Natur und insbesondere die des Heilens betreffen. Sigmund Freuds Definition des Eros als „Lebenstrieb", den er dem „Todestrieb" gegenüberstellte, thematisierte auch die kosmologische Dimension des Verhältnisses von Leben und Tod. Doch am Ende unserer Abhandlung soll es nicht um eine Freud-Exegese gehen, obwohl Freud im Unterschied zu fast allen seinen Epigonen die Todesproblematik in ihrer naturphilosophischen und anthropologischen Tiefe erkannte und mit dem „Nirwana-Prinzip" sogar religionsphilosophische Gesichtspunkte in sein (auch) vom Biologismus geprägtes Menschenbild einführte. Vielmehr geht es – weit über Freuds Werk hinaus – um eine Untersuchung über die Bedeutung der Liebe, soweit sie in das Blickfeld der Medizingeschichtsschreibung rückt. Dabei werden wir mit bestimmten Problemen konfrontiert, die vorab nur stichwortartig angedeutet werden können: die Liebe Gottes und die Heilkraft der Natur als Voraussetzungen der Heilkunde, die Liebe als Heilfaktor in der Arzt-Patienten-Beziehung, die Liebe als Ursache und Ausdruck einer Krankheit („Liebeskrankheit"), die Sexualität als biologische Grundlage des „normalen" und „pathologischen" Liebeslebens sowie ihre Bedeutung für die Sexualmedizin und schließlich die spirituelle Macht der Liebe, die durch utopisch anmutende Praktiken einer erotischen Magie freigesetzt werden sollte und das biologistische Verständnis von Sexualität konterkarierte.

Doch wenden wir uns zunächst dem Eros in seiner Bedeutung der göttlichen Liebe (*Agape*) zu, einem beliebten Gegenstand philosophischer Betrachtung und künstlerischer Gestaltung. Dieser Eros war auch in Medizin und Naturforschung implizit immer ein zentrales Thema. Die Liebe Gottes zu seinen Ge-

---

[1] http://en.wikipedia.org/wiki/Ecstasy_of_Saint_Theresa (3.08.2012).

schöpfen und die Liebe des Menschen zu Gott wurden in ihrer Wechselwirkung aufeinander bezogen. Dies galt sowohl für die ärztliche Krankenbehandlung als auch für die Naturforschung. In dieser Sicht konnte Therapie nur gelingen und Forschung nur erfolgreich sein, wenn sie vom Eros beflügelt waren. Vor allem die Mystik war mehr oder weniger erotisch gefärbt. In der Medizin begegnen wir der Idee, dass sich der Arzt den Kranken in „Reinheit" und „Keuschheit" mit göttlicher Liebe zuwenden solle. Durchweg wurde dieser Eros mit dem Erringen von Wahrheit und Freiheit in Verbindung gebracht und als inneres Licht oder Feuer durch Naturforscher und Ärzte beschrieben. Eine tiefer gehende ideengeschichtliche Untersuchung des „Eros" und seiner Bedeutung für die Medizin existiert bislang nicht. Zumeist lässt man die Geschichte erst im 19. Jahrhundert beginnen oder schlägt einen weiteren historischen Bogen zurück und vergisst aber dabei entscheidende Schlüsselkonzepte wie etwa den Mesmerismus.[1]

Das „innere Licht"

Auf die wissenschaftshistorische Bedeutung der Mystik im Kontext der frühneuzeitlichen Theosophie sind wir bereits eingegangen (Kap. 29). Ihre Interpretation bereitet dem modernen wissenschaftlichen Verständnis Probleme, nicht zuletzt dann, wenn es um die Thematik von Eros und Sexualität geht. Wie können Liebeserlebnisse, die an den Orgasmus erinnern oder ihm gleichkommen und zugleich die Vereinigung mit Gott meinen, angemessen beschrieben werden? Wie ist die Charakterisierung der mystischen Erfahrung einzuschätzen, wie sie der Heilige Bonaventura im 13. Jahrhundert zum Ausdruck brachte? Der französische Philosoph Étienne Gilson schrieb: „So ist die Ekstase Umarmung eines Guten im Finstern, dessen Sein das Denken nicht erreicht. Das ist der tiefe Sinn der Formel: Die Liebe reicht weiter als das Auge."[2] In der „Göttlichen Komödie" habe die Heilige Jungfrau „die höchste Mitt-

---

[1] Annemarie Leibbrand-Wettley / Werner Leibbrand: Formen des Eros. Kultur- und Geistesgeschichte der Liebe. Bd. I: Vom antiken Mythos bis zum Hexenglauben; Bd. II: Von der Reformation bis zur „sexuellen Revolution". Freiburg; München: Alber, 1972.

[2] Étienne Gilson: Die Philosophie des Heiligen Bonaventura. Köln; Olten: Hegner, 1960: S. 491 bzw. 723, 732.

lerrolle zwischen Erkenntnis und Ekstase" übernommen und Bernhard sei „der geborene Fürsprecher bei ihr".

Es gibt zwei entgegengesetzte Perspektiven der Deutung: Der biologistische (oder materialistische) Blick würde eine unterdrückte Sexualität diagnostizieren, die sich auf mehr oder weniger pathologische Weise ekstatisch (etwa nach dem Freud'schen Modell der „Konversionshysterie") Luft macht. Der spiritualistische (oder idealistische) Blick würde dagegen eine geistige Ergriffenheit bzw. Erleuchtung konstatieren, die sich der Sexualität nur metaphorisch bedient. Kurt Salecker ging in seiner Werkbiografie über Christian Knorr von Rosenroth nicht so weit, aber immerhin formulierte er in ermäßigter Form einen analogen Gegensatz: nämlich den von Gefühlsmystik und Erkenntnismystik, *Eros* und *Agápê*, ein „Gegensatz, der sich in der Verschiedenheit von der Bernhardisch-Franziskanischen und der Eckehartischen Mystik erfassen läßt." Die Gefühlsmystik sei „analog der irdischen Liebesgemeinschaft zwischen Braut und Bräutigam."[1] Dagegen sei für Eckeharts Erkenntnismystik Gottesliebe „nicht das erregte Gefühl, nicht Rausch und Genuß mit dem brünstigen Ausdruck irdischer Erotik, sondern sie ist eine starke und innige, willens- und tatkräftige Liebe, die an die ‚praktische Liebe' Kants erinnert." Diese Erkenntnismystik hätte „in den Kreisen um und nach Sebastian Frank [sic] und Jacob [sic] Böhme und der weitverbreiteten naturphilosophischen Mystik" weitergelebt.

Christian Knorr von Rosenroth sei in dieser Perspektive zu sehen. Er sei kein Gefühlsmystiker gewesen und habe die erotische Sprechweise nur symbolisch verwendet. Er wollte nur „eine reine *geistige Erhebung* der Seele ins Übersinnliche." Die alchemistische Vorstellung des Reinigens und Aufstiegs fasste Knorr im „Neuen Helikon" in einer „*Aria*" zusammen:

> „Was unrein muß in uns verbrennen,
> Dann bleibt was gold geputzt und schön:
> Daß hier kein Mensch kann lernen kennen,

---

[1] Kurt Salecker: Christian Knorr von Rosenroth (1636-1689). Leipzig: Mayer & Müler, 1931 (Palaestra; 178): S. 63-67.

So lang er bleibt im tieffen stehn.
Gemüther auf, hinauff zur Sonnen,
Da unser Geist ist hergeronnen."[1]

Knorrs Gemütserhebung blieb im Unterschied zur Brautmystik ein rein geistiger Vorgang, der keinen ausdrücklichen Bezug zur Geschlechtlichkeit herstellte. Er nannte die Gottesliebe gelegentlich ein „Verstandes-Feuer". Diesem ging es nicht um Eros, sondern um Freundschaft, um eine Verbindung von Christentum und Philosophie und sei „eine abgesagte Feindin jener Wollust", die nur den Eigennutz zu suchen pflege.[2] Nicht die mystisch höchste Lust, sondern christliche „agápê", ein „keuscher Mut", ein „großes Herz" waren angesagt.[3] Ziel war die Wiedergeburt der menschlichen Seele, die Erlangung eines neuen Selbst. Dessen Symbol war der „lichtblaue Stein in der Offenbarung Johannis", vergleichbar dem Hyacinth. Sein Licht beschrieb Knorr in anderm Zusammenhang folgendermaßen: „Dieses ist ein liechtblaulichter Stein / nach Beschreibung der Alten auch Plinii l. 37/9 wie die blaulichte Lufft / liechter als Violen / und bedeut die stetswehrende Heiterkeit und Klarheit des Verstandes /welche durch keine Wolcken trüber Leydenschafften übernebelt wird."[4]

Im Folgenden wollen wir einen Sprung ins 20. Jahrhundert wagen, in dessen finsterste Zeit, und uns einer großen Frau zuwenden, deren Eros des Denkens beeindruckt. Das Hören der „inneren Stimme" und das Sehen des „inneren Lichtes" bezeichneten in der Mystik das unmittelbare Erleben der Begegnung mit Gott, das dem Menschen schlagartig die Wahrheit erkennen ließ und ihn von äußeren Zwängen, irreführenden Einflüsterungen und gefährlichem Dunkel befreite. Der mystische Mensch erkannte Gott in sich mit absoluter Gewissheit, was ihn unempfindlich gegenüber schmerzlichen Widerständen und furchtlos gegenüber drohenden Gefahren machte. Das Leben der französi-

---

[1] Zit. n. Salecker, 1931 [Knorr von Rosenroth]: S. 68 [Neuer Helikon, Aria LIV], S. 71.

[2] Zit. ebd. S. 71.

[3] Salecker, 1931 [Knorr von Rosenroth]: S. 72, 81 f.

[4] Christian Knorr von Rosenroth: Eigentliche Erklärung über die Gesichter der Offenbarung S. Johannis / Voll unterschiedlicher neuer Christlicher Meinungen. [...] [s. l.], 1670: S. 202.

schen Philosophin und Mystikerin Simone Weil legt hiervon Zeugnis ab. Zunächst wollen wir ihr Schicksal etwas genauer ins Auge fassen, insbesondere der Bedeutung des „inneren Lichts" als Wegweiser für die politische Lebensführung. Sie studierte vor allem Philosophie für das Lehrfach und war Schülerin des Philosophen Émile Chartier, der unter seinem Pseudonym „Alain" veröffentlichte. Sie engagierte sich in der Arbeiterbewegung und ließ sich 1933 als Lehrerin am Lyzeum von Le Buy ein Jahr lang beurlauben, um als Arbeiterin unter anderem in den Renault-Werken die Arbeitsbedingungen am eigenen Leibe zu studieren.[1] Im Sommer 1936 beteiligte sie sich an der katalanischen Front auf Seiten der „rojos" im Spanischen Bürgerkrieg. Im Sommer 1940 floh Simone Weil zusammen mit ihren Eltern vor den deutschen Besatzungstruppen nach Südfrankreich und ließ sich in Marseille nieder. Sie trat dort mit dem Philosophen Gustave Thibon in Verbindung, dem späteren Herausgeber ihres Hauptwerks „Schwerkraft und Gnade", setzte sich mit griechischer und indischer Philosophie auseinander, lernte Sanskrit und wandte sich der Mystik zu. Sie emigrierte dann zusammen mit ihren Eltern in die USA, wo sie Ende Juni 1942 in New York eintraf. Doch schon im November desselben Jahres fuhr sie nach England, um die französische Exilregierung unter Maurice Schuman zu unterstützen. Aus Solidarität mit ihren französischen Landsleuten nahm sie nicht mehr Nahrung zu sich, als diesen gemäß ihren Lebensmittelkarten zustand. Sie starb im Alter von 34 Jahren im Sanatorium von Ashford (Grafschaft Kent) „an Hunger und Herzinsuffizienz infolge von Tuberkulose".[2]

Der Literaturnobelpreisträger T. S. Eliot wies auf die irritierende und manchmal verstörende Wirkung der Weil'schen Texte hin: ihre „bestürzende Originalität".[3] Man müsse ihre Werke immer und immer wieder lesen, „um allmählich zu einem schrittweisen Verständnis aufzusteigen." Und Eliot ging noch weiter: „Man muß sich einfach der Persönlichkeit eines Genies ausliefern, eines Ge-

---

[1] Simone Weil: Das Unglück und die Gottesliebe. Mit einer Einführung von T. S. Eliot. München: Kösel, 1953: S. 249-251 [Notiz des Übersetzers].

[2] http://de.wikipedia.org/wiki/Simone_Weil#Tod_in_England (3.05.2011).

[3] T. S. Eliot: „Vorwort" zu Weil, 1953 [Unglück und Gottesliebe], S. 9-17.

nies, das dem der Heiligen verwandt ist." Er konstatierte einen unerträglich wirkenden Gegensatz zwischen ihrer „fast übermenschlichen Demut und dem, was eine Ärgernis erregende Anmaßung ist". Selbstsucht und Selbstlosigkeit ähnelten zwar einander, sollten aber nicht miteinander verwechselt werden. Simone Weil sei, so Eliot, „in höchstem Maße dreierlei: französisch, jüdisch und christlich." Sie kritisierte die Rechten wie die Linken, verwarf den göttlichen Auftrag Israels, „was sie hinderte, eine rechtgläubige Christin zu sein". Vielmehr schienen ihr die Chaldäer, Ägypter und Hindus Offenbarungen empfangen zu haben. Sie lehnte die Römer und Spanier als imperialistische Zerstörer örtlicher Kulturen ab und machte sich zum Anwalt der druidischen Kultur. Ihre „emotionale Logik" habe sie allerdings zu bedeutungslosen Verallgemeinerungen geführt, die die Geduld der Leser herausforderten. Soweit T. S. Eliot über Simone Weil.

Wie sie in ihrer Schrift „Die Einwurzelung" darlegte, bedeutet nicht der Schmerz und nicht das Leiden, sondern das Unglück „eine Entwurzelung des Lebens".[1] Das Unglück treffe das Leben „unmittelbar oder mittelbar in allen seinen Teilen", wobei der soziale Faktor wesentlich sei. Das Unglück in Form eines Schicksalsschlags sei etwas so „Einzigartiges, Unvergleichliches", dass „Mitleid mit den Unglücklichen eine Unmöglichkeit" sei. Und doch: „Wenn es sich wahrhaft ereignet, ist es ein Wunder, erstaunenswürdiger als das Wandeln auf dem Wasser, die Heilung der Kranken und sogar die Auferweckung eines Toten." Sie bezog sich auf das „Unglück Christi", der sich am Kreuz verlassen glaubte, und an Hiob als „Figur Christi", der vor Schmerz aufschrie: „Er lacht des Unglücks der Unschuldigen." So sei das Buch Hiob „ein reines Wunder an Wahrheit und Echtheit". Das Unglück lasse Gott „abwesender als ein Toter" erscheinen, „abwesender als das Licht in einem völlig finsteren Kerkerloch." Die einzige Rettung der Seele sei, „ins Leere hinein zu lieben"; dann nahe sich eines Tages Gott selbst und enthülle ihr, wie Hiob, „die Schönheit der Welt". Großartig stellte Simone Weil die Übertragung des Bösen vom Verbrecher auf den Unschuldigen dar: „Das Böse wohnt in der Seele des Ver-

---

[1] Weil, 1953 [Unglück und Gottesliebe], S. 111 f., 114-116, 131, 133 f.

brechers, ohne dort empfunden zu werden. Es wird empfunden in der Seele des unglücklichen Unschuldigen. „Und ausgenommen der Menschen, die ganz von Christus ausgefüllt seien, „verachtet jedermann die Unglücklichen mehr oder weniger, obgleich fast niemand sich dessen bewußt ist."

Radikal formulierte sie die göttliche Liebe als ein Sich-selbst-Lieben Gottes. Die Seele, die von Gott das Samenkorn willig empfangen hat, wird eines Tages Gott gehören und „wahrhaft und tatsächlich" lieben. „Dann muß sie ihrerseits das All durchqueren, um zu Gott zu gelangen. Die Seele liebt nicht wie ein Geschöpf mit einer geschaffenen Liebe. Diese Liebe in ihr ist göttlich, unerschaffen, denn es ist die Liebe Gottes zu Gott, die durch sie hindurchgeht. Nur Gott ist fähig, Gott zu lieben." Das Unglück aber sei „ein Wunder der göttlichen Technik": ein Nagel, dessen Spitze mit ungeheurer Wucht in „die Seele eines endlichen Geschöpfes getrieben wird." Der größte Schmerz aber berühre nicht „jenen Punkt der Seele, der willig auf das Gute gerichtet ist." Denn derjenige, der solchermaßen auf das Weltenzentrum angenagelt sei und dessen Seele „die Richtung auf Gott hin" bewahrt, könne in Gottes Gegenwart selber gelangen. Denn der Nagel habe ein Loch durch die Schöpfung geschlagen, „durch die ganze Dichte der Scheidewand, die die Seele von Gott trennt." Die Seele befinde sich dann am Schnittpunkt zwischen Schöpfung und dem Schöpfer, „wo die Balken des Kreuzes sich überkreuzen."

Simone Weils Kritik des Marxismus war radikal. Sie habe sich nach Verkündung des Bankrotts des Marxismus nicht so verhalten, „als hätte es ihn gar nicht gegeben", bemerkte ihr Übersetzer, der deutsch-jüdische Schriftsteller Heinz Abosch: „In der Verstaatlichung der Wirtschaft sah sie keinen qualitativen Umschlag in die Richtung einer besseren Gesellschaft."[1] Sie misstraute dem späten Marx und seiner Doktrin, die „kläglich die Gemeinplätze der Religion mit denen der Wissenschaft vermischt". Denn es werde der Glaube erweckt, „ein moderner Gott namens Fortschritt" treibe die Dinge nach vorn, „die mo-

---

[1] Simone Weil: Unterdrückung und Freiheit. Politische Schriften. Aus dem Französischen übersetzt und mit einem Vorwort von Heinz Abosch. München: Rogner & Bernhard, 1975: S. 17 [Vorwort], 273.

derne Vorsehung namens Geschichte mache für sie die Hauptanstrengung."
Sie unterstellte dem Marxismus „scheinwissenschaftliche Flitter" und „messi-
anische Beredsamkeit".

Nicht minder radikal fiel ihr Urteil über die politischen Parteien aus. Kurz vor
ihrem Tod am 24. August 1943 verfasste sie im englischen Exil die flammende
Streitschrift „Note sur la suppression générale des partis politiques", die erstmals 1950 publiziert wurde und die in deutscher Übersetzung erst 2009 erschien.[1] Sie nannte keine Parteien beim Namen, denn ihr ging es um die aus
ihrer Sicht fatale Konstruktion einer politischen Partei schlechthin. Obwohl sie
Nazi-Deutschland und die bolschewistische Sowjetunion mit ihren jeweils
brutal herrschenden Parteiapparaten leidvoll vor Augen hatte, ging es ihr nicht
um die Unterscheidung von guten und bösen Parteien, sondern um die radikale Kritik von Parteien überhaupt. Als die deutsche Übersetzung zur Zeit der
Bundestagswahl 2009 erschien, hielt sich die Verblüffung über Simone Weils
Polemik in Grenzen. So billigte ihr ein Rezensent zwar klare Sprache, „rousse-
auistische Leidenschaft fürs Gemeinwohl" und Ernsthaftigkeit der Argumentation zu, aber die heutige Parteienlandschaft habe sich durch Kompromisse und
pragmatische Lösungen (Stichwort: „Sozialdemokratisierung") grundlegend
gewandelt.[2] Der entscheidende Punkt in Simone Weils „Anmerkungen" wurde
erst gar nicht erwähnt: ihre Berufung auf die religiöse Erfahrung des „inneren
Lichts" als Richtschnur politischen Handelns.

Auf dem Weg in die Emigration übergab Simone Weil im Mai 1942 auf dem
Bahnhof von Marseille dem mit ihr befreundeten Philosophen Gustave Thibon
eine Aktentasche mit Aufzeichnungen. Dieser veröffentlichte eine Auswahl
von ihnen, nachdem er sie in eine „lockere Ordnung" gebracht hatte, unter
dem Titel „La pesanteur et la grâce" (dt. „Schwerkraft und Gnade").[3] Mit die-

---

[1] Simone Weil: Anmerkung zur generellen Abschaffung der politischen Parteien. Zürich; Berlin:
Diaphanes, 2009.

[2] Jens Bisky: Überlegungen zum Gemeinwohl. Schafft die Parteien ab! [Rezension zu S. Weil,
2009, wie Anm. 16] süddeutsche.de 22.09.2009.

[3] Simone Weil: Schwerkraft und Gnade. Mit einer Einführung von Gustave Thibon. [Deutsche
Übersetzung der französischen Originalausgabe Paris 1948 von Friedhelm Kemp]. München:

ser Schrift, die als ihr Hauptwerk gilt, wollen wir uns im Folgenden näher befassen, vor allem mit jenen naturphilosophischen Denkfiguren, die zum Thema der göttlichen Liebe gehören.

Liebe „von oben"

Die Schwerkraft bedeutete für Simone Weil das „Niedrige", das Naturgesetzliche, „alle natürlichen Bewegungen der Seele". Die einzige Gegenkraft sei die Gnade, das Licht. Die lebenspraktische Aufgabe lautete: „wie kann man die den niederen Beweggründen zugefallene Energie auf die höheren überleiten?" Denn bei den niederen zu verharren, der Schwerkraft zu gehorchen, sei die größte Sünde. Die Befreiung daraus könne nicht aus eigener Kraft geschehen, man könne nur „von oben" befreit werden. Simone Weils Denkmodell geht von einer anschaulichen Dynamik aus: von einer „Abwärtsbewegung" durch die Schwerkraft und einer „Aufwärtsbewegung" durch die Gnade. Sie formulierte diesen Gedanken in zwei Sätzen: „Die Gnade ist das Gesetz der herabsteigenden Bewegung." Und: „Sich erniedrigen, heißt hinsichtlich der geistigen Schwerkraft steigen. Die Schwerkraft des Geistes lässt uns nach oben fallen." Sie betonte die Grenze, die man ohne „übernatürliche Hilfe" nicht überschreiten könne, „nicht ohne hernach mit einer furchtbaren Erniedrigung dafür bezahlen zu müssen." Immer wieder forderte sie – von sich selbst ausgehend – die Potenzierung der Energie im Sinne des Nach-oben-Fallens. Denn: „Die niederen Gefühle [Neid, Ressentiment] sind degradierte Energie". An anderer Stelle sprach sie von „Umwandlung der Energie". Man solle „unbeweglich und aufmerksam" den Versuchungen widerstehen, dann würden diese vergehen und „man empfängt die aufgestaute Kraft". Denn bei der Betrachtung des Guten träte ein Augenblick ein, „wo man nicht mehr umhin kann, als es zu vollbringen."

Simone Weil formulierte in ihren thesenartigen Aphorismen provokante und oftmals luzide Aussagen, wie z. B. „Das Sein des Menschen hat seinen Ort

Kösel, 1952: S. 55 ["Einführung" von G. Thibon], 59, 61, 63, 68 f., 120, 106 f., 110 f., 130 f., 139, 216, 154 f., 189, 209 f., 212, 214 f., 229, 231 f., 265-268, 272.

hinter dem Vorhang, auf seiten der Übernatur. [...] Hoffärtig sein, heißt vergessen, daß man Gott ist ... Der Vorhang, das ist das menschliche Elend: selbst für
Christus gab es einen Vorhang." Das Sich-Zurückziehen Gottes war ein wichtiger Begriff, den Simone Weil vermutlich der kabbalistischen Lehre und ihrem
Begriff des „Zimzum" entlehnt hatte. Er beschrieb eine „doppelte Operation"
der Liebe: So wie der Schöpfer sich von seiner Schöpfung zurückgezogen habe,
„um uns ein Sein zu lassen", sei es nun an uns, „uns zurückzuziehen, um ihn
hindurchzulassen". Denn alles, was „ich" in mich aufnehme, allem, dem ich
begegne, „beraube ich seiner Berührung mit Gott". Also lautet die Forderung,
„mich zurückziehen, um das Beisammensein nicht zu stören." Denn die Anwe-
senheit sei zudringlich, „als ob ich mich zwischen zwei Liebenden oder zwei
Freunden befände. Ich bin nicht das junge Mädchen, das einen Bräutigam
erwartet, sondern der lästige Dritte, der mit zwei Brautleuten zusammen ist
und erst fortgehen muß, damit sie wahrhaft beieinander seien. Wenn es mir
nur gelänge, zu verschwinden, so wäre die liebende Einigung vollkommen,
zwischen Gott und der Erde, auf der ich gehe, dem Meer, das ich höre ...".

Die Erhebung kann nach Simone Weil nicht durch eine „Übertragung" von
niederen Neigungen, etwa sich vor anderen auszuzeichnen, auf höhere Gegenstände bewirkt werden. Das Gegenteil treffe zu: „man würde sich erheben,
wenn man höhere Bestrebungen auf niedere Gegenstände richtete." Diese
Bemerkung sei nicht zuletzt auch für das Sexuelle bedeutsam, wie Simone
Weil in ihrer Kritik der Freud'schen Psychoanalyse darlegte. Diese sei von dem
gleichen Vorurteil durchtränkt, das sie bekämpfen wolle, „dem Vorurteil nämlich, das Geschlechtliche sei niedrig." Denn der Wille, ein Vorurteil zu bekämpfen, sei ein sicheres Zeichen, dass man von diesem Vorurteil durchdrungen sei.
Sie unterschied zwischen dem Mystiker, der sein Liebesvermögen, seine „geschlechtliche Energie" auf Gott richtet, und „der falschen Nachahmung des
Mystikers", der diesem Vermögen seine natürliche Richtung belasse und einem imaginären Gegenstand „den Namen Gottes anheftet." Sie nannte, wohl
wiederum gegen die Psychoanalyse gerichtet, die Idee der Sublimierung „die
Dummheit unserer Zeit". Ihr Ausgangspunkt war die Höhe der göttlichen Liebe, sie blickte gleichsam von oben auf die Welt und nicht von unten, den Nie-

derungen der fleischlichen Liebe: „In den Augen Platos ist die fleischliche Liebe ein degradiertes Bild der wahrhaften Liebe. Die keusche menschliche Liebe [eheliche Treue] ist ein minder degradiertes Bild." Gleichwohl findet sich auch bei ihr die Idee der Sublimierung, wenn sie den Begierden ihre Energie dadurch entziehen möchte, „daß man ihnen ihre Richtung auf zeitliche Ziele nimmt." Es gelte, den „Biß der Begierde" wie ein Leiden zu ertragen und zugleich die Aufmerksamkeit „unverwandt auf das Gute" gerichtet halten: „Dann findet auf der Qualitätsleiter der Energien eine Erhöhung statt."

Simone Weil fasste noch eine andere Qualität der „Übertragung" ins Auge: „Jedes Verbrechen überträgt das Böse von dem Handelnden auf den Erleidenden. Die ungesetzliche Liebe wie der Mord." Aber die „Maschinerie der Strafgerichtsbarkeit" sei derart mit dem Bösen verseucht, „daß eine Verurteilung sehr oft das Böse des Strafapparates auf den Verurteilten überträgt, und dies sogar dann, wenn er schuldig und die verhängte Strafe angemessen ist." Wie kann man sich von dem Bösen befreien? Hier kommt die Idee einer Selbst-Übertragung ins Spiel: „Man muß es [das Böse] aus dem unreinen Teil in den reinen Teil seiner selbst übertragen und es derart umwandeln in reines Leiden. Das Verbrechen, das in einem ist, muß man sich selber antun."

Das „Prinzip des Aufsteigens" sei keine Wirkung der Suggestion, die ja nur etwas meine, „was ich mir in meiner augenblicklichen Unvollkommenheit unter diesem Namen vorstelle", also auf der gleichen Ebene verbleibt. „Nur indem ich meinen Sinn auf etwas richte, das besser ist als ich, zieht dieses Etwas mich nach oben." Sie bezeichnete die Erfahrung, dass einen ein „Etwas" wirklich zieht, den „ontologischen Experimentalbeweis." Denn eine eingebildete Vollkommenheit befände sich „auf der gleichen Höhe wie ich, der sich einbildet, nicht höher oder tiefer." Die „Aufmerksamkeit" sei der Weg zur Wahrheit, nicht der Wille: „Auf der höchsten Stufe ist die Aufmerksamkeit das gleiche wie das Gebet. Sie setzt den Glauben und die Liebe voraus. Die von jeder Beimischung ganz und gar gereinigte Aufmerksamkeit ist Gebet." Dies entsprach der buddhistischen Vorstellung von „Achtsamkeit" als Praxis der Meditation, mit der sich Simone Weil auseinandergesetzt hatte. Ziel sei es nicht „die Muskeln zu verkrampfen und die Kiefer zusammenbeißen", sondern nach der höchster Aufmerksamkeit zu streben, die immer eine religiöse sei. Dies werde nicht vom Willen, sondern vom Verlangen, von der „Einwilligung" motiviert. Das „Ich" habe sich dabei passiv zu verhalten: „Von mir wird nichts gefordert als die Aufmerksamkeit, daß das ‚ich' verschwindet." Nicht auf das „ich" sei das „Licht der Aufmerksamkeit" zu richten, sondern auf das „Unvorstellbare". Wenn wir auf das Gute und das Böse gleichermaßen das „Licht der Aufmerksamkeit" richten, gewinnt „automatisch das Gute die Oberhand. Dies ist die wesentliche Gnade." Jedes Studium sei eine „Gymnastik der Aufmerksamkeit", ein „Widerschein des geistlichen Lebens." So solle man bei der Methode zum Verständnis der Bilder und Symbole nicht versuchen, „sie auszudeuten, sondern sie so lange betrachten, bis das Licht herausbricht." Die Aufmerksamkeit solle kein „Anhaften", sondern ein „Schauen" sein.

Mystisches Erleben übersteigt die Vernunfteinsicht. Es erfährt das „Übernatürliche" als „übernatürliches Licht". Der Gegenstand der Forschung solle aber nicht dieses Übernatürliche sein, sondern die Welt: „Das Übernatürliche ist das Licht: macht man es zu einem Gegenstand, so erniedrigt man es." Die Vernunft solle ihre Tätigkeit nur ausüben, „um zu den wahren Mysterien zu gelangen […]. Das Unbegriffene verbirgt nur das Unbegreifliche, und deshalb soll es beseitigt werden." In dieser Perspektive erschien ihr nach dem Vorbilde des Pythagoras und seiner mystischen Auffassung der Geometrie die Wissenschaft nur als notwendige Vorstufe mystischer Weisheit und nicht umgekehrt. Dass die Chemie aus der Alchemie und die Astronomie aus der Astrologie hervorgegangen seien, werde irrtümlicherweise als ein „Fortschritt" angesehen, „während es sich um einen Verfall der Aufmerksamkeit handelt." Astronomie und Chemie seien nur „Verfallserscheinungen", Astrologie und Alchemie als magische Praktiken „noch niedrigere Verfallserscheinungen. Die Fülle der Aufmerksamkeit wird nur in der religiösen Aufmerksamkeit erreicht."

Simone Weil sah im „Großen Tier", wie es Platon im neunten Buch der „Politeia" vorstellte (in „Gestalt eines mannigfach zusammengesetzten und vielköpfigen Ungeheuers", wie es dort heißt), die Gefahr für die menschliche Person. Das Kollektiv besitze für sie eine Art von Transzendenz: „Aller Götzendienst gilt dem Kollektiv; dieses fesselt uns an die Erde." Verschiedene soziale

Faktoren seien beteiligt: Ehrgeiz, Macht, Wissenschaft, Kunst. Die Gesellschaft sei die Höhle, und wer sie verlassen will, „muß in die Einsamkeit gehen." Das Soziale „unter der Aufschrift des Göttlichen" sei der „verkappte Teufel." Deshalb sei die Meditation über den sozialen Mechanismus „eine Läuterung von höchster Wichtigkeit." Sie verabscheute Rom und Israel gleichermaßen: „Rom: das atheistische, materialistische Große Tier, das nur sich selbst anbetet. Israel: das religiöse Große Tier. Keines von beiden ist liebenswert. Das Große Tier ist immer abstoßend." Vielleicht habe in Rom die Schwerkraft alleine geherrscht, vielleicht auch bei den Hebräern: „Ihr Gott war schwer und plump." So war es für Simone Weil als Vorkämpferin für ein vom Nationalsozialismus befreites Frankreich klar, dass eine Nation „kein Gegenstand der übernatürlichen Liebe" sein könne. Denn: „Sie [die Nation] hat keine Seele. Sie ist ein Großes Tier."

Mit Blick auf Christus am Kreuz meinte sie, dass die unbedingte Liebe kein anderes Objekt als das unbedingte Gute habe, nämlich Gott: *„Seul l'amour inconditionné peut forcer l'âme à s'exposer à la mort morale, et l'amour inconditionné n'a pas d'autre objet que le bien inconditionné, qui est Dieu. C'est pourquoi il est tout à fait sûr que seule une âme tuée, consciemment ou non, par l'amour de dieu, peut faire vraiment attention au malheur des malheureux. [...] Le christ en croix, abandonné corps et âme. Seul il pouvait dans cet état aimer le Père. Seul le Père pouvait l'aimer dans cet état."*[1]

In der Textsammlung „Die Einwurzelung", ihrem politischen Vermächtnis, die im englischen Exil in der Zeit der Zusammenarbeit mit Maurice Schuman 1942/43 verfasst wurde, kämpfte sie vor allem gegen die lügenhafte Propaganda, die sie im Kapitel „Die Wahrheit" ins Visier nahm.[2] Ihre These lautete: „jeder weiß, daß der Journalismus, wenn er von der organisierten Lüge nicht mehr zu unterscheiden ist, ein Verbrechen darstellt. Dennoch glaubt man,

---

[1] Simone Weil,: Cahiers d'Amerique (mai-novembre 1942). In: Dies.: La connaissance surnaturelle. Paris : Gallimard, 1950: S. 11-302; hier: S. 297 f.

[2] Simone Weil: Die Einwurzelung. Einführung in die Pflichten dem menschlichen Wesen gegenüber. München: Kösel, 1956: S. 62-67, 276 f., 362, 365, 380, 423 f.

dieses Verbrechen sei nicht strafbar." Sie rief nach drastischen Strafen für die „Verbreitung jeder wie immer gearteten Propaganda", ja, man sollte sie grundsätzlich verbieten. Damit würde das „heiligste Bedürfnis der menschlichen Seele [...] befriedigt: das Bedürfnis nach Schutz vor Suggestion und Irrtum." Es seien Richter gefordert, die sich daran gewöhnt hätten, „die Wahrheit zu lieben". Nur so könnte das „Bedürfnis nach Wahrheit bei einem Volke" befriedigt werden.

Simone Weil fragte unerbittlich nach der Wahrheit in Politik und Wissenschaft. Ihr zentraler Bezugspunkt war die mystische Kontemplation, die, wie sie unter Hinweis auf die Traktate des Johannes vom Kreuz feststellte, „was wissenschaftliche Genauigkeit anbelangt, sämtlichen Schriften unserer neueren Psychologen oder Pädagogen weit überlegen ist." Denn je höher der *logos* hinaufsteige, umso genauer und strenger würde die Ordnung der göttlichen Weisheit erkennbar. Sie kritisierte Henri Bergsons Schlüsselbegriff des *élan vital* als einen Götzen. Denn das Wunderbare bei den Mystikern und Heiligen bestehe nicht darin, „daß sie stärker leben, ein intensiveres Leben haben als die andern, sondern daß in ihnen die Wahrheit Leben geworden ist. In dieser Welt hier ist das Leben, der Bergson so teure *élan vital*, nur Lüge, und der Tod allein ist wahr. Denn das Leben zwingt, das zu glauben, woran zu glauben ein Lebensbedürfnis ist; diese Knechtschaft wurde unter dem Namen Pragmatismus zu einer Lehre erhoben; und Bergsons Philosophie ist eine Form des Pragmatismus." Die moderne Naturwissenschaft sei „keine Frucht des Geistes der Wahrheit", auch wenn die Gelehrten von der Öffentlichkeit forderten, dass man „der Wissenschaft jene religiöse Ehrfurcht zolle, die man der Wahrheit schuldet". Aber ihre Bemühungen könnten nicht „die Liebe zur Wahrheit als Triebkraft haben." Simone Weil beklagte die verloren gegangene religiöse Verwurzelung der Wissenschaft. Für sie war das Ziel des Gelehrten „die Vereinigung seines eigenen Geistes mit der dem Weltall eingeprägten geheimnisvollen Weisheit." Und insofern sei die wissenschaftliche Forschung „nur eine Form der religiösen Kontemplation." Auch das Interesse am Symbol sei aus der modernen Wissenschaft verschwunden, dabei sei der Weg „vom modernen Denken zur antiken Weisheit [...] kurz und direkt, wenn man ihn nur einschlagen wollte." Simone Weils Botschaft war klar und eindeutig: Die Wissenschaft solle umkehren, ihren „Götzendienst" aufgeben, zu den historischen Quellen zurückkehren – im Lichte mystischer Kontemplation. Ihre Überlegungen, die „*théologie weilienne*",[1] stimmten in verblüffender Weise mit dem naturphilosophischen Denken der frühneuzeitlichen *magia naturalis* überein und waren zur Zeit des Zweiten Weltkriegs ein absoluter Anachronismus.

Barmherzigkeit des Arztes

Im Folgenden wollen wir uns der Lehre von der Tugend (*virtus*) des Arztes bei Paracelsus zuwenden, die letztlich naturphilosophisch und theologisch begründet wurde und im neueren Diskurs über die paracelsische Ethik große Bedeutung erlangt hat. In keiner der einschlägigen Studien fehlt der Hinweis auf die sogenannte vierte Säule der Medizin (den „viert grunt der arznei") im Kontext des „*Paragranum*" („Das Buch Paragranum"), nämlich die „*virtus*", die „Tugend des Arztes".[2] Dort ist verschiedentlich die Rede davon, dass der Arzt „rein und keusch" sein solle: „und nicht allein in den gemelten seins [Gottes] leibs antreffenden tugenden sonder auch in mehrern des leibs anligenden dingen sich rein und keusch halten, nicht sein arznei zu der hoffart brauchen, dan aus dem wachst ein falscher arzt. so bald der arzt im sinn hat, sein gewin anderst zu brauchen dan aus reinem herzen, so steht er auf falschem grunt".

Die Begriffe Reinheit und Keuschheit sind nun genauer zu beleuchten. Drei Dimensionen können voneinander unterschieden werden: (1) Das göttliche Gebot: Hierbei geht es um die Liebe und Barmherzigkeit des Arztes, seine „Reinheit des Herzens". (2) Die ärztliche Kunst: Hierbei geht es um Erfahrenheit und Wissen, die Redlichkeit seiner Person. (3) Die Heilkraft des Arztes: Hierbei geht es um die Vervollkommnung des Arztes, der dadurch „rein und

---

[1] Anglica Krogmann,: Simone Weil in Selbstzeugnisse und bilddokumenten. Reinbeck bei Hamburg: Rowohlt, 1970 (rororo bildmonographien; 168): S. 132.

[2] Paracelsus: Das Buch Paragranum [1530], in: Theophrast von Hohenheim gen. Paracelsus: Sämtliche Werke. 1. Abteilung: Medizinische, naturwissenschaftliche und philosophische Schriften. 14 Bde. Hg. von Karl Sudhoff. München; Berlin: Oldenbourg, 1922-1933, Bd. 8, S. 203-221.

keusch" und somit selbst zu einem *„arcanum"* wird. Diese letztere Dimension
ist in naturphilosophischer Hinsicht von besonderem Interesse.

Diejenigen Paracelsus-Interpreten, die die religiöse Dimension seiner ärztli-
chen Ethik in den Vordergrund rückten, verknüpften Hohenheims theoretische
Aussagen mit seinem persönlichen Lebensweg. Sie amalgamierten Werk und
Person zu einer einzigartigen Synthese. So schrieb der Volkskundler Will-Erich
Peuckert in seinem Paracelsus-Buch von 1944: „Man greift nicht fehl, wenn
man den fahrenden Paracelsus jenen Männern an die Seite rückt, die auch von
Dorf zu Dorf, von Markt zu Markt mit ihren Theriaken [sic] zogen, da drängt
sich leicht ein böser Knecht dem Wandernden an die Seite. Er aber ging, er
ging hindurch und blieb im Innersten doch rein. Er hatte sehr böse Knechte, –
aber sein Herz blieb trotzdem rein. Sie stehlen ihm seine Künste, – er aber teilt
mit jenen und er hilft denen auf, die ärmer und verlassener sind als er. Jawohl,
sein Wort ist rauh, – und es klingt dennoch aus der Tiefe; es ist sein Instrument, mit dem er seine Gottesnähe sagen darf, – wer hat von ihr und von den
beiden Lichtern [Licht der Natur, ewiges Licht] Schöneres gesagt als er."[1] Paracelsus wurde hier zu einem ärztlichen Messias mit christlichen Zügen stilisiert,
dessen Kraftquelle direkt aus seiner Gottesnähe entspränge.

Diese strikt religiöse Interpretation war insbesondere in der deutschnational
getönten Paracelsus-Rezeption des 20. Jahrhunderts verbreitet. Als ein weiteres Beispiel sei hier Wilhelm Matthießens Einleitung zum ersten Band der
zweiten Abteilung der „Sämtlichen Werke" genannt, die er nach ursprünglichen Plänen zusammen mit Karl Sudhoff herausgeben sollte.[2] Matthießen
schrieb: „Als Sohn des versinkenden fünfzehnten und beginnenden sech-
zehnten Jahrhunderts steht Hohenheim (1493-1541) auf der Grenze zweier
Welten. Dabei ist nicht so sehr an die Gegensätzlichkeit von Mittelalter und
Neuzeit gedacht, sondern an ganz andere Strömungen, die sich damals gegen-

---

[1] Will-Erich Peuckert: Theophrastus Paracelsus. Stuttgart; Berlin: Kohlhammer, 1944. Reprint
Hildesheim; New York 1976: S. 392.

[2] Wilhelm Matthießen: Einleitung. Theophrast von Hohenheim als religiöse Persönlichkeit, in:
Theophrast von Hohenheim gen. Paracelsus. Theologische und religionsphilosophische Schriften. Hg. Von Wilhelm Matthießen. 1. Bd. München: Barth, 1923, S. 47-64

überstanden und in welchen man eher ein bezeichnendes Merkmal der Zeit sehen kann: Zuerst an die von Deutschland ausgehende religiöse Erneuerungsbewegung. Es war wie eine heiße Blutwelle, die mit unerhörter Gewalt aus der deutschen Seele aufstieg und die alles mit sich fortriß; ein inbrünstiges Verlangen nach religiöser Verinnerlichung, ein leidenschaftliches Bemühen um Verselbständigung des religiösen Lebens. Man war aller Äußerlichkeit müde: der ganze Mensch sollte durchseelt sein vom Wesen und Wollen Gottes. Bitter empfand man die Scheidewand zwischen Kirche und Volk, zwischen Klerus und Gemeinde. Und das ganze Laientum rang danach, die Kirche in sich selbst hineinzubauen, das ganze Volk hungerte nach religiöser Bildung und Vertiefung. Ein protestantischer Zug wehte durch die Zeit, aber verbunden mit einem mystischen Triebe [...]. Das war das eine, das deutsche Element. Das andere kam von Italien her und muß als der Grundboden der modernen naturwissenschaftlichen Kultur angesehen werden. Diese Renaissancephilosophen und Forscher, als deren ausgeprägtesten Vertreter man vielleicht Leonardo da Vinci ansehen kann, stehen auf einem ganz anderen Boden als die religiösen Fackelträger der Deutschen. Die Religion ist ihnen nicht mehr die Lebensfrage, das Ringen um das Verhältnis zu Gott erfüllt nicht, wie wir es ergreifend bei Luther sehen, jeden Puls ihres Herzens, jede Regung der Seele. Ihr [der Italiener] Leben ist keine Frage an den Himmel, sondern ein Ringen um die Erde, eine Frage an die Natur. Sie sehen Gott eher in den Hebelgesetzen als in den religiösen Regungen des Menschenherzens, und wenn sie Künstler sind lieber in einer Griechengöttin als in der herben Jenseitigkeit der deutschen Gotik. So standen sich zwei Welten gegenüber, und jede hervorragende Persönlichkeit der Zeit mußte in irgendeiner Weise diesen Zwiespalt in sich erleben.“

Diese Zwei-Welten-Lehre (Deutschland versus Italien) implizierte eine unterschiedliche Wertschätzung, eine deutliche Hierarchie. Während beim deutschen Element vom „Puls des Herzens“, von der aus der „deutschen Seele“ aufsteigenden „heißen Blutwelle“, von der „Frage an den Himmel“, von der „Jenseitigkeit“ die Rede war, erschien das italienische Element im „Ringen um die Erde“, in „Hebelgesetzen“ und in der „Frage an die Natur“ befangen. Wer das paracelsische Weltbild und die Bedeutung von Himmel und Erde kennt, merkt sofort, worauf Matthießen hier anspielte: nämlich auf die Hierarchie, auf die kategoriale Unterscheidung der beiden Welten, die doch im Menschen, dem Mikrokosmos, *eine* Welt ausmachen: der Himmel als ewige Quelle der geistigen Schöpferkraft, die Erde als irdische, vergängliche Welt des Materiellen, die erst durch das Licht des Himmels produktiv werden kann. Nach Matthießen vereinte Paracelsus in sich gewissermaßen den religiösen Himmelsdrang der deutschen Seele mit der Erdgebundenheit der italienischen Renaissance, er habe ein „Drittes Reich" (im Sinne einer Synthese von Wissenschaft und Religion) gesucht, „das Sinnliches und Übersinnliches zu einem neuen, einheitlichen Ganzen verbinde."

Auch der österreichische Schriftsteller Franz Spunda, der dem Nationalsozialismus nahe stand, sah in Paracelsus die Emanzipation des „deutschen Geistes" verkörpert. Nicht mit dem Verstand sei die Natur zu erreichen, „sondern mit dem Gefühl der grenzenlosen Hingabe. All diese Elemente, getragen von einer kraftvollen Persönlichkeit eigenwilliger Prägung, erscheinen in Paracelsus vereinigt. Aber was ihn von anderen faustischen Naturen des ausgehenden Mittelalters unterscheidet, ist sein Blick in die Zukunft."[1] Paracelsus wurde zum religiösen Propheten einer neuen Zeit stilisiert, zu einem geistigen Führer des in die Neuzeit aufbrechenden deutschen Volks.

Doch kehren wir zu den Quellen zurück, die eine andere Religiosität an den Tag legen, als die völkischen Eiferer im 20. Jahrhundert glaubten. Die religiöse Dimension der frühneuzeitlichen Naturforschung wurde von Paracelsus wie gesagt mit „Keuschheit" und „Reinheit" angedeutet. In Zedlers „Universal-Lexikon" lesen wir, dass Keuschheit „eine Mäßigung derer Liebes-Leidenschafften" sei. „Keuschheit ist die Eigenschafft eines vernünfftigen Wesens; denn denen unvernünfftigen Thieren eignet man weder Keuschheit noch Unkeuschheit zu, weil sie lediglich nach dem Trieb ihrer Natur ohne den geringsten freyen Willen thun. Wer sich also vor keusch ausgeben will, muß ohne den geringsten Zwang eintzig aus Vorstellung vernünfftiger Gründe seine Liebes-Leiden-

---

[1] Franz Spunda: Das Weltbild des Paracelsus. Wien: Andermann, 1941: S. 15

schafften in Zaum zu halten wissen."[1] Das „rein Hertz" bzw. die „Reinigkeit des Hertzens" wurde in dieser christlichen Sicht als „Keuschheit" oder auch als „Aufrichtigkeit" bezeichnet. Das reine Herz bestehe, so heißt es in Zedlers „Universal-Lexikon" weiter, „erstlich in einem wohl-regulirten Gemüthe; [...] zum andern, in Gleichförmigkeit des Willens; eine Liebe zur Heiligkeit in den Affecten und Begierden. Der Sitz der Reinigkeit ist das Hertz."[2] Die sittliche Forderung war klar davon abzuleiten: „Eines Christen vornehmste Sorge soll seyn, das Hertz rein zu halten [...], damit die Quelle nicht möge vergifftet werden." Und: „Das Hertz muß zuforderst rein behalten werden, weil es GOttes vornehmster Sitz ist. GOtt wohnet im Hertzen".

So war es nicht verwunderlich, dass Paracelsus den Begriff der Barmherzigkeit so stark hervorhob. Das „Bild der Barmherzigkeit", meinte der Heidelberger Medizinhistoriker Heinrich Schipperges, sei sogar der „Kern der Ärztlichen Ethik des Paracelsus".[3] Entsprechende Textstellen lassen sich bei Paracelsus in der Tat leicht ausfindig machen. So wisse der Christ, „das die barmherzikeit der arzt selbs ist. Ist sie groß, groß ist auch der arzt, auch die lieb ist sie groß, so ist auch groß das werk des arzts."[4] An anderer Stelle heißt es: „dan die arznei und der arzt seind allein darumb, daß durch sie der krank entpfintlich sehe und merk die liebe und barmherzikeit gottes. Wo nun der arzt in solcher lieb und barmherzikeit nicht geneigt ist, so wird er beraubt des jenigen im zu wissen zustehet. [...] Also seind under die barmherzikeit eins arzts underworfen all menschen, nicht das der arzt die barmherzikeit sei sonder das mittel, durch welchs mittel die natur in das werk gebracht wird." Schließlich sei auch

---

[1] Johann Heinrich Zedler: Grosses vollständiges Universal-Lexicon [...]. 64 Bde., 4 Supplementbände. Halle; Leipzig: Johann Heinrich Zedler, 1732-1754, Bd. 15 (1737): Sp. 548.

[2] Zedler [Universal-Lexicon], Bd. 31 (1742): Sp. 300 f.

[3] Heinrich Schipperges: Paracelsus heute. Seine Bedeutung für unsere Zeit. Frankfurt am Main: Knecht, 1994: S. 129.

[4] Paracelsus: Von den hinfallenden Siechtagen [1530]. In: Theophrast von Hohenheim gen. Paracelsus [Sämtliche Werke, 1. Abt.], Bd. 8: S. 263-308, hier: S. 267, 264 f.

der bekannte Ausspruch zitiert: „im herzen wechst der arzt, aus got get er, des natürlichen liechts ist er, der erfarenheit."[1]

Gegenüber der soeben dargelegten Annahme einer vorherrschenden religiösen Dimension, die aus Paracelsus einen *„Lutherus medicorum"* destilliert, einen Reformator der Heilkunde, ja Sozialrevolutionär von deutschem Geblüt, gehen die meisten Paracelsus-Interpreten im späten 20. Jahrhundert – von Kurt Goldammer bis Heinrich Schipperges – von einem doppelten Ansatz aus: Sie sehen neben der christlich-religiösen Einstellung gleichermaßen die medizinisch-naturkundliche Sicht des Paracelsus als Grundlage seiner Ethik. So sprach Goldammer von der „Tatsache eines doppelten Menschenbildes": „Der Mensch ist für Paracelsus gleichzeitig ein Naturwesen, das besonders der ärztlichen Betrachtung und Erforschung unterworfen ist, und ein theologisches Wesen, dessen Sinn das Evangelium setzt. Die große Klammer um dies doppelte Menschenbild legt er durch die *lumina*-Theorie, die Konstruktion von den beiden Lichtern. [...] Er kennt [...] das Nebeneinander von ‚Licht der Natur" und ‚Licht des Geistes'. Beide werden nicht koordiniert, auch nicht entgegengesetzt, sondern das eine ist die Quelle des anderen. Sie stehen also in einem Abhängigkeitsverhältnis und werden schließlich fast als eins gesehen." So fungiere der Heilige Geist (*lumen Spiritus Sancti*) bei Paracelsus als „Anzünder" des Lichts der Natur.[2]

Allgemein scheint sich die Vorstellung durchgesetzt zu haben, wonach die ärztliche Ethik bei Paracelsus auf zwei gleich wichtigen Säulen aufgebaut sei: der Liebe zum Kranken im Sinne der „Barmherzigkeit" und der Liebe zur Arzneikunst im „Lichte der Natur". Ich gehe hier beispielhaft auf zwei Autoren ein. Der schweizerische Onkologe Hubert Schefer resümierte in seiner Dissertation: „Kraftvoller Kernpunkt dieses Ethos [des Paracelsus] ist die Liebe zum Kranken:

---

[1] Paracelsus: Von hinfallenden Siechtagen der Mutter. In: Theophrast von Hohenheim gen. Paracelsus [Sämtliche Werke, 1. Abt.], Bd. 8: S. 319-368, hier: S. S. 321.

[2] Kurt Goldammer: Der Beitrag des Paracelsus zur neuen wissenschaftlichen Methodologie und zur Erkenntnislehre. In: Kurt Goldammer: Paracelsus in neuen Horizonten. Gesammelte Aufsätze. Wien: Verl. Verband d. Wiss. Gesellschaften Österreichs, 1986 (Salzburger Beiträge zur Paracelsusforschung; Folge 24), S. 228-249, hier: S.235.

Der ist ein guter Arzt, der sich das Leid der Kranken zu Herzen gehen läßt."[1] Der zweite Leitgedanke sei die „Liebe der ärztlichen Kunst", womit Paracelsus zum einen die Liebe zum ärztlichen Handwerk, zum anderen die Schaffung einer neuen Heilkunde gemeint habe. In ähnlicher Perspektive schrieb der schweizerische Arzt und Paracelsusforscher Urs Gantenbein zur ärztlichen Ethik des Paracelsus: „Als Arzt und Laientheologe wusste Paracelsus in seiner Auffassung vom Arzt zwei Traditionsstränge zu vereinen, die sich in seinen Aussagen zur ärztlichen Ethik niedergeschlagen haben. So finden sich im Tugendkatalog des *Paragranum* vorwiegend die Maxime der stoisch-hippokratischen Tradition, während das für Paracelsus zentrale Konzept der Barmherzigkeit dem Geist der Benediktsregel verpflichtet ist."[2] Die hippokratische Tradition der ärztlichen Tugenden einerseits und das christliche Gebot der Nächstenliebe andererseits erscheinen somit als die tragenden Pfeiler seiner ärztlichen Ethik. Mit dem Begriff der mildtätigen Liebe und der Barmherzigkeit gehe Paracelsus jedoch, so Gantenbein, „weit über die Menschenfreundlichkeit der Hippokratiker hinaus. Es ist dies vielmehr der Geist des heiligen Benedikt, von dem er sich durchdrungen zeigt, der in der *Regula Benedicti* zur selbstlosen Krankenpflege als Akt der Nächstenliebe und als Dienst an Christus aufgerufen hatte." Doch ist damit die ärztliche Ethik des Paracelsus tatsächlich schon hinreichend dargestellt?

Der „reine und keusche" Arzt

Alle mir bekannten Interpretationen der ärztlichen Ethik des Paracelsus lassen sich im Koordinatenkreuz von christlichem Gebot einerseits und ärztlicher Kunst andererseits lokalisieren. Diese Zweidimensionalität erscheint mir jedoch zu flach, um die Tiefendimension des paracelsischen Ansatzes zu erschließen. Die dritte Dimension, welche diesem erst seine Gestalt und Dyna-

---

[1] Hubert Schefer: Das ärztliche Pathos bei Paracelsus. In: Paracelsus. Das Werk – die Rezeption. Hg. von Volker Zimmermann. Stuttgart: Steiner, 1995, S. 121-136, hier S. 135, 128.

[2] Urs Leo Gantenbein: Medicus ex Deo: die ärztliche Ethik des Paracelsus im Licht antiker und mittelalterlicher Traditionen. Nova Acta Paracelsica. Neue Folge 12 (1998), S. 220-262, hier: S. 256 f.

116

mik verlieh, entsprang dem naturphilosophisch-alchemistischen Denken des Paracelsus. „Also sol der arzt rein und keusch sein", schrieb er im *„Paragranum"*.[1] Religionsgeschichtlich erinnert dies an die Redeweise vom reinen Herzen, einem in der frühen Neuzeit verbreiteten Synonym für Keuschheit. Wilhelm Matthießen hat in seiner Dissertation auf diesen Zusammenhang verwiesen. Er zitierte Paracelsus: „Gott hat uns begabt mit diesem angeborenen Licht, daß wir keiner Bücher bedürfen, allein eines reinen Herzens" und meinte im Anschluss daran: „Auch hier ist ein bestimmter sittlicher Zustand Bedingung: Gebet und ein reines Herz ist die unerläßliche Grundlage der Erleuchtung."[2]

Betrachten wir die Begriffe Keuschheit und Reinheit etwas genauer. Zunächst ist anzumerken, dass beide in der frühen Neuzeit offenbar als Synonyme verstanden wurden. Zur Keuschheit heißt es im „Historischen Wörterbuch der Philosophie": „Ähnlich dem althochdeutschen ‚kiuski' und dem mittelhochdeutschen ‚kiush' haben die entsprechenden lateinischen Ausdrücke ‚castus' und ‚castitas' die Grundbedeutung ‚rein, unberührt, unschuldig'; sie können von Personen und Dingen ausgesagt werden."[3] Das Adjektiv „rein" hat etymologisch die Bedeutung „ohne fremdartige Bestandteile, unvermischt, unverfälscht, frei von Schmutz, sauber frisch gewaschen, unberührt, keusch, vollkommen, fehlerlos."[4] Es lässt sich bereits im Althochdeutschen als „(h)reini" (8. Jh.) nachweisen und ist mit dem althochdeutschen „(h)ritara" (um 800), d. h. »Sieb« verwandt, das im Englischen „riddle" heißt. Gemäß dem *„Corpus Hermeticum"* war die Reinigung nach dem Gebot: „Reinige dich (*katharai seauton*) von den unvernünftigen Strafen der Materie" die Bedingung für den

---

[1] Paracelsus, Ed. Sudhoff, Bd. 8, S. 210.

[2] Wilhelm Matthießen: Die Form des religiösen Verhaltens bei Hohenheim (1917). Teilabdruck in: Paracelsus. Hg. von Udo Benzenhöfer. Darmstadt: Wiss. Buchgesellschaft, 1993, S.157-219, hier: S. 173 f.

[3] R. Hauser: Keuschheit. In: Historisches Wörterbuch der Philosophie. Hg. von Joachim Ritter und Karlfried Gründer. Bd. 4. Basel: Schwabe, 1976: Sp. 817-818.

[4] Etymologisches Wörterbuch des Deutschen. Erarb. unter der Leitung von Wolfgang Pfeifer. Berlin: Akad.-Verl., 1990: S. 1108.

Aufstieg der Seele zu den Mysterien. Taufen, Waschungen und Purgatorien dienten wohl auch bei der gnostischen Sekte der Mandäer zur Reinigung der Seele von „allen Schlacken des Diesseits" vor ihrem Eintritt in das „Lichtreich oder Pleroma".[1]

Die Etymologie von „rein und keusch" verweist also sowohl auf mystisch-religiöse als auch auf magisch-naturphilosophische Quellen, die bei Paracelsus zusammenfließen – vor allem dort, wo die Natur als Magierin und der Arzt als ein Alchemist begriffen wird, der das Werk der Natur zu vollenden habe. Somit gelangen wir endlich zur weithin ignorierten Tiefendimension der ärztlichen Ethik bei Paracelsus. Das betreffende Schlüsselzitat lautet in voller Länge: „will sich einer mit warheit neren, so gibt im got in der warheit genug und gibt ime mit der warheit sein narung [...]. wöllen wirs mit lügen haben, so werden die warheit lügen bei uns, und als lügner leben wir. nun gibt got den lügnern sein narung als wol als den warhaftigen; dan er muß uns alle neren und gut und bös, als ers mit der sonnen und erden und allen geschöpfen beweist. also sol der arzt rein und keusch sein, das ist also ganz, das sein gemüt zu keiner geile, hoffart, argem etc. oder dergleichen stande, noch fürnemen sei. dan dieselbigen, so also in solcher lügen ston, offenbaren lugenhaftige werk, verlogne arbeit und alles, das da falsch ist, ist bei inen und neren sich also mit lügnerei, das kein grunt ist der arznei, sonder die warheit sol ein grunt sein, dieselbig ist rein und keusch und alle seine frücht aus disem gut bleiben, rein und keusch und kein makel an inen der hoffart, des neids, der geile, der unkeuscheit [sic], des ubermuts, des pompes, des prachts, des ansehens, des spiegels etc."[2]

Der Ausdruck „rein und keusch" taucht in diesem Zitat dreimal auf und wird jeweils einem anderen Adressaten zugeschrieben: (1) zunächst dem Arzt, (2) sodann der Wahrheit als Grund der Arznei und (3) schließlich dessen Früchten, den Früchten der wahren ärztlichen Kunst. Dass die Wahrheit als Grund der Arznei „rein und keusch" sein soll, macht der Begriff „Licht der Natur", der

---

[1] M. Arndt / M.Niehoff / A.Sturlese: Reinheit, Reinigung [Lexikonartikel]. In: Historisches Wörterbuch der Philosophie. Bd. 8. Darmstadt: Wiss. Buchges., 1992, Sp. 531-553, hier Sp. 540.

[2] Paracelsus: Das Buch Paragranum [Sämtliche Werke, 1. Abt., Bd. 8], S. 210 f., 186, 215, 212 f.

seinerseits mit dem Begriff „Licht des Geistes" korrespondiert, unmittelbar einsichtig. Dieses Licht der Wahrheit ist rein und keusch - wie die *„arcana"*, die geheimen, verborgenen Arzneimittel in der Natur, jener „Apotheke Gottes". Sie seien „tugent und kreft [...] und seind in der gewalt des gestirns." Es sei nun die Kunst des Arztes, die *arcana*, die er den verborgenen, okkulten Naturkräfte zurechnete, vor allem mithilfe der Alchemie hervorzulocken (Kap. 34). Dass auch die Früchte der wahren ärztlichen Kunst „rein und keusch" sein sollen, lässt sich leicht einsehen. Der Alchemist solle die Natur vollenden und die Naturkörper von ihren Schlacken befreien: „also ists auch mit der erznei, die ist beschaffen von got, aber nicht bereit bis aufs ende sonder im schlacken verborgn. iezt ist es dem vulcano befolen, den schlacken von der erznei zutun." Wir kommen nun zur entscheidenden Frage: Wie kann der Arzt selbst rein und keusch werden? Interessanterweise bezieht Paracelsus den Begriff „Tugend" (*virtus*) nicht nur auf die geistige Heilkraft des (gereinigten) Arzneimittels, auf das *arcanum*, sondern auch auf die Person des Arztes. Tugend meint hier u. a. „Redlichkeit", „Wahrheit", „Liebe", „guten Glauben", „Treue", „Kunst", „Erfahrenheit". Mit anderen Worten: „dan die großen arcana sind von den klugen aufgestigen". Analog wie das *„arcanum"* Ergebnis des alchemistischen Reifeprozesses ist, so ist der tugendreiche Arzt Ergebnis eines Wachstums- und Bildungsprozesses: Die „art des leibs sol mit der art des natürlichen liechts aufwachsen [...] also sol der grunt ston und befestet werden von jugent auf, und was nit geseet wird zu seiner zeit, da wird kein guter belz [Pelz] aus."

Rein und keusch werden wie ein *„arcanum"* bedeutet, sich selbst zum Gegenstand seiner Scheidekunst zu machen und alle dunklen, unreinen Anteile aus seinem Gemüt (seinem „Herzen") auszuscheiden. Dieser Bildungsprozess ist ein Reinigungsprozess, der wie bei der alchemistischen Arzneimittelzubereitung Wissen und Erfahrung (*scientia et experientia*) voraussetzt. Paracelsus begründete also die ärztliche Ethik letztlich naturphilosophisch. Die Heilkraft des „reinen und keuschen" Arztes resultiert aus einer radikalen Selbsterziehung im „Lichte der Natur" und im „Lichte des Geistes". Liebe und Barmherzigkeit gegenüber dem Kranken folgten in dieser Perspektive nicht nur dem christlichen Gebot der Nächstenliebe in der Tradition der Benediktinerregel, sondern bedeuteten auch einen Zustand geistiger Reinheit, der durch einen wissenschaftlich begründeten systematischen Erziehungsprozess erreicht werden sollte. Die ärztlichen Tugenden, die Liebe zur ärztlichen Kunst, kann man nicht schlechthin dem hippokratischen Arztideal zuordnen. Vielmehr konnten sie sich nach Paracelsus nur dann entfalten, wenn sich der Arzt in seiner alltäglichen Praxis zugleich einem ständigen Prozess der Selbstreinigung unterzog. Ziel war eine Vervollkommnung seiner natürlichen Gaben, eine Vergeistigung seiner ärztlichen Fähigkeiten. Seine Tugend würde sich dann, so die Annahme des Paracelsus, als ärztliche Heilkraft eigener Qualität – einem *arcanum* gleich – bemerkbar machen.

Es ist sehr schwer zu beurteilen, inwieweit Paracelsus „Keuschheit" auch im heute geläufigen Wortsinn als sexuelle Enthaltsamkeit reflektiert hat – wie wir überhaupt über sein Sexualleben so gut wie nichts wissen. In Kulturwissenschaft und Ethnologie ist der Zusammenhang von Keuschheit und Heilkraft immer wieder diskutiert worden. Hierüber spekulierte einmal der Kieler Medizinhistoriker Fridolf Kudlien: „Es wäre natürlich sehr interessant, darüber nachzudenken, inwieweit Jesus seine Heilkraft als ein Keuscher, der er ja war, besaß". In antiken Zeugnissen jedenfalls, so Kudlien, stoße man auf die Auffassung vom „Koitus/Orgasmus als einem ‚Kraftverlust', einer ‚Schwächung' (für den Mann), ‚Keuschheit' des Heilers, der Mittelsperson oder des Patienten wäre demnach ein Bewahren bzw. eine Konzentration von ‚Kraft', speziell von Heilkraft."[1] Diese Vorstellung spielte nicht nur in der Onaniedebatte insbesondere seit dem 18. Jahrhundert eine große Rolle, sondern auch bei bestimmten Sexualpraktiken, bei denen der Samenerguss vermieden wurde, um die Intensität des Geschlechtsverkehrs zu steigern und zugleich eine spirituelle Verwandlung zu erfahren. Auf die Bedeutung dieser Vorstellung für traditionelle wie moderne Sexualpraktiken kommen wir später noch einmal zurück (siehe Kapitel 6).

---

[1] Fridolf Kudlien: Keuschheit und Heilkraft. Clio Medica 19 (1984), S. 94-110, hier: S. 105.

5. Kapitel

Der Topos von der „Heiligen Hochzeit"

Die Heilige Hochzeit (griech. *hierós gámos*), vielfach auch als Himmlische Hochzeit bezeichnet, ist ein elementarer Bestandteil in den Zeugnissen von Mythologie und Mystik, Hermetismus und Kabbala, Alchemie und Naturphilosophie. Sie handelt von göttlicher Vermählung, *unio mystica*, himmlischer oder „chymischer" Hochzeit. Hierbei geht es um eine Vereinigung von Göttern, von Göttern und Menschen oder auch von Menschen untereinander. Insofern die Natur als göttlich angesehen wurde, konnte auch die Naturmystik als Heilige Hochzeit aufgefasst werden. In der Wissenschafts- und Medizingeschichte waren solche Verschmelzungserlebnisse von Naturforschern und Ärzten mit den Naturdingen für bestimmte wissenschaftliche Erkenntnisse und Theoriebildungen oft von entscheidender Bedeutung. Bei keinem anderen Thema der Ideen- und Kulturgeschichte ist die Versuchung, historischen Zeugnissen das gegenwärtige, von Biologie und Psychologie geprägte Menschenbild überzustülpen, so groß wie bei der Heiligen Hochzeit. Sie wird heutzutage biologisiert, indem man sie als einen ins Kosmische projizierten Sexualakt ansieht, und sie wird psychologisiert, indem man sie zu einem innerpsychischen Prozess der Reifung oder „Individuation" nach C. G. Jung erklärt. Der US-amerikanische Psychiater Edward F. Edinger knüpfte als Anhänger von C. G. Jung an dessen Psychologisierung der alchemistischen Symbolik an, um durch die Bildwelt der Alchemie eine „objektive Basis" (*objective basis*) für Träume und andere Hervorbringungen des Unbewussten zu gewinnen.[1] Es ging ihm um das Einordnen

---

[1] Edward F. Edinger: Anatomy of the Psyche. Alchemical Symbolism in Psychotherapy. La Salle, Illinois: Open Court, 1985.Edinger: Preface.

von *„psychic* facts *based on the method of Jung"* und so identifizierte er die „Individuation" mit dem siebenstufigen alchemistischen Prozess, der in der *„coniunctio"* gipfelt. Beide modernen Betrachtungsweisen, die biologistische wie die psychologistische Sicht, entsprechen und ergänzen sich. Erstere erblickt in der alchemistischen Symbolik verdrängte Sexualität, letztere geistig-seelische Reifung. So zwängen beide ihren Gegenstand ins Korsett ihrer jeweiligen Dogmatik. Die Thematik der Heiligen Hochzeit verleitete zu mancherlei Spekulationen. So deutete die Soziologieprofessorin Gerburg Treusch-Dieter in einer für den Leser kaum nachvollziehbaren Argumentation die Heilige Hochzeit als Totenhochzeit und die Heilige Braut als „Totenbraut".[1]

Zumeist wird übersehen, dass die Thematik der Heiligen Hochzeit auch in der Medizingeschichte höchst bedeutsam war. Zunächst zielte sie auf das „Zusammengehen" (*Coitus*) ab, das Ganzwerden voneinander getrennter, komplementärer Wesen, was von Wollust und Entzücken begleitet ist. Sodann konnte dieses Zusammengehen unter bestimmten Voraussetzungen neues Leben zeugen, ein Menschenkind oder ein göttliches Kind. Die Heilige Hochzeit war aber auch Inbegriff des Heils und Heilens. Sie setzte Heilkräfte frei, erzeugte in alchemistischer Vorstellung den Stein der Weisen, die *quinta essentia*, als wunderbares Allheilmittel. In der christlich-abendländischen Tradition wurde die „Liebe" zum Generalschlüssel der Heilkunde erklärt: von Jesus Christus bis zu Paracelsus. Das Gebot der Nächstenliebe war nicht in erster Linie eine abstrakte moralische Forderung, als vielmehr eine Aufforderung, dem elenden kranken Mitmenschen seine Kraft mit ganzer Hingabe zu widmen, um Wunder wirkende Heilkräfte zu mobilisieren. Die medizinische Ethik des Paracelsus zielte vor allem auf diese therapeutische Mobilisierung durch Liebe ab (siehe Kapitel 4). Wir werden, wenn wir bestimmte Konzepte der Medizin im Einzelnen betrachten, einsehen, wie gerade das Arzt-Patienten-Verhältnis immer auch eine erotisch-religiöse Komponente implizierte, die der Idee der Heiligen Hochzeit – zumeist unausgesprochen – mehr oder weniger nachempfunden

---

[1] Gerburg Treusch-Dieter: Die Heilige Hochzeit. Studien zur Totenbraut. Pfaffenweiler: Centaurus, 1997 (Schnittpunkt Zivilisationsprozeß; Bd. 23).Treusch-Dieter, 1997.

war. Dies ist nicht weiter verwunderlich, wenn wir uns klarmachen, dass jede zwischenmenschliche Begegnung und Kommunikation untergründig von einer solchen Idee der Vereinigung – körperlich wie geistig – gespeist wird. Die Begegnung von Arzt und Patient ist dabei nur ein Sonderfall zwischenmenschlicher Kommunikation.

Wollust *versus* Enthusiasmus

Die Heilige Hochzeit von Göttin und Gott, die Theogamie, war im Alten Ägypten bekannt, wie ein Relief von Luxor erkennen lässt. (**Abb. 23**) Sie konnte in verschiedenen Variationen stattfinden: zwischen Gottheiten, zwischen Göttern und Menschen und zwischen Menschen in Götterrollen im Sinne der Mysterienspiele. Nach ihrem Vorbild wurden bestimmte Prozesse in der Natur interpretiert. So konnte die Konjugation von Metallen (*coniunctio*) in der Alchemie als „chymische Hochzeit" erscheinen und symbolisch ins Bild gesetzt werden. Solche Darstellungen als eine Projektion eigener Sexualität auf die Naturvorgänge im modernen Verständnis zu begreifen, wäre zu einseitig und würde die historische Sachlage und insbesondere den wissenschaftshistorischen Kontext verkennen. Auch die Beeinflussung des Sexuallebens durch die Beobachtung kosmischer Vorgänge in der Natur sowie die Prägekraft bestimmter religiöser Narrative, also eine Art Introjektion, sind in Betracht zu ziehen.

In der gnostisch-christlichen Lehre des Valentinianismus spielte die Idee eines spirituellen Geschlechtsverkehrs eine große Rolle, der den physischen transzendieren und gottähnliche Nachkommen ermöglichen sollte.[1] Erst die bewusste Konzentration der Menschen auf Gott während der Begattung, die Loslösung des Willens von den triebhaften Leidenschaften würde einen Geist, einen Engel oder ein Licht vom Himmel anziehen und eine Vereinigung mit ihnen ermöglichen. Somit wurde die physische Form der Hochzeit mit Wollust

---

[1] April D. DeConick: Conceiving Spirits: The Mystery of Valentinian Sex. In: Wouter J. Hanegraaff / Jeffrey J. Kripal (Hg.): Hidden Intercourse. Eros and Sexuality in the History of Western Esotericism. Leiden; Boston. Brill, 2008 (Aries Book Series; v. 7), S. 23-48, hier: S. 40, 35, 46.

und die spirituelle Form mit Enthusiasmus assoziiert. Das „Brautgemach" (*bridal chamber*) bedeutete das Zusammengehen von Christus, dem äonischen *Anthropos*, mit seiner äionischen Braut, der christlichen Kirche (*Ecclesia*), innerhalb der *Pleroma*, der göttlichen Lichtfülle. Dieses pleromische Brautgemach (*Pleromic Bridal Chamber*) war Vorbild und Zielsetzung der valentinianischen Sexualität. Der am 14. Februar gefeierte „Valentinstag" wird heutzutage freilich nicht mehr auf seinen gnostischen Ursprung bezogen.

Im christlichen Abendland trat im Mittelalter die „Brautmystik" in Erscheinung: Christus als Seelenbräutigam, die menschliche Seele als Braut. Die Rollenverteilung der Geschlechter war eindeutig: Christus in der männlichen, die Seele in der weiblichen Rolle. Insofern erscheint es naheliegend, dass in der Mystik gerade Frauen prädisponiert waren, sich in ihrer *unio mystica* mit Christus zu vereinigen, wie es beispielsweise die Visionen der Hildegard von Bingen im 12. Jahrhundert offenbarten. Vielfach wurden die spirituellen Erlebnisse der *unio mystica* mit erotischen Farben ausgemalt. Sie drückten eine allumfassende, grenzenlose „Liebe" aus, die im Gefühlsleben keine scharfe Trennung zwischen abstrakter und konkreter, geistiger und körperlicher Vereinigung zuließ. Hildegard von Bingen habe, so heißt es in ihrer Lebensbeschreibung der Mönche Gottfried und Theoderich, ihr mystisches Erleben als eine „Heimsuchung" empfunden, dass nämlich „ihr geliebter himmlischer Bräutigam Jesus Christus wirklich seine Hand – d. h. die Wirksamkeit und Eingebung des heiligen Geistes – durch die Öffnung – d. h. durch seine geheime Gnade – gereicht hatte und daß ihr Leib – nämlich ihr Herz – erbebte bei seiner Berührung, das heißt, beim Eingießen seiner Gnade, wegen der ungewöhnlichen Kraft des Geistes [...], die sie innerlich spürte."[1] Von solchen Verschmelzungserlebnissen berichtete Hildegard mehrfach. Deren erotische Qualität war offenbar nicht vom Alter der Seherin abhängig. Auch noch mit etwa 70 Jahren, während einer weiteren Krankheitsperiode, sei „die Braut Christi einer Heimsuchung von oben" gewürdigt worden: „Der Schönste und Innigstgeliebte erschien mir in einer wah-

---

[1] Adelgundis Führkötter (Hg.): Das Leben der heiligen Hildegard von Bingen. Ein Bericht aus dem 12. Jahrhundert verfasst von den Mönchen Gottfried und Theoderich. Düsseldorf: Patmos, 1968: S. 67, 117.

ren Schau. Er erfüllte mich mit solch starkem Trost, daß mein Innerstes bei seinem Anblick wie ein Balsamduft durchströmt wurde. Da jubelte ich vor großer, unermesslicher Freude und wünschte sehnlichst, ihn immer anzuschauen."

Die spanische Mystikerin Teresa von Avila schilderte in ihrem Hauptwerk „Die innere Burg" (El castillo interior) – in manchen deutschen Übersetzungen auch mit „Seelenburg" betitelt –, das 1577 niedergeschrieben wurde, ihre Erfahrungen der Innenschau. Die Seele erschien ihr als eine Burg, vergleichbar einem Diamanten mit vielen Wohnungen, in dessen Mitte sich der von unbeschreiblichem Licht durchflutete Palast des Königs befindet. Die Seele gleiche einer Sonne, wobei es unklar bleibe, ob sie im Körper oder außerhalb sei: „Oft habe ich gedacht, ob es nicht so ist wie bei der Sonne. Sie steht am Himmel, ihre Strahlen aber haben eine solche Kraft, daß sie schnell herab zur Erde dringen, ohne daß die Sonne sich von ihrem Platze rührt. Die Seele und der Geist sind ein und dasselbe, genau wie die Sonne und ihre Strahlen. Kann da nicht, während sie an ihrem Platz verweilt, mit der Kraft der Wärme, die sie von der wahren Sonne der Gerechtigkeit empfängt, irgendein höherer Teil über sich selbst hinausdringen? Aber ich weiß nicht, was ich sage. Wahr ist auf jeden Fall, daß so geschwind, wie eine Kugel die Büchse verläßt, wenn man Feuer gibt, im Innern der Seele etwas auffliegt – ich kann es nicht anders nennnen; denn obwohl es ganz lautlos geschieht, läßt es doch so deutlich eine Bewegung entstehen, daß es keineswegs eine Einbildung sein kann. Und wenn sie ganz außer sich ist – soweit sie das zu begreifen vermag –, zeigen sich ihr große Dinge."[1] Das Geschaute sei als Brautgeschenk zu betrachten: „Dies sind die Kleinode, die der Bräutigam seiner Braut zu schenken beginnt, und sie sind von so hohem Wert, daß die Braut sie mit Sorgfalt bewahrt."

Die Brautmystik war für Teresa von größter Wichtigkeit. Dabei unterschied sie zwei Stufen der Vereinigung, die eine unterschiedliche Intensität anzeigten:

---

[1] Teresa von Avila: Die innere Burg. Hg. und übers von Fritz Vogelsang. Stuttgart: Goverts, 1966: S.144 f.

die „geistige Verlobung" und die „mystische Vermählung".[1] Erstere ist eine Liebesvereinigung, bei der die beiden Partner sich wieder voneinander lösen können, Letztere eine, bei der es zu einer unauflösbaren Vermischung kommt. Die Verlobung gleiche der „innigen Vereinigung zweier Wachskerzen", sodass ihr Licht nur *ein* Licht bilde, beide Kerzen könnten jedoch wieder voneinander getrennt werden. „Bei der mystischen Vermählung aber ist es, wie wenn Wasser vom Himmel in einen Fluss oder einen Brunnen fällt, wo die beiden Wasser so eins werden, daß sie nicht mehr voneinander geschieden werden können."[2] Die Evidenz der göttlichen Gnade werde „durch ein gewisses geheimes Anhauchen deutlich, daß Gott es ist, der unserer Seele das Leben gibt". Es ist bemerkenswert, dass Gott auch mit weiblichen Eigenschaften der *Natura* gedacht wurde, die Teresa freilich nicht explizit nannte: „Denn von jenen göttlichen Brüsten, an denen Gott die Seele ständig zu nähren scheint, kommen Strahlen von Milch hervor, die alle Bewohner der Burg stärken." So sei einer im Innern der Seele, der „diese Pfeile entsendet und Leben spendet."

Teresa benutzte die Metapher des Spiegels, um die Selbsterkenntnis in der Gottesschau zu verdeutlichen. Der Spiegel erschien ihr als die eigene Seele, in der das Urbild Gottes „eingegraben" sei. In einer Vision sah sie ihre Seele „ins Innere entrückt", als einen klaren Spiegel mit Christus in der Mitte: „In allen Teilen meiner Seele erschien er mir so deutlich wie in einem Spiegel." Wenn die Seele in Todsünde verharre, überziehe dichtester Nebel diesen Spiegel, „so daß er den Herren nicht gewahren noch darstellen kann". Dies erinnert an die theosophische Illustration des Alchemisten und Merkantilisten Johann Joachim Becher. Auf dem Titelkupfer seiner *„Psychosophia"* tritt die Seele in Menschengestalt vermittels göttlicher Strahlen aus dem Spiegel heraus. (**Abb. 24**) In der Legende heißt es: „Der Spiegel deut't die Seel / wann Gott dieselb

---

[1] Teresa von Avila: Wege zum Inneren Gebet. Texte von Teresa von Avila. Ausgewählt und übertragen von Irene Behn. Einsiedeln; Zürich; Köln: Benziger, 1968 (Licht vom Licht; 3. Folge; Bd. 5): S. 206-214.

[2] Teresa von Avila: Die Seelenburg der heiligen Theresia von Jesu. Mit einem Anhang: Gedanken über die Liebe Gottes / Rufe der Seele zu gott / Kleinere Schriften. Übers. und bearb. Von P. Aloysius Alkofer. München: Kösel-Pustet, 1938 (Sämtliche Schriften der hl. Theresia von Jesu; 5. Bd.): S. 209 f.

bestrahlet / So sieht der Mensch darin sich selbsten abgemahlet / Wann aber die Vernunfft die Seel bestrahlen will / so ist es mißlich / und steht öffters gäntzlich still." Becher verstand die Philosophie als Dienerin der Theosophie: „die Philosophe lehret den Menschen seinen Verstand zu gebrauchen / die Theosophie leitet ihn zu göttlichen Dingen."[1] Die Spiegelmetaphorik spielt in der Ideengeschichte der natürlichen Magie – bis hin zu ihren Ausläufern in Mesmerismus und Psychoanalyse – eine beachtliche Rolle.[2]

Freilich gibt es auch Beispiele, in denen der Bräutigam von Mystikerinnen als weibliche Gestalt imaginiert wurde. So begegnete der englischen Mystikerin Jane Lead in ihren Visionen eine Frauengestalt, nämlich die *„Sophia"* (siehe unten). Diese religiöse Brautmystik hat ein Analogon in der Naturphilosophie: nämlich *Natura* als leuchtende Leitfigur, die zwar in Frauengestalt erschien, aber zugleich die Rolle des Bräutigams übernahm, während sich der Naturforscher in der Rolle der empfangenden Braut befand. Die Dialektik von Bräutigam und Braut war höchst komplex und sprengte die einfache Aufteilung in fixierte Geschlechterrollen. Denn der Naturforscher war zugleich auch in gewisser Weise Bräutigam, der um die Braut *Natura* warb, um sich mit ihr zu vereinen. Die Naturmystik war ein Schlüsselelement der Wissenschaftsgeschichte und insbesondere in der Geschichte der wissenschaftlichen Entdeckungen. Das komplizierte Geschlechterverhältnis war schwer zu durchschauen und blieb letztlich „numinos". Der Mensch, der sich in Naturforschung und Naturphilosophie auf das Verhältnis Gott-*Natura* und im religiösen Leben auf das Verhältnis Christus-Maria einzustellen hatte, war mit dem Geheimnis der Urzeugung und der Gegenwart Gottes in der (menschlichen) Natur konfrontiert.

In der Naturmystik, die kaum von der religiösen Mystik abzugrenzen ist, erschienen die Geschlechterrollen häufig konfus, und es ist zweifelhaft, ob hier

---

[1] Johann Joachim Becher: Psychosophia Oder Seelen-Weißheit / wie nemlich ein jeder Mensch aus Betrachtung seiner Seelen selbst allein alle Wissenschafft und Weißheit gründlich und beständig erlangen könne. Zweyte Edition. Hamburg: Liebezeit, 1705: S. A3 [Vorrede].

[2] Heinz Schott: Auf den Spuren der Romantik, Magie und Alchemie. Zum 150. Geburtstag von Sigmund Freud. Deutsches Ärzteblatt 103 (2006), S. A-2152-2156.

die moderne Begrifflichkeit der Sexualität wie Homo- oder Heterosexualität weiterhilft. So überstieg Goethes Anbetung der „Gott-Natur" die Geschlechterdifferenz, da männliche und weibliche Anteile miteinander verschmolzen sind, wie dies in seinem Gedicht „Ganymed" zum Ausdruck kommt:

> „Wie im Morgenglanze
> Du rings mich anglühst,
> Frühling, Geliebter!
> Mit tausendfacher Liebeswonne
> Sich an mein Herz drängt
> Deiner ewigen Wärme
> Heilig Gefühl,
> Unendliche Schöne!
> Dass ich dich fassen möcht
> In diesen Arm!"[1]

Der Frühling wurde in der Volkskultur vielfach in Gestalt eines schönen Jünglings gefeiert. Friedrich Schillers Gedicht griff auf dieses Erbe zurück:

> „Willkommen, schöner Jüngling!
> Du Wonne der Natur!
> Mit deinem Blumenkörbchen
> Willkommen auf der Flur!"[2]

Die Naturmystik hat von jeher den Frühling und in Sonderheit den „Wonnemonat" Mai als eine Zeit der geschlechtlichen Verschmelzung verehrt, die immer wieder von Neuem in der großen Welt der Natur ebenso wie in der kleinen Welt des Menschen vollzogen wird. Joseph Görres brachte dies in folgendem Satz zum Ausdruck: „Ein jeder Frühling ist neue Feier der großen Vereinigung der männlichen und weiblichen Natur."[3]

---

[1] http://gutenberg.spiegel.de/buch/johann-wolfgang-goethe-gedichte-3670/95 (10.03.2016)

[2] Friedrich Schiller: Gedichte. Stuttgart und Tübingen: Cotta, 1854: S. 40.

[3] Joesph Görres: Mythengeschichte der asiatischen Welt. 1. Bd.: Hinterasiatische Mythen. Heidelberg 1810: S. 25.

Ein Autor des 20. Jahrhunderts sollte in diesem Zusammenhang noch erwähnt werden. Der französische Archivar Georges Bataille setzte sich intensiv mit dem Verhältnis von Wollust und Enthusiasmus auseinander, zwischen animalischer Sinnlichkeit und dem „heiligen Eros". Sein gleichnamiges Werk (unter dem französischen Originaltitel „L'Érotisme") widmete er dem Ethnologen Michel Leiris, der die „Erotik als eine mit dem Leben verbundene Erfahrung" betrachtet habe, eben „nicht als Objekt der Wissenschaft, sondern der Leidenschaft, und tiefer noch, der poetischen Versenkung."[1] Von der Erotik könne man sagen, so Bataille, „daß sie die Zustimmung zum Leben bis in den Tod hinein ist." Er unterschied drei Formen: die Erotik der Körper, die der Herzen und die heilige Erotik. Immer gehe es dabei um die Vereinigung des Wesens, „seine Diskontinuität durch ein Gefühl tiefer Kontinuität zu ersetzen." Diese Suche nach Kontinuität des Seins sei wesentlich ein religiöses Unterfangen, wie er in der Abhandlung „Heiligkeit, Erotik und Einsamkeit" darlegte, die eine Vorlesung am „Collège philosophique" im Mai 1955 dokumentiert.

Im Abendland „verschmilzt die heilige Erotik mit Gottes-Suche, genauer: mit der Gottes-Liebe, doch verfolgt der Orient einen ähnlichen Weg, ohne unbedingt die Vorstellung eines Gottes einzubeziehen." In dem Bildband „Die Tränen des Eros" (Les Larmes d'Éros) stellte Battaille das Wissen vom Tod als wichtigstes Kriterium der Erotik heraus, die insofern nur dem Menschen erfahrbar sei. Dieser „Todessinn der Erotik" war Batailles besonderes Anliegen, gerade auch im Hinblick auf den „kleinen Tod" genannten Orgasmus.[2] Doch im Unterschied zur Brautmystik erschien bei Bataille offenbar nicht das (neue) Leben als Ziel der unio mystica. Vielmehr begriff er den „kleinen Tod" als „Vorgeschmack des endgültigen Todes", was nur „Bestürzung" hervorrufen könne. Dies belegte er am „ekstatischen Gesichtsausdruck" eines chinesischen Folteropfers, das auf einem Foto von 1905 zu sehen ist (was einen an Kafkas Erzäh-

---

[1] Georges Bataille: Der heilige Eros. Neuwied; Berlin-Spandau: Luchterhand, 1963 [franz. Originalausg. 1957]. Bataille [1957], 1963, S. 9, 11, 17, 329-346, 18.

[2] Georg Bataille: Die Tränen des Eros. Mit einer Einführung von Lo Duca und unveröffentlichen Briefen Batailles. München: Matthes & Seitz, 1981 [franz. Originalausg. 1961]: S. 36 f., 23, 245, 247.

lung „In der Strafkolonie" erinnert). So ergebe sich in der (sadistischen) Erotik letzten Endes die „Identität des Grauenerregenden und des Religiösen". Doch die Fixierung des Eros an das Grundmuster des Sadomasochismus und das damit verbundene (ekstatische) Erleben von Tod, Schrecken und Gewalt machte Bataille und seine Anhänger blind für die Idee einer heilsamen, verschmelzenden Erotik, die als Liebeskunst sowohl dem „kleinen" als auch dem „endgültigen Tod" *Paroli* bieten wollte und konnte. In ähnliche Richtung wie Bataille zielt auch die Auffassung des Stierkampfs (*fiesta de toros*) als ein religiöses Mysterium, das eine heilige Hochzeit darstelle, nämlich die Opferung eines Gottes (Stier) durch einen Priester (*matador*).[1]

Sulamith, Sophia und die Brautmystik

Das Hohelied Salomos, der Gesang der Gesänge (*Canticus canticorum*), ist ein vieldeutiger Lehrtext im Alten Testament, der wegen seiner erotischen Fülle im Laufe der Zeiten bis zum heutigen Tag recht unterschiedliche Interpretationen erfahren hat. Es handelt sich um Liebeslieder, Wechselgesänge von Braut und Bräutigam, wobei die Braut noch stärker als der Bräutigam zu Wort kommt, nachfolgendem Musterbeispiel in der Übersetzung von Martin Buber:

> „- Da, schön bist du, meine Freundin,
> da, schön bist du, deine Augen sind Tauben.
> - Da, schön bist du, mein Minner, gar hold,
> - Frisch gar ist unser Bett,
> das Gebälk unsres Hauses sind Zedern,
> unsre Sparren sind Wacholder."[2]

Die sinnliche Erotik ist ein hervorstechendes Merkmal des Hoheliedes.[3] Im Allgemeinen wurde sie als symbolische Darstellung der mystischen Liebesvereinigung von Göttlichem und Menschlichem interpretiert: In jüdischer Traditi-

---

[1] Rainer Bischof: Heilige Hochzeit. Kulturgeschichte der Fiesta de Toros. Wien; Köln; Weimar: Böhlau, 2006: S. 31 f.

[2] http://kabbala-info.net/deutsch/songofsongs.htm (14.03.2012).

[3] Carey Ellen Walsh: Exquisite Desire. Religion, Erotic, and the Song of Songs. Minneapolis, MN: Augsburg Fortress Publ., 2000.

on wurde der Bräutigam mit Gott und die Braut mit dem Volk Israel identifiziert, in christlicher Überlieferung erschien zumeist Christus als Bräutigam und
die Kirche, die Einzelseele oder auch Maria als Braut. In einer Reihe von Blockbüchern aus dem 15. Jahrhundert wird der liebevolle Umgang von Bräutigam
und Braut in einzelnen Szenen dargestellt, wie beispielsweise in einem Block-
buch aus den Niederlanden um 1465. (**Abb. 25**) Auf dem oberen Bild sieht
man das königliche Brautpaar auf dem Weg zum fruchtbaren Garten, auf dem
unteren erscheint die Braut von einem Flammenkranz umhüllt im Zustand
einer Levitation als Ausdruck höchster Liebesvereinigung.

Die christliche „Brautmystik" wird im Neuen Testament im Gleichnis von den
klugen und törichten Jungfrauen beschrieben. Während die törichten Jungfrauen, die kein Öl mitgenommen hatten, noch unterwegs waren, um solches
zu kaufen, „kam der Bräutigam; die Jungfrauen, die bereit waren, gingen mit
ihm in den Hochzeitssaal und die Tür wurde zugeschlossen." [1] Es sei hier nur
angemerkt, dass der umstrittene Psychoanalytiker und Sexualforscher Wilhelm Reich Christus als eine sexuell befreite Lichtgestalt ansah, der zu unterscheiden wusste „zwischen Frauen, die sich bei der Umarmung ganz hingeben
können und jenen, die die Fähigkeit dazu verloren hatten, die in ihren Liebes-
organen ausgetrocknet waren und deshalb riefen: ‚ Herr, Herr, tu uns auf!'" [2]
Diese einzigartige sexistische Christusdeutung ist im Kontext der „sexuellen
Revolution" im 20. Jahrhundert zu sehen (siehe Kapitel 3).

Die spiritualistische „Lehre vom Seelenbräutigam" hatte im Kulturleben der
frühen Neuzeit einen hohen Stellenwert. [3] Irdische Hochzeiten dienten in er-
baulichen Predigten als Muster der Himmlischen Hochzeit. Hochzeitspredigten
legen davon beredtes Zeugnis ab. So predigte Johann Hesselbach, „Pfarrherr
zu Köstendorff inn Ertzstifft Saltzburg", über die Hochzeit von Kanaan als vor-

---

[1] Matthäus 25,1-13.

[2] Wilhelm Reich: Christusmord. Olten; Freiburg im Breisgau: Walter-Verl., 1978: S. 277.

[3] Annemarie Leibbrand-Wettley / Werner Leibbrand: Formen des Eros. Kultur- und Geistesgeschichte der Liebe. Bd. I: Vom antiken Mythos bis zum Hexenglauben. Freiburg; München:
Alber, 1972: S. 111-127.

nehmste aller Hochzeiten. Maria sei „oben angesetzet" worden, um zu zeigen, dass Christus, obwohl der Herr, seine Mutter gleichwohl geehrt habe, „also wird sie auch jetzund bey dem Himmlischen Hochzeitlichen Frewden-Mahl von allen hochzeitlichen Gästen / von Engeln so wol als von andern *respectiert* und hochgehalten." [1] Christus erscheint als der „himmlische Bräutigam", der „seiner Braut der triumphirenten Kirchen" im Himmel ein „Frewdenmahl" zubereitet habe. Diesem Thema widmete der „Pfarrherr" eine ganze Predigt. Die Hochzeit erschien ihm umso glanzvoller, je höher sie angesiedelt war. Die Königshochzeit – paradigmatisch die Hochzeit von König Alexander mit Cleopatra in Ptolemaida – war selbstverständlich gegenüber der Hochzeit normal Sterblicher glanzvoll: „Aber die Himmlische Hochzeit wird mit viel grösserer Herrligkeit [sic] gehalten." Allerdings vertrat Hesselbach eine klare Position: Der Mann sei der Frau überlegen, deshalb habe diese sich unterzuordnen: „Und sollen auch die weiber ihren Männern underthon seyn / wie dem Herren. Dann der Mann ist deß Weibes Haupt / wie Christus deß [sic] Haupt ist seiner Kirchen."

Ein weiteres Beispiel aus derselben Zeit lieferte der österreichische Pfarrer Simon Huebmann, der in Tragöß im Lamingtal (nördlich von Graz) wirkte und erbauliche Schriften mit einschlägigen Titeln verfasste, so etwa „Geistliche Vermählung der Seelen, mit Christo ihrem Gespons" (1662) oder „Geistliches Bräut-Bethlein" (1669). Die Vermählung wird auf dem Frontispiz der erstgenannten Schrift eindringlich vor Augen geführt. (**Abb. 26**) Gottvater schwebt über den Wolken, darunter schwebt Christus mit Kreuz auf der linken und *„Filia"* als Abbild der Seele auf der rechten Seite, die im Text als „Tochter und Kind Gottes" sowie als „Schwester und Braut Christi" bezeichnet wird. [2] In der Mitte erscheint der Heilige Geist als Taube, darunter kniet eine betende Ge-

---

[1] Johann Hesselbach: Epithalamia. Das ist: Hochzeit-Predigen von dem Anfang und Ursprung deß Ehestands. Saltzburg: Maryr, 1663: S. 300, 408-427, 72.

[2] Simon Huebmann: Geistliche Vermählung der Seelen, mit christo ihrem Gespons: kurtze Unterrichtung des gantzen Fundaments der wahren Vereinigung mit Gott: durch welche ein liebende Seel mit Christo ihrem Heyland vermählet wird […], Salzburg: Mayr, 1662: Dedicatio [4], S. 287 f.

stalt auf dem Felsen des Glaubens. Rechts schwingt der Erzengel Michael als Bezwinger Satans das Flammenschwert. Die Spruchtafeln auf der linken Seite zitieren die Bibel (Hosea 2,18) und den Heiligen Augustinus und wurden vom Autor folgendermaßen übersetzt: „Ich will mich dir Ewiglich vermählen" und „Ein jegliche Seel ist entweder Christi Braut; oder des Teuffels Anhang". Sicher ging es diesem Pfarrer nicht um Visionen oder mystische Ekstasen. Vielmehr wollte er seine Mitmenschen zu frommem Leben ermahnen und ihnen vor allem das Gebet als *„VOTUM Ad JESUM Sponsum animae"* ans Herz legen: „Daß du [Hoch-Adeliche Seel] dich deinem Himmlischen Bräutigamb in der Lieb ein getrewe Braut erhältest / und dich Ihme allzeit wollgefällig darstellest". Das „Gebett" am Ende des Buchs richtet sich noch einmal an „JESU / du Liebhaber unnd Eyfferer unserer Seelen".

Wenige Jahre später veröffentlichte Huebmann die Schrift „Geistliches Bräut-Bethlein", deren Frontispiz in Anlehnung an das Hohelied Salomos (*„En Lectulum Salomonis"*) in einem mit Rosen bekränzten Herzen das Schmücken des Hochzeitsbetts durch das Brautpaar darstellt. (**Abb. 27**) Darüber sieht man Gottvater und den Heiligen Geist als Taube. Das Brautpaar (die Seele und Christus) sehen recht irdisch und menschlich aus und unterstreichen den sinnlichen Charakter der „Vermählung". Ein solches Himmelbett wurde Ende des 18. Jahrhunderts mit den neuesten technischen Innovationen als reale Begattungsstätte von dem umstrittenen schottischen Heiler James Graham konstruiert und als sogenanntes *celestial bed* in Gebrauch genommen (siehe unten). Die Definition Huebmanns war gemäß der Überschrift des ersten Kapitels eindeutig: „Das Bräut-Bethlein ist die völlige Vereinigung der Seelen mit JESu dem Geliebten: Diese gibt dem Geliebten und der Geliebten die liebliche Ruhe."[1] Die in heutigen Ohren schwülstig klingende Metaphorik vom „Braut-Bettlein" in der „Schlaff-Kammer unsers Hertzens" beschwor immer wieder, dass Jesus ein solches haben wolle, „daß die Seel alß die geliebte Braut in selbiger [sic] zugleich mit ihme die liebliche Ruhe nehme". Es gehe um eine

---

[1] Simon Huebmann: Geistliches Bräut-Bethlein, mit Blumen bestreut : auffgerichtet und bestellet durch drey mit Jesu dem Geliebten Vereinigungen [...]. Salzburg: Mayr, 1669: S. 10-23.

„kleines Bethlein" (*Lectulus*) und nicht um ein „grosses Beth" (*Lectus*), da Jesus „mit seiner Kleinheit unserer Seelen Bräutigamb worden ist", uns als Kind geboren wurde.

Ein weiteres Beispiel dieser „Brautmystik" im Hochbarock präsentiert die „kabbalistische Lehrtafel" der Prinzession Antonia von Württemberg, die von dem Stuttgarter Hofmaler Johann Friedrich Gruber zwischen 1659 und 1662 gemalt und 1673 eingeweiht wurde. [1] Sie ist bis heute in der Dreifaltigkeitskirche von Bad Teinach zu besichtigen und unterstreicht die Brautmystik eindrucksvoll mit einem dreistrophigen Begleittext. Die Tafel stellt ein aufklappbares Triptychon dar, dessen Frontbild (im zugeklappten Zustand) den Hochzeitszug von Frauen zeigt, der von der Erde bis zum Himmel reicht. (**Abb. 28**) Über den Wolken erscheint Jesus und setzt der den Zug anführenden Braut eine goldene Krone aufs Haupt. „Musizierende Engel und der Text auf einem Spruchband identifizieren das Geschehen eindeutig als chymische Hochzeit mit Jesus als Bräutigam, der gläubigen Seele als Braut und der Gemeinschaft der Frommen als Zuschauer und Nachahmer." [2] Die Braut ist erkennbar die Prinzessin selbst! Auf den Spruchbändern sind drei Strophen des Sindelfinger Pfarrers Johann Laurentius Schmidlin zu lesen:

> „Christus:
> Auf, Seele, vermähle dich ewig mit mir,
> nimm, Schöne, die Krone, die himmlische Zier.
> Tod, Teufel und Höllenmacht hab' ich bezwungen,
> unendliche Freuden durch Leiden errungen.

> Braut:
> Nur wertester JESU, du warest mein' Lust,
> auch außer dir war mir kein Freud' bewußt.

---

[1] http://de.wikipedia.org/wiki/Kabbalistische_Lehrtafel (10.03.2016).

[2] Johanna Schauer: Jüdische Kabbala und christlicher Glaube. Die Lehrtafel der Prinzessin Antonia zu Württemberg in Bad Teinach. Freiburger Rundbrief. Zeitschrift für christlich-jüdische Begegnung. Neue Folge (13) 2006, S. 242 Schauer, 2006.

Ich liebte dich herzlich im Glauben ohn' Sehen:
für Hoffen steht offen, in Himmel zu gehen.

Engel:
Willkommen, ihr Frommen, kommt alle zugleich,
zu leben und schweben, im seligen Reich,
Helf' preisen DEN DREIMAL HOCHHEILIGEN NAMEN,
DAS A UND DAS O, singt HALLELUJA mit AMEN!"[1]

Die Szene ist im Hinblick auf das Motiv der „Heiligen Hochzeit" typischerweise vieldeutig: Die Braut kann die Seele, die Kirche, Maria oder – im Sinne des Hoheliedes (*canticus canticorum*) – Sulamith bedeuten, wie ja überhaupt die drei oben wiedergegebenen Strophen an den erotischen Wechselgesang des *canticus canticorum* erinnern. Solche Assoziationen waren den sogenannten Nazarenern um 1800 noch geläufig, wie das 1811 entstandene Gemälde des romantischen Malers Franz Pforr „Maria und Sulamith" erkennen lässt, auf dem beide Frauen in verschiedenen Zimmern auf demselben Stockwerk nebeneinander erscheinen.[2]

Auf die christliche Brautmystik sind wir bereits andernorts eingegangen, etwa auf die von der englischen Mystikerin Jane Leade geschilderte *unio mystica* mit *Sophia* (siehe Kapitel 4). Jakob Böhme, dessen Werk die von ihr mitgegründete theosophische *„Philadelphia Society"* wesentlich beeinflusste, begriff *Sophia* als Heilige Jungfrau, „darum daß sie ist Zucht und Reinigkeit GOttes, und keine Begierde hinter sich zum Feuer führet, sondern ihre Lust gehet vor sich mit der Offenbarung der Gottheit".[3] Böhme ging ausführlich auf die Ehe der „Feuer-Seele" mit *Sophia* ein, die er mit der Feuer- und Lichtsymbolik eindrücklich veranschaulichte: „Die Feuer-Seele muß im Feuer GOttes bestehen und also

---

[1] http://pamela2051.tripod.com/ (10.03.2016).

[2] http://de.wikipedia.org/wiki/Sulamith (10.03.2016).

[3] Jakob Böhme: Sämtliche Schriften der Ausgabe von 1730 in elf Bänden. Faksimile-Neudruck […]. Hg. von Will-Erich Peuckert. Stuttgart-Bad Cannstatt: Frommann-Holzboog, 1960, Bd. 5: S. 115.

lauter seyn als das reine Gold, denn sie ist der Mann der Edlen Sophiae, aus des Weibes Samen, sie ist des Feuers Tinctur, und Sophia des Lichts Tinctur: So die Tinctur des Feuers gantz rein ist, so wird ihr Sophia in sie eingegeben, so bekommt Adam seine alleredelste Braut, die ihm in seinem ersten Schlaf genommen ward, wieder in seine Arme".[1] *Sophia* verharre aber nicht ständig bei der Seele, „sondern wenn sie besucht also ihren Bräutigam zu zeiten einmal, wann er ihr auch begehret".[2] Böhme beschrieb eine interessante Willens- übung, eine bewusste Lenkung der Imagination – weg von irdischen Frauen hin zur himmlischen Jungfrau. Man solle nicht mehr in die irdische Sucht Adams imaginieren, vielmehr komme es darauf an, „daß wir nun unsern be- gehrenden Willen wieder in die himmlische Jungfrau setzen, und unsere Lust darein führen: so geht unsere Bildniß aus der irdischen Frauen aus und empfä- het jungfräuliche Essentz und Eigenschaft, darinn GOtt wohnet, da der Seelen Bildniß mag wieder das Angesicht GOttes erreichen."[3] Das *gender*-Verhältnis in der Begegnung von Seele als Bräutigam und *Sophia* als Braut kann sich auch umkehren, insofern Christus mit *Sophia* verschmilzt und nun als Bräutigam der Seelenbraut erscheint. Denn *Sophia* stehe „mit ihrem Gemahl Christo in der Ehe, da Christus und Jungfrau Sophia nur Eine Person sind, als die wahre männliche Jungfrau Gottes, welche Adam vor seiner Heva [sic] war, da war er Mann und Weib, und doch er keines war, sondern eine Jungfrau GOttes".[4] Diese Brautmystik war zwar höchst komplex, aber durchaus sinnlich, ging es doch im Kern um „Liebes-Lust". Allerdings werde diese nur den Eingeweihten spürbar, „so bey und in der Hochzeit des Lammes gewesen", nämlich „wie gar schöne die Braut ihren Bräutigam in seiner hellen klaren Feuers-Eigenschaft annehme, wie sie ihm ihren Liebes-Kuß gebe."[5]

---

[1] Böhme, 1730 [Sämtliche Schriften], Bd. 11, S. 339.

[2] Böhme, 1730 [Sämtliche Schriften], Bd. 2, S. 150.

[3] Böhme, 1730 [Sämtliche Schriften1], Bd. 4, S. 91.

[4] Böhme, 1730 [Sämtliche Schriften], Bd. 8, S. 525.

[5] Böhme, 1730 [Sämtliche Schriften], Bd. 7, S. 191.

Der französische Religionswissenschaftler Antoine Faivre hat diese sinnliche Beziehung zu *Sophia* in der christlichen Theosophie untersucht, worauf im Folgenden Bezug genommen wird.[1] Er stellte zwei verschiedene Sichtweisen heraus: In der ersten erscheine *Sophia* lediglich als Personifikation von Christus oder dem Heiligen Geist, in der zweiten sei sie aber eine „reale Person", die als vierte Person die Trinität zur Quaternität ergänze. Der deutsche Arzt und Alchemist Heinrich Khunrath, der sich auch mit dem Hohelied Salomos auseinandersetzte, nahm *Sophia* als reale Person wahr, ohne in einen sinnlichen Kontakt mit ihr zu gelangen. Ein anderes Verhältnis zu ihr hatte Jakob Böhme, wie wir soeben gesehen haben. Der Lutheraner Johann Georg Gichtel wäre als Promotor der Theosophie besonders zu erwähnen. Er gab 1682 „Alle Theosophischen Schrifften" von Jakob Böhme heraus, seine Briefe wurden erstmals 1701 ediert und in späteren Auflagen unter dem markanten Titel *„Theosophia practica"* bekannt. Für Gichtel war *Sophia*, wie Antoine Faivre herausstellte, fundamentaler als Maria, da sie sich selbst in deren jungfräuliche Tinktur eröffnet habe. Sie habe sich mit der Menschheit, die sie nach dem Sündenfall verloren habe, von Neuem vermählt und sei zum spirituellen Körper eines wiedergeborenen Christen geworden. Was eine Frau für einen Mann bedeute, bedeute sie für unsere Seelen. Wir Menschen sollten nur unsere „Imagination" auf sie lenken, ihr uns ganz anvertrauen, dann würde sie uns in ihre Arme nehmen und küssen: „setzet im Gebät eure Imagination in Sie, als in eure Haus-Frau, und ergebt euch in ihr Liebe-Regiment mit Leib, Seele und Geist".

Die Vereinigung beschrieb Gichtel ähnlich wie Böhme als ein blitzartig aufleuchtendes Ereignis, das in einer „Art von orgasmischer Freude" (*kind of orgasmic pleasure*), wie Faivre meinte, ende. Diese Liebesbeziehung erschien Gichtel als magisch-magnetischer Prozess: „es hat sich der Bräutigam in der Seelen offenbaret, und ist so feurig in uns verliebet, dass ich's mit Worten nicht aussprechen kan, und ziehet uns durch seinen Magneten so stark, dass wir ihm gern entgegen laufen wollen".[2] Solche Schilderungen entsprachen

[1] Antoine Faivre: Sensuous Relation with Sophia in Christian Theosophy. In: In: Hanegraaff / Kripal (Hg.), 2008 [Intercourse], S. 281-308.

[2] Zit. ebd., S. 299.

offenbar persönlichen Erfahrungen. So sei ihm, wie berichtet wird, an Weihnachten 1673 *Sophia* in Gestalt einer Jungfrau erschienen. Sie habe das Feuer seiner Seele umarmt und ihn „geheiratet". Keine Frau könne ihren Mann so liebevoll behandeln, wie *Sophia* dies mit Gichtels Seele getan habe. Es sei nicht angebracht, Näheres mitzuteilen, was sich im Hochzeitsbett abgespielt habe. Von da an habe sich *Sophia* nie mehr von Gichtel getrennt. Die sinnliche Erotik dieses Zusammengehens ist beeindruckend. Wer demütig von Herzen sei, „den umarmet und küsset sie, und führet ihn in ihre Braut-Kammer zur Schaulichkeit".[1] Die himmlische Jungfrau sei „weit inbrünstiger in unser Seelen-Feuer verliebt [...], als eine verliebte Braut in ihren Bräutigam".

Freilich konnten die Geschlechterrollen auch vertauscht werden, was in der theosophischen Literatur häufiger der Fall ist. *Sophia* konnte den Menschen (Mann) schwängern, so dass er „die grossen Gebuhrts-Schmerzen fühlet".[2] Sie spielte hier also die Rolle des zeugenden Vaters und der Mann die der gebärenden Mutter. Sie konnte aber auch die Rolle der Mutter übernehmen, wie Gichtel anmerkte: „[Sophia] gibt uns erst von ihrer lieben Mutter-Milch zu trinken, und machet unsere Seele feurig und inbrünstig". Diese keusche Liebe zu *Sophia* war verbunden mit einem tiefen Einblick in Himmel und Hölle und dem Wissen um verborgene Geheimnisse, wie es in der „Weisheit Salomos", einer apokryphen Schrift des Alten Testaments, geschildert wurde. Die Gichtelianer oder „Engelsbrüder" bildeten 1710 in den Niederlanden eine Sekte, die einen mit ekstatischen Gruppenerlebnissen einhergehenden *Sophia*-Kult entwickelte. Für Gichtel war *Sophia* so etwas wie eine Geistführerin, die ihn einmal sogar mit einem Haus „versorgete".

Die mehr oder weniger sinnliche Begegnung mit *Sophia* war auch Gegenstand anderer theosophischer Autoren. So veröffentlichte der pietistische Theologe Gottfried Arnold 1700 die Abhandlung „Das Geheimnis der Göttlichen Sophia", die auch eine Anthologie zu dieser Thematik umfasste. Die Küsse der *Sophia* seien so süß, dass sie uns alle anderen menschlichen Liebesbeziehungen ver-

---

[1] Zit. ebd., S. 287 [25. August 1699].

[2] Zit. ebd., S. 288 [17. Mai 1701].

gessen machten. Sie sei sowohl „eine jungfrau als ein bräutigam oder auch [...]
eine mutter".[1] Bezug nehmend auf das „1. Kapitel des Hohen-lieds Salomonis"
ruft Sophia aus: „ ich will mich übergeben / Zu deinem kuss der gantz jungfräu-
lich ist und rein, / Edler bräutigam wie ist mir / doch so wol in deiner ehe! /
Küsse mich doch für und für / Dass der ehe frucht auffgehe: / Wenn sich stärck
und sänfftigkeit / Menget nach besiegtem streit".

Ehe-Religion bei Theosophen und Pietisten

Die bereits erwähnte Theosophin und Mystikerin Jane Leade schilderte in
tagebuchartigen Aufzeichnungen ihre mystischen Erlebnisse nach dem Tod
ihres Mannes 1670. Sie wurden zwischen 1696 und 1701 in drei Teilen gleichzeitig auf Englisch und Deutsch publiziert, die letztere Ausgabe unter dem
Titel: „Ein Garten-Brunn gewässert durch die Ströhme der göttlichen Lustbarkeit" (Titel des ersten Teils). Sie verstand sich als „Braut Christi" und wird als
Visionärin mit Hildegard von Bingen verglichen. Leade gehörte zu einem Zirkel
um den anglikanischen Geistlichen John Pordage, der ein Böhme-Anhänger
war und die *Philadelphian Society* gründete. Ihre Visionen nehmen ihren Anfang von einer Begegnung mit der „Jungfrau Sophia" im April 1670. Während
sie noch über Salomon nachdachte, der „den edeln Stein der göttlichen Weißheit" finden wollte, „ob Sie ein von der Gottheit unterschieden Wesen wäre,
[...] überschattet mich eine helle Wolcke / und in Mitten derselben die Gestalt
eines Weibes aufs köstlichste mit durchscheinenden [sic] Golde geziert und
geschmückt. [...] Ihr Angesicht leuchtete für Glantz als ein hellblinckender
Krystall: Ihr Ansehen aber war lieblich und gütig." [2] Und *Sophia*, die „wahre /
natürliche Mutter", sprach sie an: „Sihe ich bin Gottes ewige Jungfrau der
Weißheit / die du gesucht hast! Ich bin nun zugegen / dir die Schätze der tieffen Weißheit Gottes zu entsiegeln / und dir eben das / was Rebecca ihrem
Sohne Jacob war / nemlich eine wahre / natürliche Mutter zu seyn: denn aus

---

[1] Zit ebd., S. 291.

[2] Jane Leade: Ein Garten-Brunn gewässert durch die Ströhme der göttlichen Lustbarkeit [...].
Ausgefertigt in drey Theilen. Theil 1. Amsterdam: Wetstein, 1667: S. 14-16, S. 151, 180 f., 184.

meinem Leibe und Behrmutter sollst du / auf Art eines Geistes / ausgeboren / empfangen und wiedergeboren werden."

Bei der nächsten Begegnung mit *Sophia* erhielt Jane Leade ein „güldenes Buch": „Als ich nun nach dreyen Tagen [der Einsamkeit] unter einem Baume saß / erschien mir eben dieselbe Gestalt in noch grösserer Glorie und Klarheit wiederum / mit einer Krone auf ihrem Haupte voller Majestät / mich mit diesen Worten anredende [sic]; Sihe mich als deine Mutter / und wisse / dass du einen Bund mit mir eingehen must / krafft dessen du denen neuen Schöpfungs-Gesetzen / die dir sollen geoffenbart werden / gehorchen sollst." Die Autorin erhielt daraufhin ein „güldenes Buch mit dreyen Siegeln beschlossen" und *Sophia* sagte: „Hierinne ligen die tieffen Wunder der Weißheit verborgen". Nach sechs Tagen erschien ihr *Sophia* wiederum „mit einem Gefolge Jungfräulicher Geister und mit einem Englischen Heere". Sie wurde gefragt, ob sie in „Jungfäuliche Gesellschaft" aufgenommen werden wolle. „Worauf ich antwortete / daß ich mich darzu aufzuopffern gantz willig befände: daher ich augenblicklich von dieser himmlischen Heerschar umgeben / und zu einem Liechtgeiste gemacht ward." Als sich *Sophia* mit ihrer Glorie zurückzog, erfüllte sie die Autorin mit einer inneren Glorie: „mein Hertz aber ward von einer inwendigen Glorie und Glantze erfüllet; so daß zu allen denselben himmlischen Wesen im Innersten meines Hertzens / eine inbrünstig brennende Liebe entzündet wurde."

Jane Leades *unio mystica*-Visionen griffen auf gängige naturphilosophische Metaphern zurück. So erlebte sie die Goldene Kette (*catena aurea*) als „Liebes-Kette": „Es wurde eine güldene Kette mit ihren Gliedern von der hohen Thron-*Sphaere* / darinnen JEsus im Reiche der Liebe regieret / hernidergelassen. Am Ende dieser Kette hing eine güldne Kugel / und die Stimme sprach. Halt dich fest hieran / dafern du zu Mir herauf kommen willst! [...] zumal solche [Kette] / die starcke Krafft der Macht ist / welche den Bräutigam und die Braut zusammenbringt." Leade spielte mit dem Begriff der „Welt-Meers-Liebe" auch auf die Vorstellung einer All-Flut, eines Äthers oder, wie es Mesmer etwa 100 Jahre später benennen wird, eines Fluidums an, wobei sie allerdings religiös argumentierte: Jesus, „welcher aus der grossen Welt-Meers-Liebe der unermäßlichen Gottheit wircklich in dich einfliesset / damit er dich wieder zurück zum Ursprungs- oder Haupt-Quelle bringe / darinne du Gott den Heiligen Geist zu erkennen gelangen magst / indem er dich / als das Gewässer dem Meere thut / überschwemmen und bedecken wird". Dem entsprach die nächtliche Vision einer „Liechts-Kugel", die sich „wo ich mich immer hinwandte / mit mir fortbewegte / und eine gar herrlich und hellscheinend Liechte / als ein Stern in einer tunckeln oder wolckichten Nacht / von sich gab."

In einer anderen Vision erkannte Leade den „Spiegel der Weisheit", der sich in Licht- und Feuererscheinungen offenbarte. Sie sah nämlich „in Gestalt eines Liechtes zwey grosse feurige Räder mit noch zweyen Kleinern / die sich durch dieselben bewegten / und unablässig / als ein Uhrwerck umlieffen; weil sie ihre Bewegungs-Unruh hatten / und von daraus begunte das kristallinene Wesen zu erscheinen und offenbar zu werden; Von welchem durchleuchtigen Wesen dasjenige / so der Weißheit Spiegel genannt ist / gemacht wird."[1]Der Autorin wurde offenbart, was das zu bedeuten hatte: Zwei große Räder seien die ewige ausfließende Gottheit, die zwei kleineren wären „unser eigener ewiger Geist" und die „kristallinene reine Leiblichkeit". Doch auch das eigene Herz solle „Liebesfluthen" aussenden, die auf Christus, den Bräutigam, zu richten seien. Dabei solle die „Jungfräuliche Reinigkeit" bewahrt werden, „Daß wir nemlich einig und allein die Braut des Lamms seyn wollten. [...] Daß wir [...] allein auf die Heimholung dieses unsers verlobten Ehegemahls gedencken: unsere brennende Liebsfluthen auch ohne Unterlaß ausschicken / Ihn dardurch ins innere verborgne *Centrum* unserer Hertzen einzuziehen."

Leade hatte auch eine Himmelsleiter, „des Herrn Christi Auffarths-Leiter", vor Augen, die aus einer sich zerteilenden himmlischen Wolke niedergelassen würde, um uns den Weg zu Auferstehung und Himmelfahrt zu weisen. Sie verfasste den betreffenden Traktat als „Dienerin und Freundin meines HErrn und himmlischen Bräutigams", wie sie in der Vorrede hervorhob.[2] Sie be-

---

[1] Jane Leade: Des Garten-Brunns Andrer Theil [= Theil 2]. Amsterdam: Wetstein, 1667: S. 243 f., 375 f.

[2] Jane Leade: Die Nun brechende und sich zertheilende Himmlische Wolcke. So wol auch des Herrn Christi Auffahrths-Leiter. Hernieder gelassen / Den Weg zu zeigen und anzuweisen / wie

schrieb die Auferstehung, die dem „geistlich oder mystischen Tod" folge und ein „tieff Geheimnus" offenbare: „Gott's gloriosen Leib ihr sämtlich an-solt-schauen!" Daraufhin folgt die Aufforderung, die „Auf- oder Himmelfarths-Sprosse" zu besteigen:

> „Steigt denn die Leiter auf im Himmel anzulenden;
> Wo solche Schätze sind die nimmermehr sich enden:
> Und euch der Reichthum so das Aug wird nehmen ein /
> Daß alles gut der Welt euch Dreck und Koht [sic] wird seyn."

Leades Vision blieb aber hierbei nicht stehen. Sie forderte die „Geister vom Geschlecht der Engel" niederzufahren, „ab-zueilen", um die Welt zu erneuern:

> „Steigt ab / durch Gegenwart gebt Krafft der matten Erd /
> Die wieder von Geburt gantz neu zu seyn begehrt".

Ausführlich berichtete Leade über „Das *Collegium* oder Schule der *Magie*" unter der Überschrift „Die Schule der Weisheit. Eine Entzückung".[1] Am 15. Dezember 1678 verfiel sie in eine „Verzuckung" und wurde von einem Geist in eine andere Welt geleitet. Dort begegnete sie der „Königin derselben Welt": „Diese sahe im Angesichte einem Weibe gleich / und schien über und über gleichsam mit schwebenden Wolcken bekleidet." Ihr sei dann gesagt worden, „daß dieses die *Magie*-Schule wäre; worvon alle sterbliche Zungen und Sprachen ausgeschlossen werden müsten. Denn alles würde durch die Wirckung der *Magie* verstanden: allhier würde keine Rede / sondern lauter Krafft getrieben. Darauf wurde ich zu einem gebracht / aus dessen Angesichte eine solche gravitätische Besänfftigung hervorleuchtete / daraus man erklärlich abnehmen könnte / daß eine besonder tieffe Weisheit *residi*ren müste." Die Autorin wurde zur Demonstration der Macht der Magie in einen Bann geschlagen – „gebunden / daß ich mich weder rühren noch bewegen konte / da mich doch

---

wir / durch den Tod und Auferstehung / zur Himmelfarth und Glorificirung gelangen mögen. Amsterdam: Wetstein, 1694: S. 2, 54, 68, 85.

[1] Jane Leade: Des Durch die Ströhme der Göttliche Lustbarkeit gewässerten Garten-Brunnens Dritten und letzten theils Erster Theil [= Theil 3, 1 von „Garten-Brunn", s. Anm. 40]. Amsterdam: Wetstein, 1700: S. 296 bzw. S. 277-280 [15. Dez. 1678].

keine Hand anrührte – und schnell wieder entbunden [...] in Freyheit". Daraufhin habe die „Majestätische Königin" zu ihr „in einem stillen Sausen" gesagt, „daß dis die einige Kunst sey / die würdig ist erlernt zu werden / wordurch das natürliche Thier gezähmt / und durch die wirckende Krafft der *Magie* zu einer himmlischen Gestalt erneuert werden mag."

Ähnlich schilderte Leades Mitstreiter John Pordage seine Begegnungen mit *Sophia*, der er eine Monografie widmete und sie in deren Titel als die „holdseelige ewige Jungfrau der Göttlichen Weisheit" ansprach. Er gilt als der bedeutendste Vertreter der theosophischen Strömung in England. Auch er charakterisierte die Beziehungen der *Sophia* zum Sohn, zum Heiligen Geist und zu den Menschen als Hochzeit, Vermählung. Am 21. Juni 1675, so berichtete er, sei die Weisheit zu ihm gekommen, der „harte und grausame Gedancken wider *sophiam*" hegte. Sie sei gekommen „und ließ sich mit Ihrer heilenden Krafft in meinen Geist hernieder / linderte meine blutrünstigen Wunden / stillte meinen grimmigen Hunger".[1] Sie wollte ihn, ähnlich wie im Fall von Jane Leade, in die Magie einführen, deren Macht demonstrieren, insbesondere die magische Wirkung des gesprochenen Wortes. So sagte die Weisheit zu ihm: „Du solst von mir hören und lernen / wie ich diese Neue Schöpffung in dier selbsten *formire*. [...] Denn ich bin kommen es durch mein schaffend Wort thätlich auszuwürcken / und wesentlich hervorzubringen. [...] und du solst die Art und Weise sehen / wie es durch meine *magi*sche Kunst in dir gethan und verrichtet wird."

Solche sinnlich-liebevollen Begegnungen zwischen *Sophia* und den Theosophen wurden nach 1800 nur noch selten dokumentiert, sehen wir einmal von Joseph Görres' historisierender Betrachtung der „mystischen Verlobung" als Vorbereitung einer „mystischen Ehe" ab, die nach dem Vorbild der Catharina von Siena zum „Beruf der Frauen" gehöre.[2] Eine Ausnahme machte der

---

[1] John Pordage: Sophia: das ist / Die holdseelige ewige Jungfrau der Göttlichen Weisheit [...]. Amsterdam; 1699: S. 1 f., 6.

[2] Joseph Görres: Die christliche Mystik. 4 Bde. Regensburg und Landshut: Manz, 1836-1842, 1.Bd. (1836): S. 327.

Münchner Arzt und Theosoph Franz von Baader, der Böhme rezipiert hatte und Schellings Naturphilosophie beeinflusste. Baader zielte bei seiner Auseinandersetzung mit *Sophia* allerdings mehr auf spekulative Theoriebildung als auf sinnliche Erfahrungen ab.[1] In seinen „Vorlesungen und Erläuterungen zu Jacob Böhme's Lehre" bezeichnete Baader Gott als „verzehrendes Feuer" und „Flamme der Liebe". Hierbei habe man, so Baader, an die Assimilationskraft Gottes zu denken, welche das Befreundete anziehe, das Feindliche aber, das Widerstreitende ausscheide: „Derselbe Gott, der dem Guten als Liebe, als Bekräftigung, als Freund, sich offenbart, der offenbart sich dem Bösen als blendend, hinrichtend und verfinsternd."[2] Das Böse sei das Hemmnis „seiner Vereinigung mit Ihm, der Quelle des Lebens". Die Lebensquelle werde somit „dem Kranken zur Qual, dem Gesunden zur Freude." Die Vereinigung begriff Baader in Böhmes Sinn als eine Vermählung mit *idea*, der Jungfrau oder *Sophia*. Die Kreatur habe eine Mittelstellung: Sie sei „*über* die Natur als ihre Wurzel, zugleich aber auch *unter* ihren Gott gestellt. Diese Gestaltung geschieht, vermöge der Vermählung mit der Idee oder der himmlischen Jungfrau, die Adam verlassen, Christus aber widergebracht [sic]hat. Wie die Sonne den Planeten in seiner Bahn hält und trägt, so will Gott die Creatur durch Vermittelung der Idea *über* ihrem blossen Naturleben und unter seinem Gottesleben halten und tragen." Der Mensch erlangt also durch diese Vermählung eine Mittelstellung zwischen Erde und Himmel, die ihn ein Stück weit aufhebt und schweben lässt – ein Bild, das an Simone Weils Rede von „Schwerkraft und Gnade" erinnert (siehe Kapitel 4).

Vor allem im Pietismus hatte die Idee der Himmlischen Hochzeit praktische Konsequenzen. So bildeten sich sektiererische Gruppen, in denen sexuelle Freizügigkeit praktiziert wurde. Ein extremes Beispiel lieferte die „Buttlarsche Rotte", eine Gruppe von Pietisten um ihre Anführerin Eva von Buttlar. Sie gründete 1702 im hessischen Allendorf die „Christliche und Philadelphische

---

[1] Faivre, 2008 [Sensous relation].

[2] Franz von Baader: Vorlesungen und Erläuterungen zu Jacob Böhme's Lehre. Hg. von Julius Hamberger. Leipzig: Bethmann, 1855 (Franz von Baader's Sämmtliche Werke, 13. Bd. = 2. Hauptabtheilung, 3. Bd.): S. 62 f., 184.

Sozietät", in der sexuelle Orgien mit religiöser Begründung gefeiert wurden.[1] Angeregt durch den mystischen Gedanken der himmlischen Hochzeit, einer Ehe des Menschen mit *Sophia*, wie ihn Jakob Böhme und Johann Georg Gichtel formuliert hatten, verstand sich Eva von Buttlar („Mutter Eva") selbst als „himmlische Sophia". Durch Geschlechtsverkehr mit ihr, dem „Teich Bethesda" als Himmelspforte, konnten sich die Männer reinigen und den androgynen Schöpfungszustand wiederherstellen. Auch im Täufertum der frühen Neuzeit, das die Gemeinde der Gläubigen als Braut Christi auffasste, spielte die spirituelle Ehe eine zentrale Rolle. Mancherorts wurden sexuelle Rituale praktiziert, die mit den herrschenden sozialen Normen unvereinbar waren, aber in der religiösen Gemeinschaft gottgefällig erschienen. So wurde im Münsteraner Täuferreich 1534 die Polygamie eingeführt.[2] Es ist eine offene Frage, ob solche sexuellen Ausschweifungen als Ausdruck einer radiakalen Reformation oder eher als Ausläufer spätmittelalterlichen Sektierertums zu begreifen sind.

Weitaus weniger spektakulär war das Heiratsritual in der Herrnhuter Brüdergemeinde, das Graf von Zinzendorf eingeführt hatte – ein weiteres Beispiel, wie der Geschlechtsverkehr zu einer heiligen Handlung transformiert wurde. Es sollte nämlich die Himmlische Hochzeit der Seele mit Jesus im Jenseits antizipieren. In der Herrnhuter Gemeinde, in der weitgehend eine Geschlechtertrennung praktiziert wurde, konnte auf Wunsch eines jungvermählten Paares beim ersten Geschlechtsverkehr geistliche Hilfe geleistet werden. Der Legende nach gab es ein „blaues Kabinett", ein einfacher Raum, in dem der erste Geschlechtsverkehr unter unter Hilfestellung der „Ehediener" und Zinzendorfs selbst.

An dieser Stelle sei etwas ausführlicher auf die „Ehe-Religion" des Grafen von Zinzendorf eingegangen, die der lutherische Theologe und Pietismusforscher

---

[1] Iwan Bloch: Die Prostitution. Bd. 2, erste Hälfte. Berlin: Marcus, 1912: S. 68.

[2] Katharina Reinholdt: Ein Leib in Christo werden. Ehe und Sexualität im Täufertum der Frühen Neuzeit. Göttingen: Vandenhoeck & Ruprecht, 2012 (Veröffentlichungen des Instituts für europäische Geschichte Mainz. Abteilung für Abendländische Religionsgeschichte; Bd. 227): S. 280-287.

Erich Beyreuther eingehend untersucht hat.[1] Alles drehte sich um die bräutliche Liebe des Menschen zum Bräutigam Jesus: „Der Heiland wirbt um die Menschheit und erwartet eine Gegenliebe bräutlicher Herzen, die sich ihm in Treue verbinden." Im Hinblick auf den Bräutigam formulierte Zinzendorf dementsprechend: „Endlich kommen wir in sein Gemach und werden seine Frau und Er unser Mann zu einer unzertrennlichen Ehe ... es wird sich nicht mehr ändern; ewig in dulci Jubilo!" Entscheidend sei jedoch, dass sich in dieser „Ehe-Religion" der himmlische Bräutigam mit der „Einzelseele" ebenso vermähle, wie mit dem Gesamtleib, der „Gemeine". Insofern könne der Christ, „ob Mann oder Frau, nur seine Braut sein, also ‚Christin', weiblicher Art." Christus erschien also als der einzige Mann, der die ganze Menschheit zur Braut habe. In der irdischen Ehe werde daher der Ehemann zu einem „Prokurator", einem „Vicemann Christi", der interimistisch und stellvertretend agiere, wogegen die Frau als Abbild der empfangenden Gemeinde zu sehen sei. In dieser Konstruktion erschien die Ehe als ein geheimnisvoller heiliger Stellvertretungsdienst. Über die extreme Praxis der Herrnhuter berichtete der Sexualwissenschaftler Iwan Bloch: „Da bei den Herrenhutern einer im anderen nur den Christen suchen und lieben durfte, nicht den natürlichen Menschen nach seiner körperlichen und geistigen Individualität, so sollte über die Vereinigung der beiden Geschlechter das Los entscheiden, damit jede derartige individuelle Bewegung ausgeschlossen werde."[2] Graf Zinzendorf selbst habe die Schlafsäle seiner Gemeinde besucht, um von der ehelichen Vereinigung den „stillen, behaglichen Schleier wegzuziehen, daß er sie vor das Betpult verwies und ins helle Kerzenlicht."

Diese Ehe-Religion bot dem Menschen eine *fruitio dei*, bei der die von Jesus dargebotene Gnade zur Quelle höchster Freude werden sollte. Beyreuther diagnostizierte den typisch katholischen Grundzug „einer sakramentalen Er-

---

[1] Erich Beyreuther: Ehe-Religion und Eschaton. In: Ders.: Studien zur Theologie Zinzendorfs. Gesammelte Aufsätze. 2., mit Nachbemerkungen und Registern versehene Auflage. Hildesheim; Zürich; New York: Olms, 2000 (Erweiterter Nachdruck der Ausgabe Neukirchen-Vluyn 1962), S. 35-73, hier: S. 42, 44 f., 47, 51.

[2] I. Bloch, 1912 [Prostitution]: S. 67.

höhung und Integration der Natur", bei der Schöpfungs- und Gnadenordnung eine höhere Einheit bildeten.[1] Zinzendorfs Ehe-Religion habe sich aus der (lutherischen) Lehre von der *unio mystica* entwickelt und sei „eine Gnadengabe, sie kann niemals durch eine psychologische Technik erworben werden." Dieses religiöse Verständnis ist nach Beyreuther scharf von psychoanalytischen Deutungsversuchen abzugrenzen, bei denen das Erleben psychodynamisch erklärt und die Theoriebildung als Ausdruck einer sublimierten Sexualität angesehen werden. Vor allem wird Oskar Pfisters Deutung zurückgewiesen, der – „selbst unter dem Bann der Freudschen Sexualtheorie stehend" – angesichts der „Glut an religiösem Eros" bei Zinzendorf der Versuchung unterlegen sei, darin nur „Ausbrüche einer sublimierten Sexualität, eben einer erotisierten Religion zu erblicken." Auf die Psychologisierung der Heiligen Hochzeit werden wir weiter unten zurückkommen. Am Beispiel der Herrnhuter Brüdergemeinde können wir beobachten, wie sich religiöse Glaubensinhalte, pädagogische Leitlinien und medizinisch-diätetische Regeln unter religiösem Vorzeichen miteinander verbanden.

Gerade die Medikalisierung beziehungsweise Naturalisierung religiöser Vorstellungen und Rituale wurde im Verlauf des 18. Jahrhunderts immer augenfälliger. Die sakrale Erhöhung des Geschlechtsverkehrs wurde mit medizinischen Apparaten und Prozeduren angereichert und in ein entsprechendes *setting* der Behandlung eingebettet. Ein wichtiges Moment war die künstliche Elektrizität, deren wunderbaren Phänomene in der zweiten Hälfte des 18. Jahrhunderts die Menschen nicht zuletzt wegen ihrer erotisierenden Effekte faszinierten. Als spektakuläre Begleiterscheinung der Elektrizität entwickelte sich Ende des 18. Jahrunderts der so genannte animalische Magnetismus oder Mesmerismus, der mit einer noch feineren Kraft als der elektrischen, nämlich einem magnetischen Fluidum agieren wollte. In diesem Kontext ist ein illustres Beispiel für die Idee von der Himmlischen Hochzeit zu sehen, nämlich das *celestial bed* von James Graham aus den frühen 1780er Jahren. Im Unterschied zum wirkmächtigen Mesmerismus handelte es sich hier um ein singuläres

---

[1] Beyreuther, 2000 [Ehe-Religion]: S. 59, 67, 48.

Ereignis, das zwar nur kurze Zeit und begrenzt auf seinen Urheber in Erscheinung trat, aber höchst eindrucksvoll die Sexualität in eine religiös-weihevolle Sphäre tauchte.

Celestial bed, die Heilige Hochzeit auf Erden

Der Mesmerismus provozierte stark erotische Momente, die sowohl sexuelle Begierde als auch spirituelle Erleuchtung freisetzen konnten. Durch die Fluidumtheorie wurden magnetische Verschmelzungserlebnisse und Wollustgefühle beflügelt. Es ist jedoch nicht bekannt, dass Franz Anton Mesmer selbst oder einer seiner Anhänger den (körperlichen) Geschlechtsverkehr therapeutisch in sein Heilritual eingebaut hätten, obwohl immer wieder Kritiker des Mesmerismus bis zum heutigen Tag den sexuellen Missbrauch von magnetisierten Patientinnen durch ihre Magnetiseure unterstellten und anprangerten, wie dies in jüngerer Zeit der schwedische Schriftsteller Per Olov Enquist in seinem Mesmer-Roman getan hat.[1] Mit der Logik des Mesmerismus wäre sicher eine Art Paartherapie vereinbar gewesen, wie sie die moderne Sexualtherapie – freilich mit einem anderen Menschenbild – praktiziert. (siehe Kapitel 2) Es ist faszinierend zu beobachten, wie ein Zeitgenosse Mesmers die Idee der Heiligen Hochzeit in einem säkularen Ambiente aufleben ließ, das ausdrücklich mit religiösen Symbolen aufgeladen war. Der schottische Arzt James Graham wird in der Medizingeschichtsschreibung zumeist den Scharlatanen und Kurpfuschern zugerechnet. So hat Roy Porter ihm und seinem Wirken in seinem Buch *„Quacks"* eine ausführliche Darstellung gewidmet.[2] War Graham wirklich ein Quacksalber, *"one of the most notorious quacks of the 18th century"*?[3] Immerhin hatte er bei Robert Whytt und William Cullen in Edinbourgh Medizin studiert, welche erstmals die Neuropathologie ins Zentrum der medi-

---

[1] Per Olov Enquist: Der fünfte Winter des Magnetiseurs. Aus dem Schwedischen übersetzt von Hans-Joachim Maass. München; Wien: Hanser 2002 [Schwed. Originalausg. Stockholm 1964].

[2] Roy Porter: Quacks. Fakers and Charlatans in English Medicine. Charleston: Tempus, 2001: S. 140-159.

[3] http://www.museumofhoaxes.com/graham.html (9.05.2012).

zinischen Krankheitslehre rückten und den Begriff „Neurose" Ende des 18. Jahrhunderts in die medizinische Fachsprache einführten.

Die quellenreiche Studie der englischen Journalistin Lydia Syson über Graham versuchte, ihn von dem bis dahin vorherrschenden Geruch der Scharlatanerie zu befreien.[1] *„He was the world's first sex therapist"*, war in einer reißerisch aufgemachten Buchbesprechung zu lesen.[2] Der Koitus war für ihn ein elektrischer Vorgang (*electrical operation*), wobei die Männer den Pluspol und die Frauen den Minuspol darstellten. Demnach floss das heilsame Lebensfeuer (*balmy fire of life*), das balsamische, leuchtende, aktive Prinzip (*balmy, luminous, active principle*) vom Mann zur Frau.[3] Das Reiben der fleischig aussehenden Lederpolster an den Glaskolben der Elektrisiermaschinen mochte das Publikum an die weiblichen Genitalien erinnern. Graham predigte eine gesunde Lebensführung: frühes Aufstehen, körperliche Ertüchtigung, vegetarische Kost und vor allen Dingen die Hygiene der Geschlechtsorgane, insbesondere durch kaltes Wasser. Er materialisierte sozusagen die 1780 in vielfältiger Weise elektrisierende Atmosphäre mit ihren Offenbarungen und Heilsversprechen in einer handfesten therapeutischen Einrichtung.

In London eröffnete er im Mai 1780 an prominenter Stelle einen *Temple of Health and Hymen*, der mit elektrischen und magnetischen Apparaten ausgestattet war. Musik, Düfte und Gase (im Sinne der *pneumatic medicine*), Elektrizität und Magnetismus wurden eingesetzt. Graham wollte damit vor allem Impotenz und Unfruchtbarkeit kurieren. Er hielt medizinische Vorlesungen, publizierte medizinische Ratgeber und verkaufte seine Arzneien wie etwa „*Electrical Aether"* oder „*Nervous Aetherial Balsam"*.[4] Graham inszenierte Auftritte mit schönen jungen Frauen, welche die Rolle von Heilgöttinnen zu

---

[1] Lydia Syson: Doctor of love: James Graham and his celestial bed. Richmond, Surrey, U.K.: Alma Books, 2008.

[2] http://www.dailymail.co.uk/femail/article-1058583/Doctor-love-A-new-book-tells-tale-Dr-James-Graham-sex-clinic-scandalised-18th-century-society.html (21.05.2011).

[3] Syson, 2008 [Doctor of love], S. 4-6.

[4] http://en.wikipedia.org/wiki/James_Graham_%28sexologist%29 (17.11.2009).

spielen hatten, darunter auch Emy Lyon, die später als Emma Hamilton bekannt wurde und – wohl in Anlehnung an die römische Göttin Vesta – als „Vestina" auftrat und unter diesem Namen publizierte.[1] Grahams publikumswirksamer Auftritt und öffentlicher Erfolg in London waren mit denen Mesmers in Paris vergleichbar, wenngleich sich die Lebenswege der beiden Zeitgenossen fundamental voneinander unterschieden.

Grahams Hauptattraktion war das *celestial bed*, ein himmlisches Bett, das alle Attribute religiöser Dignität aufwies und als Ort des (ehelichen) Geschlechtsverkehrs diente, der als eine *performance* zur Imitation der Heiligen Hochzeit verstanden werden kann – ein polarer Gegensatz zu einer „Verrichtungsstätte", wie der regulierte Straßenstrich im heutigen Amtsdeutsch heißt. (**Abb. 29**) Graham verfasste selbst 1781 eine Werbebroschüre in Gedichtform, die in Fußnoten seine Behandlungstechnik ausführlich erläuterte und bestimmte Produkte wie *imperial pills* und *aetherical balsam* zum Kaufen anpries.[2] Gleichzeitig erschien eine satirische Gegendarstellung, ebenfalls in Versform, die Graham als Scharlatan entlarven sollte.[3] Die faszinierenden und zugleich provozierenden Ereignisse in dem und um das *celestial bed* sowie die öffentlichen Reaktionen darauf wurden von Lydia Syson minutiös nachgezeichnet.[4] Das *celestial bed* war ein multimediales technisches Wunderwerk, wie eine rezente, nicht unbedingt exakte Konstruktionszeichnung erahnen lässt. (**Abb. 30**) Es war überwölbt von einer Kuppel mit Musikautomaten, Blumen und sogar einem lebenden Paar Turteltauben. „Ätherische Gase" wurden eingeleitet. Eine Wippvorrichtung am Bett ermöglichte die optimale Position für die Kon-

---

[1] Hebe Vestina: Il convito amoroso! or, A serio-comico-philosophical lecture, on the causes, nature, and effects of love and beauty [...] 2nd ed. London : Printed for Hebe Vestina! - and sold at the Temple of Hymen, in Pall-Mall [...], 1782.

[2] James Graham: The Celestial Beds; or a review of the votaries of the Temple of Health, Adelphi, and the Temple of Hymen, Pall-Mall. London: Kearsly, 1781.

[3] Hailstone, Edward: The celestial beds: or, A review of the votaries of the Temple of Health, Adelphi, and the Temple of Hymen, Pall-Mall. London: Printed for G. Kearsly ..., 1781.Hailstone, 1781.

[4] Syson, 2008 [Doctor of love]: S. 161-194.

zeption, die Beischlafbewegungen setzten himmlische Orgeltöne (*celestial sounds*) frei, welche die Inbrunst der geschlechtlichen Begegnung wiedergeben sollten. Die elektrische und magnetische Installation wurde von 40 Kristallpfeilern abgeschirmt. Am Kopfende über einem Glockenspiel, das „Hymen", den Gott der Hochzeit, feierte, waren die mit elektrischen Funken illuminierten biblischen Worte: "*Be fruitful, multiply and replenish the earth!*" zu lesen.[1]

Graham wird heute als „erster Sexualwissenschaftler" (*sexologist*) oder „erster Sexualtherapeut" gefeiert. Sicherlich ist es richtig, ihn vom pauschalierenden Verdikt der Scharlatanerie und Quacksalberei zu befreien (siehe oben). Mit der modernen Sexualtherapie hat er vielleicht so wenig und so viel zu tun wie Mesmer mit der modernen Psychotherapie und Psychoanalyse: nach wissenschaftlicher Dogmatik nichts, in phänomenaler Hinsicht sehr viel. Auffälligerweise erwähnte Graham Mesmers Namen mit keinem Wort, obwohl er ihn während seines Pariser Aufenthalts 1779, bei dem er wissenschaftliche Berühmtheiten wie Benjamin Franklin traf, kaum ignorieren konnte, da Mesmer damals schon öffentliche Aufmerksamkeit erregte. Möglicherweise wollte Graham vermeiden, mit Mesmer in Verbindung gebracht zu werden, gegen dessen magnetische Praxis bereits feindselige Artikel in medizinischen Journalen erschienen waren. Nach Syson sind jedoch die medizinischen und wissenschaftlichen Parallelen zwischen den beiden Ärzten unübersehbar, die dramatische Inszenierung, die Übertragung natürlicher Heilkräfte, die Anziehung eines heterogenen Publikums und die Denunziation als Scharlatan.[2] Die Unterschiede zwischen beiden sind jedoch ebenfalls signifikant: Mesmer suchte die wissenschaftliche Anerkennung und war wohlhabend genug für seine aufwendigen Inszenierungen, während Graham als einsamer Exzentriker kaum Anhänger gewinnen konnte und seine Projekte stets seine Besitzverhältnisse überforderten.

---

[1] Gen 1,28: „Seid fruchtbar und mehrt euch und füllt die Erde".

[2] Syson, 2008 [Doctor of love]: S. 137 f.

Das Spannende an Grahams *celestial bed* ist weniger die (vermutete) Antizipation der modernen Sexualtherapie, als vielmehr die Gemengelage von apparativer Technologie, naturphilosophischen Anschauungen, mythologischen Personifizierungen und religiösen Maximen. Der *Temple of Health and Hymen* war von Graham nicht als witzige Karikatur gedacht, als die er gerne belächelt worden ist. Vielmehr sollte er im Verständnis seines Schöpfers einen sakralen Raum in einer säkularen Umgebung bilden, in dem so etwas wie Heilungswunder geschehen konnten. Selbstverständlich war diese Inszenierung assoziativ verknüpft mit dem antiken Asklepioskult, in dessen Tempel im Innersten (*abaton*) das Bett (*kline*) für die „Inkubation", die mystisch-traumhafte Begegnung mit dem Heilgott stand. Im Unterschied zu diesem Heilkult kreierte Graham jedoch eine handfeste Imitation der Heiligen Hochzeit, indem er die menschliche Hochzeit in himmlische Gefilde erhob und zugleich die himmlischen Mächte ins irdische Geschäft involvierte. Insofern ist das „Himmelbett", das heute in manchen Romantikhotels für verliebte Paare angeboten wird, nur ein schwacher Abglanz von Grahams *celestial bed*.

Grahams erotische Fantasie war in seiner Zeit keineswegs singulär. Freilich ist niemand in ihrer öffentlichen Realisierung so weit gegangen wie er. Die Stilisierung des wollüstigen Geschlechtsverkehrs als Himmlische Hochzeit war vor allem im französischen „erotischen Jahrhundert"[1] verbreitet, was die Illustrationen zu libertinen Schriften belegen, von denen einige in London publiziert wurden. So enthält das illustrierte Buch des französischen Schriftstellers und Juristen Nicolas Chorier „*L'Académie des dames*" eine Serie von erotischen Dialogen.[2] Die Mischung von purer Sexualität und mythologischer Sinngebung zeigt eine Abbildung besonders deutlich. (**Abb. 31**) Die Konstellation und Lokalisierung des kopulierenden Paares zeigen Merkmale einer himmlischen, heiligen Hochzeit: der gekrönte Mann als König, das als Blumenkrone erscheinen-

---

[1] Golo Jacobson: Das Erotische Jahrhundert. In: Ludwig von Brunn (Hg.): Ars Erotica. 3 Bde. Die erotischen Buchillustrationen im Frankreich des 18. Jahrhunderts. Mit einem Essay von Golo Jacobson. Schwerte: Harenberg, 1989: S. 9–79.

[2] Nicolas Chorier: L'Académie des Dames ou Les Sept Entretiens Galants d'Alosia. Köln: Le Bas, 1691.Chorier, 1691.

de gewellte Haar der Frau, ihr Liebeslager in himmlischen Wolken, der den Geschlechtsakt beobachtende Phönix, mythologisches und alchemistisches Symbol der Wiedergeburt. Eine ganz ähnliche Situation zeigt eine Illustration aus der französischen Übersetzung des erotischen Briefromans *„Fanny Hill"* von John Cleland, die 1776 in London erschien – freilich nun im Stil des Rokoko.[1] (**Abb. 32**) Unter der Überschrift *„Les joies célestes"* zelebriert ein himmlisches Paar die „himmlischen Freuden" vor strahlender (aufgehender) Sonne auf einer Wolke. Es handelt sich dabei wohl um den geflügelten Merkur (Hermes) und Venus (Aphrodite), die eine sie schmückende Blumengirlande mit der linken Hand hält. Man müsste hier Ikonografie und Lesetext miteinander vergleichen. Vermutlich spiegelt sich im libertinen (pornografischen) Text die mythologisch-kosmologische Aussage des Bildes nicht wider, ein Widerspruch, der sich bei Buchillustrationen immer wieder zeigt.

Dies mag auch auf eine Illustration aus dem französischen Roman *„Thérèse Philosophe"* zutreffen, der erstmals 1748 anonym erschien.[2] (**Abb. 33**) Die Geschichte geht auf einen Prozess in den 1730er Jahren zurück, in dem ein Jesuitenpater angeklagt worden war, sein Beichtkind verführt zu haben. Das Frontispiz zeigt eine naturphilosophisch aufgeladene Szene. Ein kopulierendes Liebespaar liegt in idyllischer Natur, von einer großen Blumengirlande gemeinsam umgürtet, vor einer Pyramide, auf deren Spitze ein Phallus steht, worauf ein Puttenpaar tanzt. Auf der linken Seite der Pyramide lehnt eine erhabene Frauengestalt mit einer Sternengloriole. Sie richtet mit ihrem rechten Unterarm einen Spiegel auf das Liebespaar, dessen Strahlen den Jüngling treffen, der Gesicht und Oberkörper der spiegelnden Frau zugewandt hat. Auf dem Spruchband unterhalb des Bildes ist zu lesen: *„L'homme baise la volupté par gout / il aime la Philosophie par raison"*. Hier erscheint also die personifizierte „Philosophie", die als Himmelskönigin mit Sternenkrone und Spiegel zugleich Merkmale der *Natura* und Maria aufweist. Die Inschrift auf der Pyramide *„Vo-*

---

[1] John Cleland: Nouvelle Traduction de Woman of Pleasure ou Fille des Joye de M. Cleland Contenant Les Mémoires de M.elle Fanny, écrits par Elle-même. London: 1776.

[2] http://de.wikipedia.org/wiki/Th%C3%A9r%C3%A8se_philosophe (11.08.2012).

luptas hominis felicitas" ist als Mahnung an den Mann zu verstehen, die „Philosophie" mit seiner Vernunft (*raison*) zu lieben und die Glückseligkeit nicht nur in der Wollust (*volupté*) zu suchen. Man könnte die Illustration auch als Botschaft interpretieren, über dem Geschäft des irdischen Geschlechtsverkehrs nicht die „himmlische Hochzeit" mit *Sophia* zu vergessen.

Psychologisierung der Heiligen Hochzeit

Die umfassende Studie des evangelischen Theologen und Mystikforschers Gerhard Wehr zur abendländischen Geschichte der Heiligen Hochzeit lässt zweierlei erkennen: Zum einen – was der Autor im Blick hat – die tiefenpsychologischen Prozesse, die den betreffenden theosophischen, magischen oder alchemistischen Anschauungen zugrunde lagen; zum anderen – was der Autor nicht problematisiert – eine weitest gehende Reduktion der historischen Theorien und Praktiken auf die von C. G. Jung geprägte tiefenpsychologische Interpretation.[1] Jung interessierte sich bekanntermaßen für die Auswirkung archetypischer Bilder im „kollektiven Unbewussten" auf das individuelle Seelenleben, seine sinnliche Wahrnehmung und Theoriebildung. Wehr ging legitimerweise hinter Jung zurück und verweist auf die frühe Arbeit „Probleme der Mystik und ihrer Symbolik" des Freud-Anhängers Herbert Silberer, der bereits lange vor Jung die psychoanalytische Deutungsmethode auf historische Überlieferungen der Alchemie und Mystik anwandte und somit – ursprünglich von der Freud'schen Psychoanalyse ausgehend – die archetypische Tiefenpsychologie C. G. Jungs antizipierte. Er stand am Anfang der von der Psychoanalyse Freuds angestoßenen Psychologisierung von Literatur und Kunst längst vergangener Zeiten. Seine Deutungen demonstrieren beispielhaft wie das, was als Magie der Natur in der Ideengeschichte imponierte, nun im 20. Jahrhundert als Seelendrama ins Innere des Menschen verlegt und zum Gegenstand der Psychologie gemacht wurde.

---

[1] Gerhard Wehr: Heilige Hochzeit. Symbol und Erfahrung menschlicher Reifung. München: Kösel, 1986.

Allgemein ist festzustellen, dass die Inhalte von Naturphilosophie, Magie und Alchemie im psychoanalytischen Diskurs einer radikalen Umdeutung unterzogen wurden. Sie gehörten nicht länger einer alles umfassenden kosmischen Wirklichkeit an, sondern waren auf die „psychische Realität" beschränkt, wie der Freud'sche Terminus lautete: Sie waren zu einem Stück Psychologie geworden. Silberer behandelte das Thema „Heilige Hochzeit" nicht explizit, befasste sich aber ausführlich mit der *unio mystica*, die ja unmittelbar dieses Thema berührt. Er unterzog die esoterische Erzählung *„Parabola"* aus einer Schrift über die Rosenkreuzer, die im ausgehenden 18. Jahrhundert erschienen war, einer psychoanalytischen Deutung. [1] Von vornherein bekannte er sich zu seinem „einseitigen" Vorgehen: „Wir werden versuchen, die Erfahrung der psychoanalytischen Traumdeutung auf die Parabola anzuwenden und werden finden, daß diese, als Phantasieprodukt, bis in die Tiefen ihres Aufbaus dieselbe Struktur aufweist, wie die Träume. Ich wiederhole nachdrücklich: wir gehen bei dieser Untersuchung vorderhand höchst *einseitig* vor, indem wir uns bloß durch die Psychoanalyse leiten lassen." Da bei einem historischen Zeugnis eine direkte Psychoanalyse der Person nicht möglich sei, kämen nur drei „abgeleitete Methoden" infrage: (1) eine Vergleichung mit typischen Traumbildern; (2) die Berücksichtigung der völkerpsychologischen Parallele, nämlich die innere Verwandtschaft von Traum und Mythos; und (3) das „Schließen aus Struktureigentümlichkeiten des Traumes (Mythos, Märchens) selbst".

Silberer stieß auf einen eigenartigen Widerspruch: Einerseits führe uns die Analyse „Elemente eines rücksichts- und vernunftlosen Trieblebens vor Augen, die sich in den Phantasien der Parabola austoben"; andererseits sei die *„Parabola"*- Erzählung als alchemistischer Text „eine Anleitung zu mystisch-frommem Leben". Silberer machte nun eine klassische Unterstellung, die der Psychoanalyse systemimmanent zu sein scheint: Er unterstellte, dass der Verfasser des Traktats sich selber im Unklaren darüber gewesen sei, was in ihm überhaupt vorgehe: „denn gleich wie der psychoanalytisch herausgelesene

---

[1] Herbert Silberer: Probleme der Mystik und ihrer Symbolik. Wien; Leipzig: Heller, 1914: S. 7-17, 33 f., 137 f., 213 f., 237, 258.

Inhalt der Phantasie ihm nicht deutlich vor Augen gestanden ist, so kann ihm möglicherweise auch der zu begehende mystische Weg bloß nebelhaft vorgeschwebt haben." Gleichwohl reduzierte Silberer seine Deutung nicht einzig und allein auf die psychoanalytische Methode. Vielmehr sah er drei Deutungsmöglichkeiten: (1) „Die *psychoanalytische*, die uns in die Tiefen des Trieblebens führt"; (2) „die mit ihr lebhaft kontrastierende hermetisch-religiöse, die uns gleichsam aufwärts zu hohen Idealen leitet und die ich deshalb fortan kurz die *anagogische* nennen werde"; und (3) „die *naturwissenschaftliche* (chemische), die sozusagen in der Mitte liegt".

Im Hinblick auf die *unio mystica* bezog sich Silberer vor allem auf den US-amerikanischen Offizier und Schriftsteller Ethan Allen Hitchcock, der sich intensiv mit der Deutung der Alchemie befasst hatte.[1] Silberer, der im Kreise der Analytiker als Träumer und Fantast galt, hatte ein Gespür für mystisches Erleben und interessierte sich für die einschlägige Erfahrungs- und Erbauungsliteratur. Das „ethische Ideal" des Mystikers sah er darin, „daß er mehr und mehr das beschränkte Ich abstreife und dafür die Eigenschaften Gottes in sich aufnehme, um zu Gott zu werden." Hierbei wurde für Silberer der Begriff der „Sublimation" wichtig, den Freud – generell den Terminus „Sublimierung" benutzend – bereits 1905 in seinen „Drei Abhandlungen zur Sexualtheorie" eingeführt hatte. Silberer schrieb: „Die ethische Arbeit der Alchemie wie des gemeinen Lebens ist eine Sublimation; es ist wichtig, daß die Materia jeweils nur so viel aufnimmt, als sie sublimieren kann." Ausführlich zitierte er die Begegnung der englischen Mystikerin Jane Leade mit der göttlichen *Sophia*, die sich ihr als „Gottes ewige Jungfrau der Weißheit" vorgestellt hatte (siehe oben). Er verstand sich wohl selbst als ein von der Alchemie inspirierter Mystiker, als ein Wanderer, dem erst „nach so mancher Zirkulation im philosophischen Ei" ein Licht dämmere und der ein gewisses sanftes Feuer nicht vergessen dürfe, „das von Anfang bis zu Ende wirken muß: die Liebe." Im Gegensatz zu diesem Idealbild der geistigen Vervollkommnung endete Silberers Leben

---

[1] Ethan Allen Hitchcock: Remarks upon Alchemy and the Alchemists. Boston: Crosby/Nichols, 1857.

tragisch. Er erhängte sich 1923 im Alter von 40 Jahren „im Zustande geistiger Überreiztheit", wie die Presse berichtete.[1]

An dieser Stelle sei die grundsätzliche Frage aufgeworfen, wie wir uns mit historischen Quellen auseinandersetzen wollen, die uns mit Tatbeständen konfrontieren, welche mit unserer heutigen Weltanschauung nicht kompatibel erscheinen. Die *magia naturalis* wäre eine solche fragliche Quelle. Die Antwort von modernen naturwissenschaftlich ausgerichteten Autoren ist eindeutig: Es handele sich um spekulative Fantasieprodukte, um Resultate kollektiver Suggestionen bzw. Autosuggestionen. Im Falle des *hierosgamos* und entsprechender sexualmagischer Rituale gab es vonseiten der psychoanalytisch geschulten Autoren eine analoge Antwort: Es handele sich um Projektionen des Sexualtriebs. So tut sich heute angesichts des historischen Materials, das es zu bearbeiten gilt, eine fragwürdige Dichotomie der Perspektiven auf: nämlich die von „emischer" und „etischer" Betrachtungsweise. „Emisch" (*emic*) bedeutet aus Sicht des ursprünglichen Autors aus gesehen und „etisch" (*etic*) aus Sicht des aktuellen Interpreten. Die Problematik dieser Aufspaltung sei an einem Beispiel erläutert. Der niederländische Hermetismus-Forscher Wouter Hanegraaff betonte in seiner Analyse der „mystischen Erotizismen" bei Ficino und Bruno, er wolle eine „etische" Perspektive entwickeln, die „mehr Sinn" ergeben könne (*that might help us make more sense of what we are studying*).[2] Er wollte erklärtermaßen nicht bei einer Exegese stehen bleiben, sondern einen „kritischen" Ansatz der Analyse und Hermeneutik verfolgen. Fast während des ganzen Mittelalters sei die spirituelle Liebe zu Gott (*caritas*) scharf von der bloß sinnlichen Liebe (*cupiditas*) unterschieden worden, seit dem 12. Jahrhundert aber habe im Kontext des ritterlichen Ideals der höfischen Liebe eine Vermischung stattgefunden. Die sinnliche Liebe sei in ein neues spiritualisiertes Konzept „sublimiert" worden, „*were the male poet is entirely devoted of*

---

[1] Neue Freie Presse (Wien), 12. Januar 1923; http://de.wikipedia.org/wiki/Herbert_Silberer#Biographie (18.06.2009).

[2] Wouter J. Hanegraaff: Under the Mantle of Love: The Mystical Eroticism of Marsilio Ficino and Giordano Bruno. In: Hanegraaff / Kripal (Hg.), 2008 [Intercourse], S. 175-207, hier: S. 176, 194.

his idealized lady." Dies würde heute als sadomasochistische erotische Beziehung mit der freiwilligen Sklavenrolle (*submissive role*) des Mannes eingeschätzt werden, wobei allerdings die Frau zur Zeit des Minnesangs als unerreichbares Wesen von überirdischer Vollkommenheit angesehen und verehrt, aber niemals berührt wurde. Durch das Leiden sei der Liebhaber gereinigt und schließlich auf jene höhere spirituelle Stufe gehoben worden, die die geliebte Frau repräsentiert habe.

Soweit Hanegraaffs explizit „etische" Betrachtung. Was entgeht ihr, was blendet sie aus? Den springenden Punkt! Nämlich das Auftauchen der „Göttin *Natura"* im ausgehenden Mittelalter sowie die naturphilosophische Neuausrichtung der Ärzte und Naturforscher. Für sie wurde *Natura* als Frauengestalt zum Gegenstand einer neuartigen *unio mystica*. Diesen wissenschafts- und kulturhistorisch einmaligen Umbruch in der Menschheitsgeschichte, der in der Renaissance gipfelte, als Verwandlung von sinnlicher in geistige Erotik begreifen zu wollen und dann von einer „verhüllten Erotik", einem „verborgenen Geschlechtsverkehr" auszugehen, greift zu kurz. Diese Auffassung bestätigt nur die biologistische Annahme, dass körperliche Wollust und Geschlechtstrieb (*cupiditas*) des Pudels Kern ausmachen und göttliche Liebe (*caritas*) nur ein Epiphänomen darstellt, zum „Überbau" gehört, wie der marxistische Terminus lautet. Bei einer „kritischen" Analyse, wie sie Hanegraaff fordert, stellt sich die Frage, inwieweit sie der Selbstaffirmation dient – etwa die Bestätigung psychoanalytischer Theoreme – und inwieweit sie die Selbstgewissheit des Interpreten infrage stellen und verändern kann, zum Beispiel die für die moderne Sexualpathologie fundamentale Gegenüberstellung von „Homoerotik" (Plato; Ficino) und „Heteroerotik" (Bruno).

Hierosgamos in der Moderne

Die von der Theosophie inspirierte Braut-Mystik, insbesondere die Vereinigung mit *Sophia*, wie sie im Gefolge von Jakob Böhme zunächst von Johann Georg Gichtel geschildert wurde, erlebte im Kontext lebens- und sexualreformerischer Strömungen gegen Ende des 19. Jahrhunderts in den USA eine beachtliche Renaissance. Sie ist andeutungsweise auch in der Vorstellungswelt der

Heilsarmee (*Salvation Army*) zu finden, die 1865 in London gegründet wurde. Bilder können oft mehr über ideengeschichtliche Hintergründe einer Lehre aussagen als Texte und ihre Mehrdeutigkeit zum Ausdruck bringen. Als Beispiel sie hier eine in verschiedenen Auflagen erschienene Broschüre von Emma Booth-Tucker genauer betrachtet, der Tochter von William Booth, dem Gründer der Heilsarmee. Das vorliegende Exemplar wurde 1904 veröffentlicht und trägt den Titel *„Rules and Regulations for the Rescue Officers"*. (**Abb. 34**) Man sieht eine bürgerlich gekleidete Frau im Türrahmen einer hell erleuchteten Pforte stehen. Am Fuße des Treppenaufgangs, den man als Himmels- oder Jakobsleiter deuten kann, steht eine junge Frau mit langem Kleid und einem Hut auf dem Kopf, die ihr Gesicht hingebungsvoll der oben stehenden Frau zuwendet. Diese hat ihre Handflächen, von denen Strahlen ausgehen, auf die unten stehende gerichtet. Auf dem Blatt ist zu lesen: *„Light out of darkness comes, and the full glory Shines on Salvation's sea, boundless and wide, Still in god's mercy a limitless tide"*. Die Frau in der Lichtpforte tritt hier als Medium zwischen der göttlichen Lichtquelle und der jungen Frau auf der Straße in Erscheinung. Sie übernimmt in gewisser Weise die Rolle der *Natura*. Zugleich deuten ihre Strahlenhände auf den Mesmerismus und die Übertragung des magnetischen Fluidums hin . *„Salvation's sea"* und *„limitless tide"* unterstreichen das mesmeristische Motiv. Insofern übernimmt sie die Rolle eines Magnetiseurs. Bei der in den 1870er Jahren gegründeten *Christian Science* wird der mesmeristische Hintergrund noch deutlicher: Mary Baker-Eddy wurde direkt von dem Magnetiseur Phineas Quimby, der sie als Patientin behandelte, beeinflusst – ein viel beachtetes Thema in Religionsgeschichte und Esoterik, worauf wir hier nicht näher eingehen wollen.

Einzelne esoterische Gemeinschaften und „Orden" entwickelten außergewöhnliche und zum Teil als „magisch" bezeichnete Sexualpraktiken, worauf das letzte Kapitel ausführlicher eingehen wird. An dieser Stelle sei nur die Geschichte einer weniger bekannten Mystikerin erwähnt, die auf religiöser Grundlage höchst praktische Ratschläge für ein reformiertes Sexualleben propagierte: Ida Craddock. Streng puritanisch erzogen und schon von Kindheit an in intensivem Bibelstudium geübt, wandte sie sich als junge Frau den bislang ausgeklammerten Themen wie Sexualität, Okkultismus und Freiheit im Allgemeinen zu.[1] Um 1887 beschäftigte sich Craddock mit theosophischen Themen und studierte alle möglichen Quellen zum Okkultismus. Neben der biblischen Tradition berücksichtigte sie auch hinduistische Lehren, griechische Philosophie und zeitgenössische Auffassungen des Okkultismus. Einmal bezeichnete sie sich sogar als *„Priestess and Pastor of the Church of Yoga"*.

Sie behauptete, mit einem Engel namens *Soph* – wohl dem männlichen Pendant zu *Sophia* – verheiratet zu sein, wie sie in ihrer Schrift *„Heavenly Bridegrooms"* (Himmlische Bräutigame) darlegte, die der „Sexualmagier" Aleister Crowley (siehe Kapitel 6) in einer Besprechung 1919 in höchsten Tönen lobte: *„This book is of incalculable value to every student of occult matters. No Magick library is complete without it."*[2] Obwohl sie nie verheiratet oder öffentlich mit einem Mann liiert war, hatte sie zwischen 1889 und 1891 nach Auskunft eines Vertrauten zwei Liebhaber, die recht unterschiedlich waren.[3] Der erste konnte sie in seiner konventionellen Art sexuell nicht befriedigen, während der zweite, ein *„heretical mystic"*, mit der *Karezza*-Technik wohlvertraut war und durch sein Können Ida in eine bis dahin nicht gekannte sexuelle Ekstase versetzte. Sie interessierte sich zunehmend für Formen religiöser Sexualität, die sie eklektizistisch sehr unterschiedlichen kulturgeschichtlichen Quellen entnahm. Ihre diesbezügliche Schrift war mit *„Lunar & Sex Worship"* betitelt. Das Kreuz, das auch weit über die Christenheit hinaus in allen Kulturen und Religionen der Welt als Zeichen beachtet werde, sei, so legte sie in einer Folgeschrift dar, grundsätzlich ein Symbol der sexuellen Vereinigung, das überall als Quintessenz jeglicher Religion verehrt würde.

Craddocks theosophische und spiritualistische Anschauungen standen in einem merkwürdigen Spannungsverhältnis zu ihren sehr praktischen Ratschlä-

---

[1] Vere Chappell: Ida Craddock: Sexual Mystic and Martyr for Freedom. Originally presented at the Second National O.T.O. conference; August 7, 1999; http://www.idacraddock.com/intro.html (31.05.2012).

[2] http://en.wikipedia.org/wiki/Ida_Craddock (31.05.2012).

[3] Chappell, 1999 [Sexual Mystic].

gen für ein sexuell befriedigendes Eheleben. Was heute als „Vergewaltigung in der Ehe" problematisiert wird, hatte sie als schreckliches Alltagserleben unzähliger Frauen vor Augen. Sie kannte aus einschlägigen Berichten das sexuelle Elend, das mit den Redeweisen von „Hochzeitsnacht" und „ehelichen Pflichten" umschrieben wurde. So verfasste sie emanzipatorische Aufklärungsschriften wie *„The Wedding Night"* und *„Right Marital Living"*, in denen sie konkrete Ratschläge erteilte, die von ihren Feinden als obszön angesehen wurden und Anlass zu ihrer juristischen Verfolgung gaben. Sie betonte die Notwendigkeit der sexuellen Selbst-Kontrolle. Wer den Geschlechtsverkehr mit seiner Frau erzwingt, ohne dass diese Verlangen danach verspürt, vergewaltige sie. Stattdessen empfahl Craddock, den Geschlechtsverkehr mindestens eine halbe bis eine Stunde andauern zu lassen, um der Frau genügend Zeit zu geben, zum Orgasmus zu gelangen. Das erigierte Glied sei abstoßend, eine *„monstrosity"*, wenn die Frau nicht entsprechend sexuell erregt sei. Umso mehr gelte dies für eine junge Braut: *„how much more must the sight and touch of that apparent monstrosity in a man shock and terrify the inexperienced young bride!"* Sie empfahl, der Natur mit Einfühlungsvermögen beim Liebesspiel ihren Lauf zu lassen: *„if you are patient and loverlike and gentlemanly and considerate and do not seek to unduly precipitate matters, you will find that Nature will herself arrange the affair for you most delicately and beautifully."* Sie beschrieb die physiologischen Reaktionen der Frau auf die Liebkosungen des Mannes, sodass sich die Erregung reflexartig von den Brüsten auf die Genitalien übertragen könne und die Vagina feucht werde. Der Penis könne dann nicht nur ohne Schmerzen, sondern mit einer Verzückung (*rapture*) eingeführt werden.

Craddock identifizierte sich bezüglich ihres himmlischen Bräutigams mit Maria, die ja ebenfalls durch einen solchen, nämlich den Heiligen Geist, befruchtet worden sei. Sie beschrieb drei Stufen der Initiation durch sexuelle Mittel: (1) Der *„Alphaism"* als erste Stufe untersagte die geschlechtliche Vereinigung außer einer beabsichtigten Zeugung; (2) der *„Dianism"* bedeutete die absolute Selbstkontrolle beim Geschlechtsverkehr, wobei in der ersten Phase die Ejakulation hinausgezögert und die Vereinigung unbegrenzt verlängert werden sollte, während in der zweiten Phase die Fähigkeit erworben werden sollte, durch die Ekstase des Orgasmus ohne Ejakulation zu kommen; auf der dritten und letzten Stufe sollte eine Vereinigung mit Gott (*comunion with Deity*) als dem „dritten Partner bei der ehelichen Vereinigung" erzielt werden, wobei auch hier zwei Phasen zu unterscheiden seien: Zunächst sei während der sexuellen Ekstase die Vereinigung mit Gott anzustreben, und sodann sei der Zustand der Freude zu erhalten, der Gott und den menschlichen Sexualpartnern durch diese Vereinigung zufließe. Craddocks spezielle Art, Brautmystik mit innovativer Sexualpraktik zu kombinieren, wurde vor allem in ihrer Schrift „*Heavenly Bridegrooms*" deutlich.[1] Solche Himmlischen Bräutigame seien viel häufiger, als allgemein angenommen.

Sie wehrte sich gegenüber vehement vorgebrachten Verdächtigungen: Entweder habe sie verbotene Erfahrungen gemacht und sei verdorben – oder sie sei schlichtweg verrückt. Sie identifizierte als die beiden himmlischen Bräutigame den Heiligen Geist und Christus, denen als Braut Maria bzw. die christliche Kirche gegenüberstand. Sie verwies auf Teresa von Avila, die Christus als Bräutigam der Seele verstanden habe, und auf den volkstümlichen Choral: „*Jesus, Lover of my soul, / Let me to Thy bosom fly!*" Auch hob sie, wie viele andere, die religiöse Erotik im Hohelied Salomos hervor. Sie forderte ihre prüde Umwelt auf doppelte Weise heraus: spiritualistisch als angebliche Braut eines Engels und sexualreformerisch als Ratgeberin für einen befriedigenderen Geschlechtsverkehr. So stand sie mit einem Bein im Irrenhaus, mit dem anderen im Gefängnis und wurde von ihren Verfolgern gehasst, vor allem von dem selbst ernannten Sittenrichter Anthony Comstock. 1902 beging sie im Alter von 45 Jahren Suizid, nachdem man ihr angeboten hatte, ihr eine drohende Gefängnisstrafe zu erlassen, wenn sie sich für geisteskrank erklären würde.

Auch in Europa regte die Idee der Himmlischen oder Heiligen Hochzeit bestimmte okkultistische Zirkel zu „sexualmagischen" Praktiken an. So ging der Opernsänger und Okkultist Theodor Reuß, der vorübergehend auf dem *Monte Verità* aktiv war, in seinen religionshistorischen Betrachtungen auch auf die

---

[1] Craddock, 1918; http://www.idacraddock.com/bridegrooms.html (4.06.2012).

Heilige Hochzeit ein, insbesondere auf den hinduistischen *Lingam-Yoni*-Kult.[1] Offenbar handelt es sich hier um den ersten Teil eines geplanten Werks, dessen nicht erschienene „zweite Abteilung" die Beziehungen des *Lingam-Yoni*-Kults zum Marienkult und den Symbolen der Rosenkreuzer behandeln sollte. Reuß war Mitglied und zum Teil Mitbegründer zahlreicher esoterischer Orden und ging recht unterschiedlichen Tätigkeiten nach. Sein Buch *„Lingam-Yoni"* entstammte nicht, wie auf dem Titelblatt angegebenen, „alten Geheimschriften eines Ordens", sondern stellte eine Übernahme des 1889 in London anonym erschienenen Privatdrucks *„Phallism: A Description of the Worhip of Lingam-Yoni"* dar. Biografen mutmaßten, dass der Inhalt etwas mit dem „Geheimnis" des Orientalischen Templer Ordens (*Ordo Templis Orientalis*, O.T.O.), den Reuß mitbegründet hatte, zu tun habe. Treibende Kraft der Ordensgründung war der Wiener Fabrikant Carl August Kellner, der sich seit den 1890er Jahren mit Yoga-Techniken beschäftigt hatte. Er praktizierte in seinem Haus alleine oder mit seiner Frau *„some form of tantric goddess worship"*, wie die niederländische Religionswissenschaftlerin Albertina Nugteren mitteilte.[2] Allerdings seien in seinem Fall die biografischen Tatsachen von Fiktionen verdeckt, wie eine Urenkelin von Kellner monierte.[3] 1912 war in der „Oriflamme", dem amtlichen Organ des O.T.O., zu lesen, dass der Orden die Schlüssel für „alle maurerischen und hermetischen Geheimnisse" besitze, nämlich „die Lehre von der Sexual-Magie, und diese Lehre erklärt *restlos* alle Rätsel der Natur".[4]

---

[1] Theodor Reuß [Pseudonym: Pendragon]: Lingam-Yoni oder die Mysterien des Geschlechts-Kultus als die Basis der Religion aller Kulturvölker des Altertums und des Marienkultus in der christlichen Kirche sowie Ursprung des Kreuzes und des Crux Ansata. Gross-Lichterfelde-Berlin: Willson, 1906. Enthalten in: Theodor Reuß (Hg.): Lingam-Yoni oder die Mysterien des Geschlechts-Kultus. München: Verl. der Arbeitsgemeinschaft für Religions- und Weltanschauungsfragen, 1983 (Hiram-Edition; 14): S. 128, IV f.

[2] Zit. n. Helmut Zander: Anthroposophie in Deutschland. Theosophische Weltanschauung und gesellschaftliche Praxis 1884-1945. 2 Bde. Göttingen: Vandenhoeck & Ruprecht, 2007: S. 978,.

[3] http://www.pararreligion.ch/sunrise/sigrid.htm (8.02.2013).

[4] Reuß, 1983 [Lingam-Yoni]: S. IX f., 55, 60, 63, 73.

Das Aufnahmeritual des O.T.O. war erotisch gefärbt. Der Aufzunehmende hatte es mit verbundenen Augen zu absolvieren. In einer Geschichte des *Monte Verità* heißt es, wie Reuß zitiert: „Unklare Weihehandlungen, süßlich duftende Dämpfe, teilweise Entkleidungen, aufpeitschende Musik schufen eine Schwüle, die den Teilnehmern bald den Rest der Besinnung raubte. Sie gerieten in einen Taumel, durch den alles weitere Geschehen, das bei Licht besehen einfältig und schamlos angemutet hätte, sublimiert wurde. [...] Manche ehrbaren Frauen gaben sich den Brüdern in Verzückung hin und waren später der festen Meinung, Gott sei der Vater ihres Kindes". Reuß galt als „Frauenfresser", dem alle Frauen verfallen waren, was schließlich dazu führte, dass er den *Monte Verità* nach einjährigem Treiben 1917 verlassen musste.

Reuß berief sich auf tradierte Formen des Phallus-Kultes bei Indern, Griechen und Römern und das transkulturelle Symbol *Lingam-Yoni*, das die Geschlechtsvereinigung in Steinskulpturen zeigt, wobei *Lingam* (oder *Linga*) das männliche und *Yoni* das weibliche Geschlechtsorgan symbolisiert: „das Symbol der göttlichen *sacti* [sic]oder vereinigten aktiven Energien, die zeugende und gebärende Kraft, durch welche die ganze Summe der irdischen Wesen entsteht und besteht." Offenbar sollte dieser Bezug auf ehrwürdige kulturhistorische Zeugnisse die Dignität seiner „Sexual-Magie" belegen. Eine besondere Bedeutung hatte die sogenannte *Linga-Puja*-Zeremonie in Indien: „In jedem Dorfe ist ein Tempel, und in jedem Tempel ist ein Linga, gewöhnlich zwei oder drei Fuß hoch, der sich aus einer Art breiten Basis in konischer Form gerade zum Himmel emporhebt. Junge Mädchen, die Liebhaber oder Ehemänner zu bekommen wünschen, versammeln sich am frühen Morgen in diesen Tempeln zur Vornahme feierlicher Zeremonien und Anbetung der Gottheit. Diese Zeremonie wird ‚Linga-Puja' genannt [...]. Zuerst bespritzen die jungen Mädchen das Symbol mit Wasser aus dem Ganges [...], dann dekorieren sie den Linga mit Guirlanden aus Tulvablumen, [...] schließlich reiben sie ihren Unterleib gegen das Symbol und flehen die Gottheit an, sie fruchtbar zu machen." Da die Nachkommenschaft in Indien aus religiösen Gründen einen hohen Stellenwert habe, würden Ehemänner, deren Frauen kinderlos geblieben sind, in einen speziellen „Hochzeitstempel" schicken, um zu *Linga* zu beten. Reuss schilderte auch ausführlich die mythologisch und kulturhistorisch bedeutenden Projektionen von *Linga* und *Yoni* auf alle möglichen natürlichen und künstlich hergestellten Dinge, etwa die Vereinigung beider bei einem Schiff, wobei *Yoni* den Schiffskörper und *Linga* den Schiffsmast darstellt – was an manche (vulgär-) psychoanalytische Symboldeutung erinnert.

In der libertinen französischen Literatur des 18. Jahrhunderts wurde übrigens der Phalluskult bildlich dargestellt. Inwieweit hierbei indische Einflüsse eine Rolle spielten, sei dahingestellt. Die lasziven Illustrationen gehören zur Vorgeschichte der Pornografie, deren Begriff erst im frühen 19. Jahrhundert geprägt wurde. So ist auf dem Titelblatt des anonym veröffentlichten Gedichtbandes *„Parapilla"*, der von dem französischen Dichter Charles Bordes verfasst wurde, ein erotisches Fest mit nackten Frauen dargestellt. (**Abb. 35**) Sie beten einen blumenbekränzten Phallus mit Flügeln an, der auf einem monumentalen Sockel nach oben ragt. Über ihm hängt ein Blumenkranz, Symbol des weiblichen Geschlechtsorgans („Hymen") und der Hochzeit, die in der griechischen Mythologie unter der Botschaft des Gottes Hymenaios stand. Eine analoge Illustration zeigt das Titelblatt des zweiten Teils der französischen Übersetzung (*Nouvelle Traduction de Woman of Pleasur* [sic]) „von *„Fanny Hill"*, einem erotischen Briefroman von John Cleland, der erstmals 1749 in London erschien. (**Abb. 36**) Allerdings huldigen hier anstelle von Frauen Putten dem Phallus und umtanzen eine Blumengirlande tragend das Monument. Auch diese Illustration vermittelt den festlichen Charakter eines Ritus.

Moderne Okkultisten werteten die Heilige Hochzeit auf, indem sie auf tantrische und taoistische Lehren zurückgriffen. Hierbei ging es um Sexualpraktiken, die eine ekstatische Verschmelzung des Einzelnen mit dem Kosmos zum Ziel hatten. Ein wichtiges Moment war nach dem tantrischen Yoga die Praxis des *maithuna*. Hierbei sollte der Samen (des Mannes) beim Koitus zurückgehalten werden und dann rückläufig zum Scheitelpunkt des Gehirns aufsteigen und dort zur Erleuchtung führen.[1] Der Samen galt als Träger der Lebenskraft, der auch zur Heilung von Krankheiten und zur Langlebigkeit beitrug. Der Mann

---

[1] Sarane Alexandrian: Histoire de la philosophie occulte. Paris: Seghers, 1983: S. 373, 375.

stand dabei im Zentrum der Aufmerksamkeit, die Frau hatte ihm als Instrument für seine Zwecke zu dienen, was soweit führte, dass nach dem Kult des *Sahajiva* sogar eine imaginäre Frau, ein *succubus*, die reale ersetzen konnte. Im abendländischen Okkultismus wurden dagegen Techniken entwickelt, die beide Geschlechtspartner gleichermaßen befriedigen sollten, was nicht zuletzt auf die säkulare Sexualpraktik der *Karezza* zutrifft (siehe Kapitel 6).

Alber Camus schilderte in seiner Erzählung „Die Ehebrecherin", wie eine ungeliebte und frustrierte Ehefrau, die verhärmt und erstarrt neben ihrem Mann dahinvegetiert, eines nachts unter nordafrikanischem Himmel ganz alleine eine Art himmlische Vermählung erlebt, die ihre Lebenslage völlig verändert. Diese poetisch wunderbar beschriebene unio mystica führt zum Orgasmus, der eine Erlösung der Frau von ihrer Not bedeutet. Der Ehebruch wird in einem quasi religiösen Akt der Hingabe an den Himmel, die Natur, die Nacht vollzogen: „Da begann mit unerträglicher Milde das Wasser der Nacht Janine zu erfüllen, es begrub die Kälte unter sich, vom geheimen Mittelpunkt ihres Wesens stieg es nach und nach empor und drang in ununterbrochener Flut bis in ihren von Stöhnen übergehenden Mund. Im nächsten Augenblick breitete der ganze Himmel sich über ihr, die rücklings auf der kalten Erde lag."[1] Man könnte sagen: Janine gehört nun nicht mehr ihrem Ehemann, sondern dem Himmel.

6. Kapitel
Erotische Magie und ihr Glücksversprechen

Sexualität erscheint heute in zweierlei Hinsicht enttabuisiert. Zum einen wird der Mensch als biologisch fassbares Triebwesen verstanden, der auch noch im letzten seiner Gemütswinkel vom Geschlechtstrieb bedrängt wird; zum ande-

---

[1] Albert Camus: Die Ehebrecherin. In: Ders.: Gesammelte Erzählungen. Deutsch von Guido G. Meister. Reinbek bei Hamburg: Rohwolt, 1966, S. 105-126, hier: S. 125.

ren wird Sexualität als Bühne der öffentlichen *performance* benutzt, auf der der Mensch seine Bedürfnisse endlich offen ausleben kann. Damit geraten zwei Dimensionen des Eros ins Abseits: die von der biologischen Sexualsphäre scheinbar unabhängige Macht des Geistes und die existenziell-private Erfahrung des Erotischen. In der Medizin wird, wie wir gesehen haben, Sexualität biologistisch verengt und letztlich der Sphäre des Vegetativen zugerechnet, das sich unwillkürlich jenseits des menschlichen Geisteslebens abspiele. Ähnliches geschieht aber auch mit der individuellen Erfahrung des Erotischen, die hinter statistisch erfassten äußerlichen Parametern, etwa der Häufigkeit des Geschlechtsverkehrs, aus den wissenschaftlichen Berechnungen verschwindet. Die *magia naturalis* implizierte jedoch, wie wir gesehen haben, durchaus erotische Momente, insbesondere in ihrer alchemistischen Variante. Der Naturforscher, der mehr oder weniger aus den Brüsten der *Natura* Milch saugte, oder die Konjunktion von Sonne und Mond bzw. Gold und Silber, die als kopulierendes Paar dargestellt wurde, sind Beispiele hierfür. Die sinnlich-erotischen Annäherungen an die vorgestellte Gottnatur geschahen am intensivsten in der mystischen Verschmelzung (*unio mystica*). Vor allem im Ausgang von altindischen religiösen Lehren entfaltete sich eine Tradition der Sexualmagie (*magia sexualis*), in der kosmisches Vereinigungserleben mit bestimmten Sexualpraktiken erreicht werden sollte. Die Zurückhaltung des Samens spielte hierbei eine zentrale Rolle.

Es ist faszinierend zu beobachten, wie „magische" Sexualpraktiken in einer Zeit propagiert und auch in die Tat umgesetzt wurden, als biologistisches Denken auch den Begriff der Sexualität beherrschte. Insbesondere soll die Technik der *Karezza* vorgestellt werden, die in der Lebensreformbewegung im späten 19. und frühen 20. Jahrhundert – wenn auch nur am Rande der Debatte über Sexualität – eine gewisse Bedeutung erlangte. *Magia naturalis* und *magia sexualis* sind kaum voneinander zu trennen. Letztere kann als die intensivste Stufe der Ersteren aufgefasst werden. In der Sexualität soll jene „Heilige Hochzeit" aufscheinen, die in der *unio mystica* am eigenen Leib vollzogen wird (siehe Kapitel 5). Gegenüber der herrschenden Auffassung einer biologisch fixierten Sexualität sind wir hier mit einem alternativen Ansatz des Sexuallebens konfrontiert, nämlich einem Sexualleben als einem geistigen Agieren, einem spirituellen Handeln, das nach Überzeugung der Promotoren dieser *magia sexualis* befreit und zugleich beglückt. Die Gratwanderung zwischen Scharlatanerie, Missbrauch und Verblendung einerseits und religiösem Wahn, Schwärmerei und Geisteskrankheit andererseits ist gerade auf dem Gebiet der Sexualität schwierig und gefährlich. Angesichts der „sexuellen Not", die als *conditio humana* auch nach allen „sexuellen Revolutionen" nicht verschwunden ist, erscheint diese Gratwanderung gleichwohl als konkrete Utopie verlockend.

Magia sexualis

In der Mitte des 19. Jahrhunderts initiierte der US-amerikanische Arzt und Okkultist Paschal Beverly Randolph eine *magia sexualis*, die auch als „rote Magie" bezeichnet wurde. Randolph hatte bereits 1858 eine Bruderschaft der Rosenkreuzer (*Fraternitas Rosae Crucis*; *FRC*) gegründet, die – historisch unhaltbar – von sich behauptete, mit den Rosenkreuzern des frühen 17. Jahrhunderts identisch zu sein.[1] Er war eine zentrale Figur des US-amerikanischen Okkultismus in der Mitte des 19. Jahrhunderts, der zahlreiche geheime Gesellschaften gründete, so die Hermetische Bruderschaft von Luxor und die Bruderschaft von Eulis. Somit übte er einen nachhaltigen Einfluss auf die Lehren führender magischer Orden des 20. Jahrhunderts aus, etwa die *Ordo Templi Orientalis* (O. T. O.) und die *Fraternitas Saturnis*.[2] Randolph propagierte die Gleichberechtigung der Frau, die „freie Liebe" und die selbstexperimentelle Praxis „im Dienste der Weiterentwicklung zu persönlicher Vervollkommnung." Um 1850 ließ er sich als Barbier in Neuengland nieder, war vom aufkommenden Spiritismus (*„Hydesville Rappings"*) fasziniert und betätigte sich wahrscheinlich auch selbst als Medium. Er studierte Mesmers Schriften und entwickelte magnetische Apparaturen, die er „Volte" und „Fluidkondensatoren"

---

[1] http://en.wikipedia.org/wiki/Paschal_Beverly_Randolph (8.05.2010).

[2] Pascal Beverly Randolph: Magia Sexualis. Die sexualmagischen Lehren der Bruderschaft von Eulis. Aus dem Franz. übertragen, mit einem Vorwort und einer Einleitung versehen von Michael de Witt. Wien: Edition Ananael, 1992: S. 7 f., 11., 15, 19 [„Vorwort" des Übersetzers].

nannte. 1854 eröffnete er eine ärztliche Praxis in Boston, wo er auch ein selbst hergestelltes Mittel zur Stärkung der Lebenskraft verkaufte, das er *Proto-Ozon* (*Protozon*) nannte. Daneben studierte er die *Vodoo*-Kulturen der Afroamerikaner. Sein Hauptinteresse galt der Theorie und Praxis der Sexualmagie. Er wurde deswegen inhaftiert, angeklagt und schließlich freigesprochen. Zwischen ihm und der russischen Okkultistin Helena Petrowna Blavatsky entzündete sich ein „magischer Krieg": Während Letztere einen „moralisch reinen" Spiritismus vertrat, wollte Randolph die Sexualmagie wissenschaftlich erforschen. Er starb 1875 unter mysteriösen Umständen – im selben Jahr, als Blavatsky die Theosophische Gesellschaft gründete.

Randolph verfasste seine sexualmagischen Schriften zwischen 1870 und 1872. Sie zirkulierten in geringer Auflage zum persönlichen Gebrauch für ausgewählte Studenten der Bruderschaft von Eulis und wurden erst 1931 in französischer Sprache unter dem Titel *Magia Sexualis* veröffentlicht. Die Schrift wurde von der nach Paris emigrierten russischen Aristokratin Maria de Naglowska zusammengestellt und übersetzt, worauf die hier zitierte deutsche Übersetzung beruht. Madame de Naglowska ernannte sich zur „Groß-Priesterin der Liebe" und unterhielt in den 1930er Jahren einen „magischen Zirkel von zweifelhaftem Ruf" in Paris, in dem sexualmagische Riten praktiziert wurden. Sie beschrieb den Geschlechtsverkehr als ein satanisches Ritual, in dem der Mann selbst zur unbegrenzten Macht der Negation werde und sich dem blitzartigen Eindringen des weiblichen Lichtes hingebe – im sublimen Moment der „heiligen Hochzeit", für die sich die Geliebte bereithält (*„à l'instant sublime du coït sacré, pour lequel l'Amante n'est pas endormie"*).[1] Durch diese hohe magische Operation (*Haute Magie d'Or*) würde Satan – die kosmische Vernunft, die verneint und zweifelt – in die Unterwelt stürzen, das heißt: in die Sexualorgane des Mannes. Das bewirke eine Umwälzung, die sich nach einiger Zeit beruhige und ein neues Gleichgewicht finde: Ein neuer Mann (*un homme nouveau*) erscheine, dem man die Würde eines Ehrenwerten Ritters des Goldenen Zwei-

---

[1] Maria de Naglowska: La Lumière du sexe. Rituel d'initiation satanique. Selon la doctrine du troisième terme de la trinité. Orné de huit planches symboliques par Lucien Helbé. Paris : Ordo Templi Orientis, 1993 [Facs.-éd. de l'éd. Paris: La Fleche, 1932]: S. 137.

ges (*Guerrier Vénérable de la Flèche d'Or*) verleihe. Doch zurück zu Randolphs „Sexualmagie".

Randolph sah den Geschlechtsverkehr als ein gemeinsames Gebet an, eine Vereinigung der Seelen, die Selbstbeherrschung und Unterwerfung der Leidenschaften unter den Willen voraussetzte. „Wie jedes Gebet, so ist auch dieses immer erschöpfend. Es ist jedoch notwendig, daß das Ziel des Gebets, der Wunsch oder das Begehren klar formuliert und kräftig imaginiert wird."[1] Das Ziel solle gemeinsam imaginiert werden, doch könne das Gebet auch nur in einer der beiden Seelen wirksam sein, „da sie [die Seele] in der Ekstase des Orgasmus die schöpferische Kraft des anderen mit sich reißt." Er nannte diese geistige Vereinigung „*blending*" (Vermischung, Verschmelzung) und hielt sie für den Schlüssel zu allen Geheimnissen des Universums und die Kraftquelle schlechthin: „*Thus it happens that a loving couple grow* [sic] *youthful in soul, because in their union they strike out this divine spark, replenish themselves with the essence of life, grow stronger and less brutal, and draw down to them the divine fire from the aereal spaces.*"[2] Der geschlechtlich imaginierte Verkehr mit den kosmischen Geistern war die höchste Stufe, die Randolph „*Sleep of Sialam*" nannte, und die das Einziehen, Einatmen des „*Aeth*", der feinen spirituellen, göttlichen Essenz ermögliche.[3] Diese Atemmethode sollte himmlische Kräfte inkorporieren und während des Sexualaktes deren Samen in den menschlichen Fötus einpflanzen, um ein höherwertiges Kind zu schaffen. Randolph spann diesen Gedanken der mentalen Durchdringung während des Sexualaktes bis zur letzten Konsequenz aus: dem Geschlechtsverkehr mit dem Geist einer verstorbenen Person!

---

[1] Randolph, 1992 [Magia Sexualis], S. 69.

[2] Zit. n. John Patrick Deveney: Pascal Beverly Randolph and Sexual Magic. In: Wouter J Hanegraaff / Jeffrey J. Kripal (Hg.): Hidden Intercourse. Eros and Sexuality in the History of Western Esotericism. Leiden; Boston. Brill, 2008 (Aries Book Series; v. 7): S. 355-368, hier: S. 360.

[3] Randolph, 1992 [Magia Sexualis]: S. 363 f., 70-72, 80 f.

Randolph führte eine Reihe von Verhaltensregeln an, um sein sexualmagisches Ziel, das „Glück der Seele", zu erreichen, damit der sexuelle Akt „zu einer Quelle spiritueller und materieller Kraft [...], zum Urquell von Gesundheit, Heiterkeit und Frieden" wird. Hierzu gehörten vor allem hygienische und diätetische Ratschläge: Körperpflege, Schweigen, kühles Schlafzimmer, frühes Zubettgehen. Die geistige Einstellung im Augenblick der Zeugung sei entscheidend: „Wenn der Mann zu diesem Zeitpunkt unter dem Einfluß fleischlicher Lust oder tierischer Instinkte steht", so sei das Kind, „das er zeugt, [...] ein elendes Wesen und zum Mörder oder geistigen Krüppel bestimmt." Dagegen sei ein „in der Harmonie gegenseitiger Liebe" gezeugtes Kind „ein Kind höherer Kräfte".

Randolph ging von der „Polarität der Geschlechter" als einem Gesetz aus, „das den Schleier der Isis" lüftet. Er unterschied fünf grundlegende Positionen des Geschlechtsverkehrs, „die das Paar bei der Durchführung von sexualmagischen Operationen zum Gebet der Liebe einnehmen kann." Er symbolisierte sie mit Strichzeichnungen, wobei dem Mann negative Ladung (Minus-Zeichen im Kopfkreis) und der Frau positive Ladung (Plus-Zeichen im Kopfkreis) zugesprochen wurde. Randolph glaubte voller Naivität daran, das Geschlecht eines Kindes beim Zeugungsakt magisch bestimmen zu können: „Zum Zeitpunkt der Vereinigung erzeugt die Frau in der mentalen Sphäre das Bild eines Mannes, während der Mann das Bild einer Frau erzeugt. Gemäß der Tendenz, die überwiegt, wird das Kind entweder männlich oder weiblich." Nach diesem „Gesetz" sei es möglich, das Geschlecht des Ungeborenen vorherzusagen, indem man untersuche, welcher der beiden Elternteile die stärkere Vorstellungskraft besitze. In der Praxis sei es jedoch schwer, die Vorstellungskraft zu variieren und deshalb riet Randolph, bestimmte Regeln zu beachten. Hier griff er auf altbekannte geschlechtsspezifische Korrespondenzen der *magia naturalis* sowie die Imaginationslehre zurück: Um einen Knaben zu zeugen, solle man den Raum „mit dem Parfum des Mars" parfümieren und in rotem Licht arbeiten, um ein Mädchen zu zeugen, solle man das „Parfum der Venus" in grünem Licht anwenden. Außerdem sei es hilfreich, das Bild eines Mannes oder einer

Frau aufzustellen, je nachdem, „ob die Zeugung eines Knaben oder eines Mädchens gewünscht wird."

Nach Randolph hatten die sexualmagischen Praktiken sieben Ziele: Aufladung von fluidalen Kondensatoren wie z. B. Amuletten; magnetische Beeinflussung des Partners; Realisierung eines bestimmten Vorhabens; die Geschlechtsdetermination des Kindes bei der Empfängnis; Verfeinerung der Sinne; Erneuerung der Lebensenergie; Hervorrufen übermenschlicher Visionen.[1] Der französische Arzt und Homöopath Adrien Péladan nahm zwischen den heterosexuellen Geschlechtspartner eine umgekehrte Polarität an: Bei der Frau sei der Kopf positiv, die Geschlechtsorgane negativ geladen, beim Manne verhalte es sich umgekehrt. Deshalb befruchte der Mann die Frau psychisch, die Frau dagegen den Mann spirituell. *„Sous la projection de la pensée de la femme, le cerveau féminin de l'homme se met à* concevoir."[2] Daran anknüpfend entwickelte die russische Okkultistin Maria de Naglowska die Idee einer moralischen Befruchtung des Mannes durch „Priesterinnen der Liebe" (*prêtresses d'amours*). Sie gründete 1932 die *Confrérie de la flèche d'or* mit dem Ziel, das Zeitalter des Paternalismus durch die Herrschaft der Mutter abzulösen. Das Böse sollte mit religiösen Geschlechtsakten, die von heiligen Prostituierten angeleitet wurden, überwunden werden.

„Sexualmagie" wurde im frühen 20. Jahrhundert mit nordischer, arischer Ideologie und unverhohlenem Nationalismus verknüpft und erschien als Methode der Rassenhygiene. In einem einschlägigen Buch wurde der „Saeming" (die Besamung) als „Sexual-Magie der Zukunft" vorgestellt.[3] Das betreffende Frontispiz von Fidus zeigt die Besamung als von Spermien strahlenförmig umgebene Eizelle, in die von oben ein sonnenhaftes Spermium mit Gesicht (eine Art

---

[1] Sarane Alexandrian: Histoire de la philosophie occulte. Paris: Seghers, 1983 : S. 376.

[2] Zit. n. Alexandrian, 1983 [philosophie occulte]: S. 376 f.; vgl. Adrien Péladan: Anatomie homologique. La triple dualité du corps humain et la polarité des organes splanchniques. Avec une préface de Joséphin Péladan.Oeuvre posthume. Paris: Baillière, 1886.

[3] G. Herman: Xenologie des Saeming. Neuausgabe der „Sexual-Magie". Mit Buchschmuck von Fidus. Leipzig: Altmann, 1905: S. 259-512, hier S. 435, 502-512.

Sonnengott) eindringt. (**Abb. 37**) Im Ei sieht man die Oberkörper eines sich umarmenden Paares. In dieser Programmschrift findet sich ein völkisches Plädoyer für „deutsche Kunst", die „aus der Tiefe des nationalen Volkslebens [...], aus seiner Natur, aus seiner Geschichte und vor allem aus seiner Sage" zu schöpfen sei. Sie zielte auf die „Menschenzüchtung", die im Anhang zusammenfassend dargestellt wurde. Die Züchtung habe schon in der Schwangerschaft zu beginnen, wie das Beispiel Mozarts zeige: „die Mutter Mozarts beschäftigte sich in den ersten Jahren ihrer Ehe leidenschaftlich mit Musik und gebar Wolfgang. Später gab sie diese Beschäftigung auf – und ihr zweiter Sohn war ohne jegliches Talent für Musik."

Künstler und Schriftsteller interessierten sich im frühen 20. Jahrhundert besonders für Ethnologie, Psychoanalyse, Anthroposophie und Parapsychologie („Okkultismus"), wobei auch sexualmagische Ideen und Praktiken eine gewisse Rolle spielten. Rudolf Steiners Beziehung zu Reuß und die Frage, inwieweit dessen sexualmagische Techniken (siehe oben) in seine maurerischen Praktiken Eingang fanden, ist bis heute Gegenstand von Spekulationen.[1] Aus diesem Umfeld wäre der Architekt und Kulturtheoretiker Heinrich Goesch zu nennen, ursprünglich ein Steiner-Anhänger, der sich aber dann von der Anthroposophie lossagte. Er war mit dem umstrittenen Psychoanalytiker Otto Groß befreundet und experimentierte offenbar auch auf sexuellem Gebiet, was ihn „zu einer polygamen Praxis mit sexualmagischen Zügen führte." Seine Frau Gerdrud, eine Cousine von Käthe Kollwitz, „musste sich als Trägerin dieser Ideen ihren Möglichkeiten unterwerfen. Doch waren ihre Nerven solchen Erschütterungen wohl schlecht gewachsen." In seiner Intimbeziehung mit Hannah Tillich, der Frau des Theologen Paul Tillich, versuchte er, vermutlich von der Theosophie angeregt, Reinkarnationserinnerungen zu wecken. Wie der deutsche Religionswissenschaftler Helmut Zander dargelegt hat, ist auf diesem nebulösen Feld „das Verhältnis von Theorie und Praxis kaum zu bestimmen".

---

[1] Helmut Zander: Anthroposophie in Deutschland. Theosophische Weltanschauung und gesellschaftliche Praxis 1884-1945. 2 Bde. Göttingen: Vandenhoeck & Ruprecht, 2007: S. 978, 1006, 980.

Gegen Ende des 20. Jahrhunderts tauchte der Begriff „Sexualmagie" im Umfeld esoterischer Selbstverwirklichungsstrategien auf. Er war nun nicht mehr auf rassenbiologische, sondern auf esoterische und zugleich sexualbiologische Ziele ausgerichtet, wie dies das „Handbuch der Sexualmagie" eines gewissen „Frater V:., D:." zeigt. Der Autor sei angeblich in Heliopolis/Ägypten geboren, sei schon als Kind zur Esoterik gelangt und habe Sprachen und Literatur an den Universitäten Bonn und Lissabon studiert. Er sei als freier Schriftsteller tätig und „Begründer der pragmatischen Magie" bekannt. Medizinhistorisch interessant ist die geschilderte „Praxis der Energieübertragung zwecks Heilung und Kräftigung eines Partners".[1] Der Autor gab eine Methode der Energiespende an, die der traditionellen „Gerokomik" entspricht: Atemsynchronisation, unbekleidetes Nebeneinanderliegen. Der Energie spendende Partner solle keine eigene Energie abgeben. „Sie machen sich also zum Kanal für diese Energie, behalten Ihre eigene Energie aber für sich. *Alles andere wäre der reinste Selbstmord!*" Woher sind aber nun die Heilenergien zu beziehen? „Sie können sich mit Runenübungen energetisieren, Energie aus der Sonne oder von der Erde nehmen, von den vier Elementen, von Bäumen, Tieren, Steinen usw. Entsprechende Techniken haben sie teils schon geübt". Der „Energievampirismus" sei zu vermeiden, wenn man „um seine eigene Energieaufladung weiß und es auch versteht, die also gespeicherte Energie an den anderen weiterzugeben".

Die Ausführungen dieses geheimnisvollen Autors stellten eine perfekte Mischung aus handfesten Gebrauchsanweisungen und höchst esoterischen Spekulationen dar. So verkündete er beispielsweise: „Sollten Sie einen Tal- oder Ganzkörperorgasmus erfahren, wird der Astralaustritt zu einem Kinderspiel. Wenn Sie Ihre Sexualmagie entsprechend beherrschen, können Sie plötzlich astral aus dem physischen Körper herausschießen wie eine Rakete!"[2] Dement-

---

[1] V., D. [Frater V., D.]: Handbuch der Sexualmagie. Praktische Wege zum eingeweihtenUmgang mit den subtilen Kräften des Sexus. Haar: akasha, 1986: S. 222-223.

[2] V., D. [Frater V., D.]: Sexualmagie. Freisetzung und gezielte Anwendung der Kräfte des Eros. München: Ansata, 2008: S. 247, 366-375.

sprechend sei auch der Verkehr mit dem imaginierten Partner möglich, wenngleich es sich um eine „autoerotische Praktik" handele: „doch wenn der Partner hinreichend kraftvoll imaginiert wird, wird der – sofern er generell dazu geeignet und willens ist – an diesem Astral- bzw. Mentalverkehr aufs intensivste teilhaben." Viele Liebende würden diesen ohnehin erfahren, rein zufällig, während ihn der Magier „wie willentlich und kontrolliert herbeizuführen" verstehe. Im Rückgriff auf Rosenkreuzer, Kabbala und Alchemie sollte nun die „praktische Sexualmystik" ermöglicht werden: „Unio mystica und Chymische Hochzeit". Der Leser erhält hier eine handfeste Gebrauchsanleitung für das sexualmystische Ritual, in dem es u. a. heißt: „Gott und Göttin steigern ihre Ekstase immer weiter, suchen dabei aber nicht bewusst nach dem Gipfelorgasmus. Der Gott erkennt in der Göttin sich selbst in seinem weiblichen Aspekt, die Göttin erkennt sich in ihrem männlichen Aspekt im Gott. Ein eventuell eintretender sexueller Höhepunkt sollte diese Ekstase so weit steigern, bis das Bewußtsein gänzlich ausgeschaltet ist und nur noch die reine Energie strömt." Die „chymische Hochzeit" erfahre ihre höchste Stufe „durch die autoerotische Arbeit". „Die Chymische Hochzeit des Magiers mit sich selbst" gleiche der „Chymischen Hochzeit" für Paare, „nur dass der Magier eben beide Rollen wahrnimmt": „Der Magier empfindet sich zunehmend als Verkörperung der männlichen und weiblichen Energie. Schon diese Erkenntnis allein wird ihn in Ekstase versetzen."

„Magie" ist heute ein wichtiges Thema der praktischen Lebenshilfe. Es macht einen erheblichen Teil der Ratgeberliteratur zur Selbsthilfe (*Do it yourself*) aus. Als Beispiel sei hier das Buch „Magie für den Alltag" (*Everyday Magic*) des englisch-australischen Schriftstellers Nevill Drury genannt, der zahlreiche Publikationen zur westlichen Magie verfasste. Er gab eine Reihe von Gebrauchsanweisungen für Zaubereien in verschiedenen Lebenslagen. So beschrieb er einen Liebeszauber mit Hilfe von Blumen, die man sich liebevoll über Kopf und Gesicht streichen solle: „Öffnen Sie sich ganz der Liebesenergie der Blume und spüren Sie, wie sich eine solche Offenheit und die von der Blume verströmte

Liebe anfühlen."[1] Dann halte man die Hand mit Blume über verschiedene Körperregionen und spreche einen bestimmten Spruch: „Ich atme Liebe", „Ich halte Liebe in der Hand, „Ich spüre Liebe" etc. „Und dann lassen Sie sich überraschen, was in Ihrem Leben vielleicht so alles geschehen wird." Im Kapitel „Die Magie der Liebe und Sexualität" bezog er sich auf die Idee der Heiligen Hochzeit und bemühte vor allem *Wicca* und *Tantra*, um die praktischen Übungen zu begründen. Der große Ritus im *Wicca*-Kult schließe mit der Initiation „in der heiligen sexuellen Vereinigung zwischen Hohepriesterin und dem Hohepriester" ab. „In diesem Ritual rufen die Hohepriesterin und der Hohepriester den Gott und die Göttin in den Körper des jeweils anderen herab, so dass ihre Vereinigung nicht die von zwei individuellen, sich liebenden Menschen ist, sondern von zwei zu Einem vereinten Gottheiten. Ihre sexuelle Vereinigung findet gleichzeitig auf physischer und auf spiritueller Ebene statt; sie wird zu einer heiligen Handlung, die die Schöpfung und die universale Lebenskraft an sich symbolisieren."

In einem „Handbuch zur Sexualmagie für Fortgeschrittene" werden die „Rituale des Baumes der Ekstase" in einer Mischung von kulturhistorischen Versatzstücken und praktischen Ratschlägen präsentiert. Vorbild ist der kabbalistische „Baum des Lebens", der *Sephirot*-Baum. Die britische Autorin Dolores Ashcroft-Nowicki ist angeblich Anhängerin der „*Servants of light*" (SOL), einer „Schule der okkulten Wissenschaft", wie es auf ihrer Homepage heißt.[2] Die tantrische *Kundalini*-Übung sollte die „Macht der Schlange", der Schlangengöttin, hervorrufen: „Der Hauptzweck des Tantra besteht bei Männern darin, die Energie der Samenflüssigkeit umzukehren und ins Gehirn zu lenken. Bei Frauen liegt diese Energie im Menstrualblut. Kundalini, die Schlangengöttin, ruht bei den meisten Menschen an der Basis der Wirbelsäule. Wenn sie aufgeweckt

---

[1] Nevill Drury: Magie für den Alltag. Wie Sie die magischen Traditionen für Ihr Leben nutzen können. München: Atmosphären Verl., 2004: S. 120 f, 125-151.

[2] http://www.servantsofthelight.org/aboutSOL/bio-Dolores.html (27.03.2016).

wird, beginnt sie ihren Aufstieg zur Erleuchtung."[1] Die Gebrauchsanleitung für diverse „Rituale" wird mitgeliefert. Man benötige folgende Dinge: „zehn Kerzen, fünf dunkelgrüne und fünf goldfarbene; Räuchermittel; Körperöle; eine Schale Kräuter und zerquetschte Blätter, zwei Tontassen [etc. etc.]". Das Unverfrorene und Ärgerliche an solchen Ratgebern ist, dass hier höchste und tiefste Geheimnisse mystischer Erfahrungen, die sich nur einem lebenslang ernsthaft Geschulten erschließen können, als verfügbare Ware vorgegaukelt werden, die jedermann rasch und problemlos erwerben kann. In Anlehnung an die „Neosexualitäten" (Sigusch) (siehe Kap. 3) könnte man hier von einer „Neo-Magie" sprechen.

Sexualmagische Orden

Der schillernde englische Okkultist und Abenteurer Aleister Crowley lieferte skandalumwitterte Beiträge zur Sexualmagie. Er führte orgiastische Zeremonien in einem „weißen" und „scharzen Tempel" in seiner Wohnung in Schottland in der Nähe von Loch Ness durch. Er heiratete das Medium Rose Edith Kelly, durch deren Mund ihm angeblich Geistwesen das „Buch des Gesetzes" diktierten. [2] Crowley interessierte sich stark für die Sexualmagie, die er als *Magick* bezeichnete, wobei das „k" für das griechische Wort *kteís* (Vagina) stehe. 1929 zog er die Summe seiner Philosophie in seinem Buch *„Magick in Theory and Practice"*, das sehr viel später auch in deutscher Übersetzung erschien. Wir begegnen hier einem Sammelsurium von alten magischen Zauberformeln und -tricks, unterlegt mit kosmologischen und hermetischen bzw. kabbalistischen Ausführungen, ohne erkennbare Systematik und ohne Angabe von Quellen. Die *magia sexualis* wird nicht explizit erwähnt, auch von sexuellen Praktiken ist nirgends direkt die Rede. Crowley berief sich auf den Kerngedanken der *magia naturalis*, wie er im *„Clavicula Salomonis"*, dem sogenannten *„Legemoton"* des Königs Salomon, einem anonym erschienenen Zauber-

---

[1] Dolores Ashcroft-Nowicki: Der Baum der Ekstase. Ein Handbuch der Sexualmagie für Fortgeschrittene. Saarbrücken: Neue Erde, 1991.Ashcroft-Nowicki, 1991: S. 100, 281 [Nachwort], 91, 110.

[2] Alexandrian, 1983 [philosophie occulte]: S. 378 f.

buch des 17. Jahrhunderts, formuliert wurde. Dort heißt es im ersten Teil, der „*Goetia*": „Magie ist die Höchste, Unumschränkteste und Göttlichste Kenntnis der Naturphilosophie, fortschrittlich in ihren Arbeiten und wundervollen Operationen [...]. Daher sind Magier gründliche und fleißige Erforscher der Natur; wegen ihres erlernten Geschicks verstehen sie es, wie eine Wirkung vorhergewußt werden kann, was dem gewöhnlichen Menschen wie ein Wunder erscheinen soll." [1] Zugleich berief sich Crowley auf J. G. Frazers „Der goldene Zweig", in dem die Analogie von magischen und wissenschaftlichen Konzeptionen der Welt hervorgehoben wurde. „In beiden ist die Abfolge der Ereignisse vollkommen regelmäßig und sicher, indem sie durch unwandelbare Gesetze bestimmt wird, deren Operation präzise vorhergesehen und berechnet werden kann."

Nachdem sich Crowley seinem „Großen Werk" geweiht hatte, um „ein spirituelles Wesen zu werden", wählte er – in Abgrenzung zu „Theosophie", „Okkultismus" und „Mystizismus" – einen neuen Namen für seine Arbeit: nämlich „*Magick*". Wille, Gewalt, Selbstbehauptung und Selbsterkenntnis waren deren Kennzeichen. So heißt es in einem „Theorem": „Magick ist die Wissenschaft, sich selbst und seine Bedingung zu verstehen. Sie ist die Kunst, dieses Verstehen in Handlung anzuwenden." Ziel war es, den richtigen, vom Schicksal vorgesehen Ort in der Welt zu finden. Wie die Ordnung der Natur „für jeden Stern eine Bahn" vorsehe, so habe der Mensch standhaft „seine wahre Bahn" einzuhalten. Crowley wollte letztlich alle Menschen im Sinne seiner *Magick* verwandeln, sie durch seine praktische Methode befähigen, „sich selbst zu einem Magier zu machen." In diesem Zusammenhang kritisierte er die Freud'sche Psychoanalyse, die das Leben missinterpretiere und das menschliche Wesen als „ein antisoziales, kriminelles und wahnsinniges Tier" aufgefasst habe. Zentral war die Mikrokosmos-Makrokosmos-Theorie, wonach nicht nur die Aura des Naturforschers ein „magischer Spiegel des Universums" sei, „sondern auch das Universum [...] ein magischer Spiegel seiner Aura". Dementsprechend formulierte er die Zielsetzung des „magischen Rituals": die Vereinigung des

---

[1] Aleister Crowley: Magick in Theorie und Praxis. Übersetzung Ralf Löffler. Korrektur Gitta Peyn. 3. Aufl. Schnega: Phänomen-Verlag-Gitta-Peyn, 1996: S. XI, XIII, VIII, XIX, XXI, 5, 7, 9.

Mikrokosmos mit dem Makrokosmos. „Das höchste und vollständige Ritual ist daher die Invokation des Heiligen Schutzengels; oder in der Sprache des Mystizismus, Einheit mit Gott." Da Gott über der Geschlechtlichkeit stehe, müsse der menschliche Mangel kompensiert, die „Balance wiederhergestellt" werden, d. h.: Der männliche Magier habe jene weiblichen Tugenden zu kultivieren, an denen es ihm mangele. „Es wird dann für einen Magier rechtmäßig sein, Isis zu invozieren und sich mit ihr zu identifizieren". „Invokation" und „Evokation" beschrieben traditionelle Techniken der magischen Rituale, der „Geisterbeschwörung", auf die Crowley in eigenwilliger Diktion rekurrierte: „In der Invokation flutet der Makrokosmos die Bewußtheit. In der Evokation erschafft der Magier, zum Makrokosmos geworden, einen Mikrokosmos."

Der österreichische Experte für moderne esoterische Gruppierungen Ernst Thomas Hakl analysierte deren sexualmagische Praktiken. Er untersuchte vier Vereinigungen: die deutsche Bruderschaft *Fraternitas Saturni*, die von Eugen Grosche gegründet wurde; die *Confraternita Terapeutica e Magica di Myriam* und den *Ordine Osirideo Egizio*, die der italienische Okkultist Giuliano Kremmerz organisierte; die *Gruppo di UR* des italienischen faschistisch orientierten Esoterikers Julius Evola; und die *Confrérie de la Flèche d'Or* der in Paris wirkenden Russin Maria de Naglowska (siehe oben).[1] Wir wollen uns im Folgenden lediglich mit Eugen Grosche befassen, der sich 1925 von der *Ordo Templi Orientis* (O.T.O.) und damit von Aleister Crowley (siehe oben) lossagte und die *Fraternitas Saturni* gründete. Er war Buchhändler mit einem politisch sehr bewegten Leben: Als Kommunist floh er vor den Nazis in die Schweiz, wurde ausgeliefert, kam in Schutzhaft, wurde wieder freigelassen, trat der KPD bei, floh 1950 von Ost- nach Westberlin, weil er wegen seiner esoterischen Ansichten unter Druck geriet und baute dort die *Fraternitas Saturni* wieder auf, die er bis zu seinem Tod 1964 leitete.[2] In den 1920er Jahren publizierte er unter

[1] Hans Thomas Hakl: The Theory and Practice of Sexual Magic, Exemplified by four Magical Groups in the Early Twentieth Century. In: Hanegraaff / Kripal (Hg.), 2008 [Intercourse]: S. 445-478.

[2] http://de.wikipedia.org/wiki/Gregor_A._Gregorius (23.04.2012).

seinem Ordensnamen Gregor A. Gregorius „Magische Briefe". Der „Achte Brief" handelte von „Sexual-Magie", der einen ausgezeichneten Einblick die spezifischen Sexualpraktiken gewährt. Sicherlich kann aus dieser Schilderung noch nicht auf das Ausmaß der sexualmagischen Praxis der *Fraternitas Saturni* geschlossen werden. Hakl hat darauf hingewiesen, dass diese „Bruderschaft" primär kein sexualmagischer Zirkel gewesen sei und im Unterschied zur O.T.O. Sexualrituale nur eine marginale Rolle gespielt hätten.[1]

Gegorius begann mit einer These des stetigen kulturellen Verfalls, die dem Kulturpessimismus nach dem Ersten Weltkrieg entsprach: „Der kulturellen Entwicklung der Menschheit von dem Niveau der primitiven Völker bis in unsere Jetztzeit, in die heutigen Entwicklungsphasen, geht eine Verfallserscheinung unaufhaltsam parallel: der Niedergang der Sexualität in ihrer gesamten Auswirkung. Die reinen Urquellen des köstlichsten aller menschlichen Triebe sind verschüttet oder in unreine falsche Bahnen gelenkt."[2] Während Christus in alchemistischer Manier als Hermaphrodit, Symbol des Steins der Weisen, gelobt wurde, verfiel das klerikale Christentum harscher Kritik: Seine „fanatische, irregeleitete Priesterschar zerstörte die alten Kulte fast restlos und damit die Blüte einer sinnlich-geistigen Kultur und Hochentwicklung der Menschheit. Jesus Christus, der selbst hermaphrodit war, über dem triebhaften Geschlechtstrieb stehend, hatte die lunare Beeinflussung gänzlich überwunden, und seine geistig-sinnliche Erotik schwang nur noch in subtiler Weise in der Freundeszuneigung zu seinem Lieblingsjünger Johannis."

Gregorius ging auf die Zeugung durch magische Imagination und kabbalistische Techniken ein und berief sich dabei auf Paracelsus, der auf die „iliastrische Zeugung" hingewiesen habe, wobei „vorher eine zeitweise sexuelle Enthaltsamkeit nötig sei." Der *Coitus interruptus* sei für das Nervensystem beider Geschlechtspartner schädlich. Dagegen sei der *Coitus reservatus* „in der Form, daß die Ejakulation während einer berächtlichen Zeit zurückgehalten wird,

---

[1] Hakl. 2008 [Sexual Magic]: S. 447.

[2] Gregor A. Gregorius: Magische Briefe. Achter Brief. Sexual-Magie. Wolfenbüttel: Verl. der Freunde (Koch & Zieger), 1927: S. 5 f., 10 f., 48, 60, 69-77, 94.

innerhalb derselben die Frau mehrere Male Orgasmus haben kann, keineswegs schädlich, sondern gewährt vor allen Dingen der Frau volle Befriedigung." Diese Methode solle „sorgfältig kultiviert werden". Im heraufziehenden „Wassermannzeitalter" werde die veraltete Einehe überwunden und es komme zu einer neuen Ethik: „Wer erkannt hat, daß die dauerhafte Bindung an ein Weib durch dessen lunare Kräfte in den meisten Fällen nur den geistigen logischen Aufbau des männlichen Verstandes hindert, daß besonders die frühen Heiraten der frühzeitige Ruin der gesamten Mannespersönlichkeit auf physischer und psychischer Grundlage sind, wird das Eheproblem ohne weiteres lösen durch vollständige Verneinung der bürgerlichen Ehe überhaupt."

Gregorius gab eine interessante praktische Anleitung zur sexuellen „Bannmagie". Im Unterschied zur „niederen Magie", die sich hypnotischer und magnetischer Kräfte des Menschen bediene, „arbeitet die Bannmagie unter Zuhilfenahm [sic] reiner Willensschulung nur mit der Vorstellungskraft und mentaler Wunschkraft des Magiers", mit einer Einstellung, „die man als mentale Ekstase bezeichnet." Nach Herstellen des *„Rapport"* durch „Handübertragung" und Angleichung des Atems soll der Magier in stehender Position nacheinander durch seine Willenskraft den „Solarplexus" (Oberbauch) sowie das „Geschlechts- und Intuitionszentrum" (Genital- und Stirnregion) des liegenden „Mediums" bestrahlen. (**Abb. 38**) Die Zeichnung verdeutlicht, wie die genannten Zentren „in geistigen Kontakt" kommen sollten: „Dein Geschlechtszentrum muß das Intuitionszentrum des Mediums hemmen, der Solarplexus das gleiche, während Dein Intuitionszentrum das Geschlechtszentrum des Mediums belebt." Auf diese Weise könne man sich ein Medium „derart heranbilden, daß sie durch bestimmte Handgriffe jederzeit körperlich in Katalepsie fällt." Die Od-Ausstrahlung des Magiers mache das Medium „willen- und bewegungslos ohne eigentliche Hypnose." Die Psyche sei derart zu schulen, um eine „sexuelle Hörigkeit" zu erzielen, insbesondere „durch sorgfältig vorher gewählte Stunden, in denen du den Koitus mit dem Medium ausführst." Beim sexuellen Verkehr habe der Magier „stets die priesterliche Weihe" zu wahren und dürfe „nie zum begehrenden Sinnessklaven des Weibes" herabsinken. Im heutigen Sprachgebrauch würden wir eine solche Einstellung aus dem Blickwinkel männlicher Überlegenheit als *Machismo* bezeichnen.

Dies wird noch deutlicher bei Ejakulation und Sperma, die für Gregorius entscheidende Bedeutung hatten. Man solle bei dem „persönlichen, nicht magischen Zwecken dienenden Liebesverkehr" nie innerhalb der Vagina ejakulieren und das Sperma „sorgfältig unter Beeinflussungs-Denkkonzentrationen auf dem Solarplexus des Weibes" verreiben. Auch müsse das Medium dazu angehalten werden, regelmäßig „monatlich in den Tagen ihrer Reinigung ebenfalls unter beidseitiger Gedankeneinstellung" das Sperma zu trinken – Gregorius drückte dies, wie seinerzeit in sexualkundlichen Texten nicht unüblich, auf Lateinisch aus: *„spermam tuam biberet."* Denn dann werde das Medium „vollständig mit Deinen Influenzen und Odstrahlen durchtränkt sein und nur dir allein gehorchen, so nicht nur als Weib, sondern auch in seinen astralen Spaltungen." Gregorius identifizierte das Sperma mit der „Prima-Materie der Alten", wobei es ihm auf die „Influenz des lebensfähigen Sperma" ankam. Jedenfalls war für ihn klar, dass es „für den Magier eines der wichtigsten magischen Hilfsmittel" sei. So seien *Incubi* und *Succubi* „aus den spermatischen Fluidalkräften von im Imaginationszustande befindlichen Menschen" entstanden. Diese könnten sich jahrhundertelang durch Vampirismus am Leben erhalten. Daraus leitete Gregorius eine eigenartige Dämonologie ab. Er rechnete auch mit „Blutdämonen", die sich von dem Menstrualblut nährten, „solange sie noch sexuell schwingen und von dem Schweiße der Genitalien." Das Sperma diente beim sexualmagischen Ritual als äußerst wichtiges Zaubermittel. Es solle, wenn es die die Vagina verlässt, mit Weingeist vermischt werden: „Also vollzieht sich die mystische Vereinigung innerhalb des gebildeten Gedankenwesens. Tränke das Pergament mit dem Weingeist und dem Sperma und menge dazu drei Blutstropfen deines linken Saturnfingers, dann trockne das Pergament über dem Rächergefäß und die Zeremonie ist damit beendigt."

Tantrismus – asiatische Sexualriten

„Tantra" und „Tantrismus" sind schillernde Begriffe, die im Westen zu erstaunlichen Missverständnissen, Engführungen und Legendenbildungen geführt haben (siehe unten). Die wissenschaftlich seriöse Literatur, die die komplexe Vielfalt der hinduistischen und buddhistischen Traditionen des Tantrismus und seiner historischen Wandlungen berücksichtigt, ist eher rar, vor allem dann, wenn es um die Rolle der Sexualität im Tantrismus (*tantric sex*) geht. Überhaupt stellt sich die Frage, inwieweit diese Sexualität buchstäblich oder symbolisch zu verstehen ist.[1] Im frühen hinduistischen Tantra diente der Geschlechtsverkehr oft nur dazu, eine gemeinsame Sexualflüssigkeit als Opfergabe für die tantrischen Gottheiten herzustellen. Andererseits existierten auch tantrische Sexualpraktiken, die den Austausch von Sexualflüssigkeiten zwischen den Geschlechtspartnern zum Ziel hatten. Hier wurde sogar der Mann physisch mit den Sexualsekreten der Frau, insbesondere Menstrualblut, besamt oder getränkt. Sie entsprangen nach tantrischer Vorstellung in der Gebärmutter und enthielten die göttliche Kraft, da die Frau im Sexualakt die weibliche Gottheit oder Weisheit verkörperte. Offenbar rückte später das Moment der Verzückung, der Erleuchtung anstelle des sexuellen Rituals in den Mittelpunkt des Interesses. Im buddhistischen Tantra ging es vor allem um die Zurückhaltung des Samens und die Umkehr der Sexualenergie im Körper des männlichen Adepten.

Wie eine Skulptur aus dem 10. Jahrhundert darstellt, konnte der Mann durch den Kanal der Geschlechtsorgane der Frau Zugang zur kosmischen Kraftquelle erlangen. Ein Mann legt seinen Mund an die Vulva einer über ihm sitzenden Frau, einer weiblichen Gottheit, um aus ihr zu trinken. (**Abb. 39**) Schon die Größenunterschiede zwischen dem kleineren, untergebenen Mann und der größeren, aufragenden Frau verweisen auf die religiöse Bedeutung der Szene. Es handelt sich um eine Skulptur aus dem *Kandariya-Mahadeva*-Tempel, der zum Tempelbezirk von *Khajuraho* gehört, einer Stadt im indischen Bundesstaat *Madhya Pradesh*. Der heutige Betrachter mag bei dieser Darstellung an die orale Sexualpraktik des *Cunnilingus* erinnert werden. Vielleicht geht es aber hier weniger um einen Sexualakt als vielmehr um das Trinken einer lebensspendenden Flüssigkeit (Urin?), analog zur Figur der *Alma mater* oder der

---

[1] David Gordon White (Hg.): Tantra in Practice. Princeton; Oxford: Princeton University Press, 2000; „Introduction" of the editor: pp. 3-38, hier S. 16 f.

Maria lactans in der mittelalterlichen und frühneuzeitlichen Ikonografie. Auf einem Halbrelief aus dem Tempel von Madurai wird diese Konstellation noch deutlicher: Ein Heilsuchender trinkt aus der Lebensquelle, der Vulva einer mächtigen Frau mit gespreizten Oberschenkeln.[1] Er hat dieser gegenüber die Größe eines Kleinkinds, das sich nach dem nackten Schoß der mächtigen Mutter streckt. Offenbar rückte später anstelle des sexuellen Rituals das spirituelle Moment der Verzückung, der Erleuchtung in den Mittelpunkt des Interesses.

Der französische Indologe Jean Varenne war wohl einer der wenigen westlichen Forscher, die die kulturhistorischen Hintergründe des Tantrismus und seiner einzelnen Richtungen intensiv erforscht und deren sexuelle Rituale sachgerecht dargestellt haben.[2] Eine zentrale Rolle spielten, wie bereits mehrfach angedeutet, Sperma und Menstrualblut. Bei der speziellen Technik der „*vajrolī*" sollte nicht nur der Samen kurz vor der Ejakulation noch im Penis wieder aufgesaugt werden, sondern auch äußere Flüssigkeit von der Frau. Die Fähigkeit zu dieser Yoga-Haltung (*geste de yoga* oder „*yoga- mudrâ*") setzte lange Übung voraus. Der Adept hatte zuerst mit Wasser zu trainieren, bevor er seine Kunst in einem tantrischen Ritual mit einer jungen, attraktiven und ihm ganz ergebenen Partnerin ausüben konnte. Je stärker das sexuelle Verlangen war, um so größer musste die Kontrolle sein, um das Ziel des Rituals zu erreichen. Er sollte seine Emotionen zügeln und in der Partnerin verweilen, um dann mithilfe der *vajrolī-mudrâ* die ausgestoßene Sexualflüssigkeit aufzusaugen und so seinen Lebensstoff (*substance vitale*) wiederzugewinnen. Während dieser Akt im *yoga* nur den Mann betraf, strebte der Tantrismus eine Vereinigung der Gegensätze an, sodass der Adept nicht nur die eigene Substanz (*rétas*), sondern auch die der Frau (*rajas*) in sich aufnahm. Diese Vereinigung von weißem Sperma und rotem Blut spiegelte die alchemistische Vereinigung von Silber und Gold und die kosmische von Sonne und Mond wider. In einem tantrischen Text des *hatha-yoga*, der *Shiva-Samhitâ*, heißt es hierzu:

---

[1] Jean Varenne: Le Tantrisme. La sexualité transcendée. Paris: Celt, 1977: S. 131.

[2] A. a. O., S. 134-137.

> « Car le sperme est la lune
> et l'humeur rouge est le Soleil ;
> c'est l'union de ces deux
> qu'aspire à la intérieur de soi
> le yogin véritable ! "

Spiegelbildlich gab es auch eine entsprechende Anweisung für die weibliche Partnerin, *„une yoginî parfaite"*, den männlichen Samen, den ihr Partner in sie ejakuliert hatte, vermischt mit ihrem eigenen Menstrualblut in sich aufzunehmen. In analogen Riten wurden mit Fingern in der Vagina Sperma und Menstrualblut vermischt und dann ins Gesicht geschmiert oder die Melange auch getrunken, als ein Trank der Unsterblichkeit, als Saft des Götterpaares *Shiva* und *Shakti*. Ähnliche Praktiken wurden vermutlich auch von alexandrinischen Gnostikern im vierten Jahrhundert ausgeübt, bei deren Abendmahl Sperma anstelle des Brots und Menstrualblut anstelle des Weins angeboten wurde und die eine Mischung von beidem auf Gesicht und Körper auftrugen. Die mythische Verquickung von Religion und Sexualität war in dieser Form kaum überbietbar.

Der bengalische Kurator indischer Kunst Ajit Mookerjee war Direktor des *Crafts Museum* in New Delhi. Seine exzellente Privatsammlung wurde ab den 1970er Jahren an prominenten Orten in Europa ausgestellt, unter anderem auch in Stuttgart.[1] Mookerjee war einer der wenigen Kenner des Tantra, die mit dessen Quellen vertraut waren und ihre Bedeutung dem westlichen Betrachter nahe bringen konnten, wie etwa im Bildband *„Tantra Asana".*[2] *Asana* bedeutet die Körperhaltung im Yoga. Durch Tantra könne uns Sexualität von Sexualität befreien (*sex liberates us from sex*). Die geschlechtliche Vereinigung führe auch zu einer geistigen, einer *„fusion of minds"*. *Tantra Asana* sei für einen Mann mit jeder Frau möglich, *„for all human relationships, according to Tantra, are mere thought constructions."* Auch Mookerjee hob die zentrale Bedeutung der Zurückhaltung der Sexualenergie hervor, die wahllose Entla-

---

[1] http://www.zeit.de/1973/09/einuebung-ins-ewige-entzuecken (10.05.2012).

[2] Ajit Mookerjee: Tantra Asana. A way to self-realization. Basel; Paris; New Delhi: Kumar 1971: S. 35-37, 61 f., 65.

dung von Lebensflüssigkeiten (*vital fluids*) sei bei beiden Geschlechtern eine Verschwendung psychischer Kraft (*psychic force*). Die von den Hoden produzierten Sekrete könnten durch die Zurückhaltung im Körper zirkulieren und enorm zur „magnetischen und geistigen Entwicklung" des Menschen beitragen. Auch dieser Autor griff auf die Metaphorik von Magnetismus und Elektrizität zurück, um den „Austausch kosmischer Kraft" während des Sexualakts plausibel zu machen: *„The male genitals are electrical on the exterior and magnetic within, while those of the female are magnetic on the exterior and electrical within."* Nach der sexuellen Vereinigung sei eine Ausstrahlung des Körpers zu beobachten (*an egg-shaped nebula*). Die tantrische Vereinigung stehe eben im Einklang mit dem Kosmos.

Der US-amerikanische Religionswissenschaftler Hugh B. Urban hat auf die fälschliche *„fundamental equation of Western sexual magic with Asian Tantra"* hingewiesen.[1] Denn die frühen Formen des Tantra, die seit dem fünften Jahrhundert in den hinduistischen und buddhistischen Traditionen Indiens, Chinas, Tibets und Japans auftauchten, hätten kaum etwas zu tun mit den Formen der Sexualmagie, die sich seit dem 19. Jahrhundert in Europa und Amerika entfalteten. Denn es ging im asiatischen Tantra nicht um *„sex in the first place"*. Die sexuelle Vereinigung spielte eine untergeordnete Rolle und wurde, wenn überhaupt erwähnt, als symbolischer Ausdruck verstanden bzw. sie war, wenn praktisch ausgeführt, nur eine von vielen Wegen, um die göttliche Kraft (*Shakti*) zu wecken. Der sogenannte Tantrismus sei, wie Urban feststellt, ein relativ rezenter Begriff, den westliche Orientalisten des 19. Jahrhunderts geprägt hätten. Wie Michel Foucault festgestellt habe, sei das ausgehende 19. Jahrhundert und insbesondere das Viktorianische Zeitalter in England nicht nur durch eine Unterdrückung der Sexualität gekennzeichnet gewesen. Zugleich habe sich ein aufreizender Diskurs über die Sexualität und ihre abweichenden Formen ergeben, der das Interesse an Tantra und anderen exotischen Sexualpraktiken des „mystischen Orients" geweckt habe. In dieser Situation habe der

---

[1] Hugh B. Urban: Magia Sexualis. Sex, Magic, and Liberation in Modern Western Exotericism. Berkeley; Los Angeles; London: University of California Press, 2006: S. 402, 127, 404-406.

von Theodor Reuss gegründete *Ordo Templi Orientis* (O.T.O.) als eine der ersten Gruppen in Europa die indische Tradition des Tantra und Yoga mit westlicher Sexualmagie, wie sie Randolph und dann Aleister Crowey lehrten, vermischt.

Tantra im Westen

Die westliche Aneignung des Tantra war also in erster Linie den Fantasien westlicher Orientalisten und den sexuellen Obsessionen (*sexual obsessions*) der modernen westlichen Gesellschaft geschuldet. In dieser Perspektive erscheint heute Tantra in der populären US-amerikanischen Literatur als Methode des *„spiritual sex"* im Dienste der *„sexual liberation"*. In der *New Age*-Bewegung erwachte in den 1980er Jahren von Neuem das Interesse an esoterischen Sexualpraktiken. Der schillernde Begriff „Tantra" bot sich als Projektionsfläche der verschiedenen Sehnsüchte und Bedürfnisse an. Man wollte sich in diversen Zirkeln, die sich häufig um einen bestimmten (zumeist indischen) „Guru" scharten, vom technisch-rationalen Denken des Westens lösen und wandte sich den religiösen Lebensweisheiten des Ostens und seinen Ritualen zu, insbesondere hinduistischen und buddhistischen Traditionen. Besonders faszinierend für die westlichen Sucher waren die im Westen höchst ungewöhnlichen Sexualpraktiken, die den Geschlechtsverkehr willkürlich lenken sollten, um körperliche Lust zu verstetigen und zugleich spirituelle Erleuchtung zu erlangen. Dies widersprach dem biologistischen Verständnis des Sexualakts im Westen, der nach dem Modell triebhafter Entspannung im Orgasmus als „Höhepunkt" zu gipfeln hatte. Doch analog zum Import der Traditionellen Chinesischen Medizin (TCM) oder des indischen *Ayurveda* nahm der Westen eine typische Anverwandlung vor: Die philosophischen und religiösen Inhalte wurden ausgeblendet und die praktischen Rituale in einer Form operationalisiert, die dem eigenen Denken und Handeln entsprach. Tantra wurde für den westlichen Menschen zu einer bestimmten Sexualtechnik zurechtgestutzt, die von jedem erlernt werden konnte, der nur entsprechende Ratgeber las und praktische Kurse besuchte. Seriöse und allgemeinverständliche Darstellungen des Tantra für den westlichen Laien, die die sprachlichen Quellen des Sanskrit, den ideen- und religionsgeschichtlichen Hintergrund und die rituelle Vielfalt berücksichtigen, sind eher die Ausnahme.[1]

Ein Beispiel für die Reduktion des Tantra auf eine reine Technik der Lustmaximierung lieferte der in Ceylon geborene Ashley Thirleby, Sohn eines englischen Teeplantagen-Betreibers. Sein Buch „*Tantra. The Key to Sexual Power*" erschien 1978 und fand große internationale Verbreitung. Eine weitere Schrift, „*The Tantra Circle*", erschien unter dem deutschen Titel „Tantra-Reigen der vollkommenen Lust".[2] Solche Buchtitel sind bezeichnend. Sie verweisen auf das Hauptanliegen: Tantra soll als sexuelle Kraft- und Lustquelle genutzt werden. Wie das in Praxis geschehen kann, wird in einer detaillierten Gebrauchsanleitung vermittelt. Im „Tantra-Reigen" werden die „Sieben Nächte des Chakrapuja" dargestellt, ein bis in die Einzelheiten festgelegtes sexuelles Ritual, an dem mehrere Paare teilnehmen, die „die Freuden himmlischer und zugleich sehr irdischer Liebe" miteinander teilen, wie der Werbetext auf dem hinteren Buchdeckel verheißt. Das Buch ist garniert mit einer Serie von erotischen Illustrationen zum Geschlechtsverkehr aus der indischen Tradition, die nicht genauer nachgewiesen werden und keinen inhaltlichen Bezug zum Text haben. Sie sollen wohl dessen kulturhistorische Dignität belegen. „*Chakrapuja*" bedeutete ursprünglich ein „Treffen der Meister und Schüler": „Versammelt waren die tantrischen Meister, die Tantriker (die Tantra geübt und ausgeführt, es aber noch nicht gemeistert hatten) und jene Anfänger, für die die Rituale, ihre Bedeutungen und Ergebnisse noch neu waren." In der westlichen Welt könne man aber kaum einen tantrischen Meister in einem Tempel auftreiben, der „klassische Chakrapujas" abhalte. Dem wollte Thirleby abhelfen: „'Der Kreis' ist eine moderne Deutung der klassischen Rituale des Chakrapuja, die angepaßt und abgestimmt wurden auf den Menschen von heute." Der Autor versprach, die „Lust und Kräfte, die im Chakrapuja wohnen", ungeachtet aller

---

[1] Ajit Mookerjee / Madhu Khanna: Die Welt des Tantra. Die umfassende Darstellung des wahren Tantra-Weges und seiner Praktiken. Bern; München, Wien: Barth, 1987 [Sonderausgabe].

[2] Thirleby, Ahley: Tantra-Reigen der vollkommenen Lust. Die Geheimnisse der Vielfalt und der höchsten Steigerungsform der altindischen Liebeskunst. Frankfurt am Main; Berlin: Ullstein, 1986 (Ullstein-Buch; Nr 20648: Erotica): S. 19-21.

Neugestaltung zu erhalten und sie dem modernen (westlichen) Menschen erlebbar zu machen. „An die Stelle des Tempels ist das Center getreten, an die Stelle des Meisters der ,Führer'".

Die Vorschriften für jede kleinste Berührung und Fingerbewegung, das Sprechen bestimmter *Mantras*, das „Farbprogramm" für die einzelnen Zeremonien und die zu reichenden Speisen und Getränke sind in ihrer Stringenz frappierend. Sie versprechen den Teilnehmern bei ihrer Befolgung vollen Erfolg, etwa wie eine Bauanleitung einem Bastler die Herstellung eines Möbelstücks verspricht. Der „indische Weg" fasziniert offenbar den westlichen Menschen und die als Sex- oder Esoterikratgeber angepriesenen Schriften zum Tantra füllen eine Marktlücke. Sie verkünden eine Doppelbotschaft: Einerseits sei der im Osten praktizierte „Original-Tantra" dem westlichen Menschen verschlossen und für ihn ungeeignet, andererseits aber gebe es für ihn „geeignete tantrische Rituale", die praktikabel seien – im „rechtshändigen Tantra" die symbolische, im „linkshändigen Tantra" die geschlechtliche Vereinigung der Gottheiten *Shiva* und *Shakti*.[1]

Im Gegensatz zur westlichen Tantra-Rezeption spielten in der asiatischen Tradition die manifesten Sexualakte, wenn überhaupt, nur eine Nebenrolle und standen keineswegs im Mittelpunkt der Rituale und geistigen Übungen, wie etwa bei Randolph, der nur im gemeinsamen Orgasmus eine Möglichkeit sah, sich mit göttlicher Kraft (*the breath of God*) aufzutanken und magische Operationen durchzuführen.[2] Durch die Verschmelzung westlicher und östlicher Esoterik sollte nach der Vorstellung der Protagonisten des O.T.O. die alte westliche Welt des Christentums mit ihrer viktorianischen Prüderie niedergerissen werden und eine neue Epoche der Menschheitsgeschichte anbrechen. So hat sich nach Urbans Einschätzung Tantra auf seinem Weg in den Westen von einer ursprünglich äußerst esoterischen und konservativen Form in eine der

---

[1] Francis King: Tantra als Selbsterfahrung. Einführung in den indischen Weg derPersönlichkeit. München: Heyne, 1987 (Heyne Ratgeber; 08/9506): S. 185-199.

[2] Urban, Hugh B.: The Yoga of Sex. Tantra, orientalism, and sex magic in the Ordo Templi Orientis. In: Hanegraaff / Kripal (Hg.), 2008 [Intercourse]: S. 401-444, hier: S. 417 f., 437, 439.

machtvollsten Symbole sinnlichen Vergnügens und sexueller Befreiung verwandelt. Die „Fetischisierung des Tantra" durch Reuss habe die „sexuelle Revolution" der 1960er Jahre antizipiert und den Weg für die neo-freudianischen
Sexualtheorien wie die von Wilhelm Reich oder Herbert Marcuse geebnet
(Kap. 3). Es ist sicher zutreffend, Tantra in seiner heutigen westlichen Form als
„life-affirming technique of self-improvement" zu begreifen, die recht gut in
die Konsumwelt des kapitalistischen Markts passt. Es fällt auf, dass Urban in
seiner umfassenden Darstellung der *Magia sexualis* der Moderne mit keinem
Wort auf die *Oneida Community*, *Karezza* und Alice Bunker Stockham (siehe
unten) eingeht, jenen sexualreformerischen Ansatz, der Tantra zwar nicht
erwähnte, aber seiner ursprünglichen Idee vielleicht näher kam, als die skandalumwitterte „Sexualmagie" à la Randoph, Reuss oder Crowley.

Angeblich tantrische Sexualpraktiken stellten ein Begleitphänomen der sexuellen Revolution in den 1960er Jahren dar und erschienen als die sanftere Art,
den Geschlechtsverkehr auszuüben. Der religiöse Zauber trug sicher zum Nim-
bus bei, nicht zuletzt die Faszination des tibetischen Buddhismus, wie er vom
Dalai Lama personifiziert wird. Manch ein Kritiker sieht allerdings in der tantrischen Sexualmagie weniger die geistige Emanzipation vom biologischen Geschlechtstrieb, als vielmehr eine frauenverachtende Praxis. Denn die Frau sei
in der traditionellen Auffassung des Buddhismus minderwertig und nur Mittel
zum Zweck der Erleuchtung des Mannes: „Das Weibliche wird vom Yogi absorbiert und manipuliert, um dann in männliche Energie umgewandelt zu
werden."[1] Der Vorwurf eines „sexuellen Vamipirismus" liegt nahe. Der Mann
müsse seinen Samenerguss verhindern und sogar „den ‚Samen' der Frau im
Sexualakt ‚aufsaugen'. Es findet also kein gegenseitiger oder gleichwertiger
Austausch sexueller Energien statt. Vielmehr begegnet uns hier eine Art ‚sexueller Vampirismus'." Insofern gehe es also nicht um eine „Harmonisierung
männlicher und weiblicher Teile innerhalb der eigenen Persönlichkeit", als

---

[1] Bruno Waldvogel-Frei: Und der Dalai Lahma lächelte ... Die dunklen Seiten des tibetischen
Buddhismus. Rezensionen, Hintergründe, Interviews. Bernbeck: Schwengeler, 2002: S. 21 f., 27

vielmehr „um die Überwindung und Unterjochung des weiblichen Prinzips unter das männliche."

Es sei dahingestellt, ob diese vor allem von Mythologie und alten Lehrtexten abgeleitete Kritik des Tantrismus die tatsächliche Sexualpraktik von heute trifft. Auf jeden Fall wurde mit der Kunst des Samen-Aufsaugens ein Leitbild der Sexualität vorgegeben, das der westlichen Tradition, in ihrer sexualfeindlichen Version ebenso wie in ihrer libertinären, fremd blieb. Freilich gibt es einen interessanten Berührungspunkt zwischen tantrischer Sexualpraktik und traditioneller westlicher Medizin: nämlich die Auffassung, dass vor allem im männlichen Samen Lebenskraft stecke, die nicht vergeudet werden dürfe. Von daher wird verständlich, dass auch im Westen, wenn auch nur marginal und ohne spirituelle Zielsetzung, die Vorstellung artikuliert wurde, die „Wiedereinsaugung des Samens", wie Hufeland es einmal ausdrückte, sei gesund und kräftigend. Das bis weit ins 20. Jahrhundert hineinreichende strikte Onanieverbot wurde damit begründet, dass ein übermäßiger Samenverlust das Rückenmark schädige und im Sinne der Humoralpathologie alle möglichen gesundheitlichen Übel verursachen könne (siehe Kapitel 1). Die tantrische Idee dagegen wollte eine Sublimierung, eine Vergeistigung erreichen. Hier stand aber weniger die Angst vor einem krank machenden Verlust an Lebenskraft im Vordergrund, als vielmehr die Hoffnung auf geistige Erleuchtung.

Male Continence

Der sexuelle Mystizismus in US-amerikanischen Sekten des ausgehenden 19. Jahrhunderts, die radikale Sozialreformen in Angriff nehmen wollten, war beträchtlich und brachte einige einflussreiche Autoren hervor. Über Randolph wurde bereits berichtet (siehe oben). Auf Alice B. Stockham, die eine Sonderstellung einnimmt und von dem US-amerikanischen Religionswissenschaftler Arthur Versluis dem „amerikanischen esoterischen Pragmatismus" zugerechnet wird,[1] werden wir noch eingehen (siehe unten). Das geistige Klima für

---

[1] Arthur Versluis: Sexual Mysticism in Nineteenth Century America: John Humphrey Noyes, Thomas Lake Harris, and Alice Bunker Stockham. In: Hanegraaff / Kripal (Hg.), 2008 [Intercourse]: S. 333-354, hier: S. 349.

sozialreformerische Experimente war günstig, erschien Amerika doch in der Mitte des 19. Jahrhunderts als der *„New World Garden of Eden"*, als ein Land, in dem man sich selbst ein kleines Paradies auf Erden schaffen und in Gemeinschaften unschuldig und rein zusammenleben konnte wie einst Adam und Eva.[1] Das Sexualleben wurde in den verschiedenen Gemeinschaften recht unterschiedlich organisiert. Während die Mormonen die Polygamie praktizierten, vertraten die *Shaker* sexuelle Abstinenz. Die Engländerin Ann Lee kam 1774 mit acht Anhängern nach Amerika und gründete dort die Freikirche der *Shaker* (Zitterer), die zunächst wegen ihrer rhythmischen Bewegungen in religiöser Ekstase *„Shaking Quakers"* genannt wurden. Ann Lee (*„Mother Ann"*) wurde als weiblicher Messias und Inkarnation des Geistes Christi verehrt. In der Gemeinschaft herrschte strikte Gleichberechtigung der Geschlechter, die jedoch gleichzeitig strikt voneinander getrennt waren und nur zu bestimmten Zeiten in strenger Ordnung zusammenkamen. Sexuelle Kontakte waren verpönt. Die *Shaker* waren ehelos und ohne Privateigentum, ihre Gemeinschaft rekrutierte sich vor allem durch aufgenommene Waisenkinder.

Ganz anders sah das Gemeinschaftsleben in der *Oneida Community* aus, die gewissermaßen Ann Lees Idee der sexuellen Reinheit mit der polygamen Praxis der Mormonen verband. Zunächst wollen wir uns dem Begründer dieser utopischen Gemeinschaft zuwenden: John Humphrey Noyes. Er wurde wegen seiner eigenwillig christlich begründeten Sexuallehre berühmt, die einerseits auf der Technik der *male continence* beruhte, die zumeist als *coitus reservatus* definiert wird, und zum anderen die „komplexe Ehe" (*complex marriage*) propagierte. Noyes, ein Cousin des US-Präsidenten Rutherford B. Hayes, entstammte einer wohlhabenden Kaufmannsfamilie, studierte am *Yale Theological College*, wo er sich nach einer religiösen Krise zum „Perfektionisten" entpuppte. Die Idee des *Perfectionism* war bestechend: Es schien nach Noyes schon auf Erden möglich zu sein, ein Leben ohne Sünde zu führen, wenn man seinen Willen nur ganz Gott anvertrauen würde. Alles, was man dann tat, kam

---

[1] Judith Fryer: American Eves in American Edens.The American Scholar 44 (Winter 1974-75), S. 78-99, hier: 78. 81-83.

aus einem reinen „perfekten Herzen" (*perfect heart*).[1] Noyes musste daraufhin das *College* verlassen, betätigte sich als Wanderprediger und versammelte eine Schar von Anhängern um sich. Schließlich ließ er sich mit seiner „perfektionistischen" Gemeinde in Oneida (Bundesstaat New York) nieder und baute eine ökonomisch und sozial gut funktionierende Gemeinschaft auf, die 1851 205 Mitglieder zählte. Sie produzierte Tafelsilber und betrieb Land- und Forstwirtschaft. Als sich die *Oneida Community* 1881 auflöste, gründete man die *Oneida Corporation*, die heute noch als *Oneida Limited* existiert und vor allem Silberbesteck herstellt.[2]

Das Skandalon war die Einführung einer neuen Sexualpraktik durch Noyes. Sie bestand einerseits aus der *„male continence"*, dem Geschlechtsverkehr ohne Ejakulation, zum anderen aus der *„complex marriage"*, der komplexen Ehe, die monogame Bindungen zugunsten vielseitiger Beziehungen innerhalb der Gemeinschaft auflöste. So war in der Gemeinschaft erklärtermaßen jeder mit jedem verheiratet. Kritiker wandten sich vehement gegen diese Form der „freien Liebe" (*free love*), in der sie nur eine Form des Sittenverfalls und der sexuellen Zügellosigkeit erblickten. So erschien 1870 unter dem Pseudonym John B. Ellis eine Kampfschrift gegen das *„evil principle of Free Love"*[3] Sie berichtete über *„terrible facts"*. Besonders wetterte der Autor gegen die *"male continence"* von Noyes als unnatürliche, verderbliche Methode und verkündete apodiktisch: „incomplete *intercourse of any kind is unnatural, vicious, and full of dangerous consequences to both parties, especially to the female."* Dabei berief er sich auf den französischen Arzt Louis François Bergeret, einen Freund von Louis Pasteur, der die Schädlichkeit der *male continence* an Fall-

---

[1] Zit. n. http://en.wikipedia.org/wiki/John_Humphrey_Noyes (3..03.2016).

[2] http://en.wikipedia.org/wiki/Oneida_Limited (3.03.2016).

[3] John B.Ellis [pseud.]: Free Love and Its Votaries. Or, American Socialism Unmasked: Being an Historical and Descriptive Account of the Rise and Progress of the Various Free Love Associations in the United States, and of the Effects of Their Vicious Teachings upon American Society [New York 1870]. New York: AMS Press, 1971: S. 9, 13, 99.

beispielen demonstriert habe.[1] Ärzte, Psychologen oder Sexualwissenschaftler zeigten für die neue Sexualpraktik kaum Verständnis (siehe Kapitel 2). Eine Ausnahme machte der britische Sexualpsychologe Havelock Ellis, auf den sich Sigmund Freud in seiner Sexualtheorie bezog. Er gehörte zu den wenigen, die Noyes' *„male continence"* etwas Positives abgewinnen konnten. Im sechsten Band seiner epochalen *„Studies in the Psychology of Sex"* schrieb Ellis im Hinblick auf die *Oneida Community*: "Coitus Reservatus, – *in which intercourse is maintained even for very long periods, during which a woman may have orgasm several times while the penetrative partner succeeds in holding back orgasm, – so far from being injurious to a woman, is probably the form of coitus which gives her the maximum gratification and relief".*[2]

Noyes verfolgte zwei Zielsetzungen: Zum einen sollte der (heterosexuelle) Geschlechtsverkehr den animalischen Trieb hinter sich lassen und zu einem Mittel spiritueller Erfahrung werden; zum anderen sollte er eugenischen Zwecken und insbesondere zur Geburtenkontrolle dienen. Höchstwahrscheinlich habe Noyes die asiatischen Sexualpraktiken des Tantrismus nicht gekannt, meinte Versluis, und woher er die Idee zur *male continence* hatte, bleibe unklar.[3] Nichts ist jedoch klarer, als die Geschichte dieser „Entdeckung". Denn Noyes erzählte sie, *„the true story of the discovery"*, kurz und bündig in seinem Hauptwerk *„Male Continence".*[4] Nach seiner Heirat 1838 musste er erleben, wie seine Frau innerhalb von sechs Jahren fünf Kinder zur Welt brachte, von denen vier wegen Unreife tot geboren wurden. Er schwor sich und seiner Frau, diese nicht weiter mit Schwangerschaften zu belasten und wollte lieber von ihr getrennt leben, als dieses Versprechen zu brechen. Da kam ihm die Idee, *„that the sexual organs have a social function which is distinct from the propagative function".* Er experimentierte nun, die "soziale Funktion" der Sexualorgane ins

---

[1] Louis François Etienne Bergeret: Des Fraudes dans l'accomplissement des fonctions génératrices, dangers et inconvénients pour les individus, la famille et la société. Paris: Baillière, 1868.

[2] Zit. n. http://en.wikipedia.org/wiki/Coitus_reservatus#cite_note-17 (03.03.2016).

[3] Versluis, 2008 [Sexual Mysticism]: S. 335.

[4] John Humphrey Noyes: Male Continence. Published by the Oneida Community. Oneidy, N. Y.: Office of Oneida Circular, 1872: S. 10 f.

Spiel zu bringen und fand die Selbstkontrolle nicht so schwierig. Bei ihm und seiner Frau stellten sich Freude und Befriedigung ein und sie fühlten sich von der Angst vor unerwünschter Schwangerschaft befreit. Am Anfang der praktischen Methode standen also Selbsterfahrung und Selbstexperiment – übrigens ein typisches Merkmal von neu begründeten Heilkonzepten in der Medizingeschichte, was *cum grano salis* selbst noch für Sigmund Freuds Begründung der Psychoanalyse zutrifft.[1] Zwei Jahre später, 1846, gründete Noyes seine *Community* in Putney, die 1848 nach Oneida übersiedelte. Seine „Entdeckung" der *male continence* veröffentlichte er kurze Zeit später in einer Broschüre unter dem Titel *„The Bible Argument"*. Das zentrale Kapitel daraus *„How the sexual fucntion is to be redeemed and true relations between the sexes are to be restored"* druckte er nun in seinem Hauptwerk *„Male Continence"* wieder ab.[2]

Von Anfang an vertrat Noyes das für ihn entscheidende Argument, dass die Sexualorgane außer der Fortpflanzung noch eine weitere, höhere Funktion auszuüben hätten: nämlich die der Liebe (*amative function*). Sie leiten also nicht nur Urin und Samen weiter, sondern auch den „sozialen Magnetismus" (*social magnetism*). Insofern sei der Geschlechtsverkehr der Austausch magnetischer Einflüsse (*influences*) oder das Gespräch der Geister (*conversation of spirits*). Orgasmus und Ejakulation seien nicht notwendigerweise mit einem solchen Geschlechtsverkehr verbunden. Wie das Sprechen eine höhere Funktion des Mundes gegenüber dem Essen sei, so sei das soziale Amt (*office*) der Sexualorgane eine höhere Funktion als die Fortpflanzung. Seine Verhütungsmethode sei, so Noyes, natürlich, gesund, sie diene der Liebe (*favorable to amativeness*) und sei effektiv. Er ordnete den von der Fortpflanzung abgelösten liebevollen Geschlechtsverkehr anderen normalen Formen sozialen Austauschs zu. So definierte er *male continence* als einen rein sozialen Akt (*mere social act*): *„sexual intercourse becomes a pure social affair, the same in kind*

---

[1] Heinz Schott: Zauberspiegel der Seele. Sigmund Freud und die Geschichte der Selbstanalyse. Göttingen: Vandenhoeck & Ruprecht, 1985.

[2] J. H. Noyes, 1872 [Male Continence]: S. 11-16.

with other modes of kindly communion, differing only by its superior intensity and beautiy." Aus diesem Verständnis leitete Noyes seine Utopie der *complex marriage* ab: Wenn im sozialen Leben jeder mit jedem kommunizieren kann, so sollte dies auch im „sozialen" Sexualleben möglich sein. In diesem Sinne schrieb er an einen Schüler: *„In a holy community there is no more reason why sexual intercourse should be restricted by law, than why eating and drinking should be – and there is as little occasion for shame in the one case as in the other."*[1] So würden sich die verfeinernden Wirkungen der Geschlechtsliebe noch tausendfach verstärken, *„when sexual intercourse becomes an honored method of innocent and useful communion, and each is married to all."* Die Stichwörter dieser neuen Sexualmoral waren „unschuldig" und „nützlich": eine Sexualität ohne Sünde und Vergeudung von Lebenskraft. Diese besondere Art des Geschlechtsverkehrs, die ja zugleich der Geburtenkontrolle dienen sollte, setzte eine hohe Selbstbeherrschung voraus, die nur durch systematisches Training erlangt werden konnte. Die *Oneida Community* entwickelte ein einzigartiges Programm der sexuellen Schulung, die tatsächlich zu einer recht effektiven Empfängnisverhütung führte: Junge Mädchen wurden von reifen Männern, die die *male continence* beherrschten, in die *„complex marriage"* eingeführt, junge Männer erfuhren ihre sexuelle Initiation durch ältere Frauen nach den Wechseljahren. Noyes reklamierte von Anfang an, dass Voraussetzung dieser neuen Sexualität der Glaube an und die Vereinigung mit Gott sei: *„Holiness must go before free love."*[2] Die Sexualpraktik sollte sich auf die *Community* beschränken und durch keinerlei Missionstätigkeit nach außen propagiert werden. Im Gemeinschaftseigentum und in der Gemeinschaftsehe (*complex marriage*) sollte sich im Selbstverständnis der *Community* ein ursprünglicher *„Bible Communism"* manifestieren.

Der springende Punkt in Noyes' Argumentation war seine Kritik an der Auffassung, dass natürlicherweise der Samen periodisch entladen werden müsse und seine Zurückhaltung die Gesundheit gefährde. Demnach müsse der Mann

---

[1] Zit. n. Fryer, 1974-75 [American Eves]: S. 86.

[2] J. H. Noyes, 1872 [Male Continence]: S. 17-20.

vor der Heirat masturbieren. Und danach sei es verrückt und grausam, seinen Samen auf eine Frau zu schleudern, nur, um ihn los zu werden – als ob man sein Gewehr auf seinen besten Freund abfeuere, nur um es zu entladen (*merely for the sake of unloading it*). Dann sei es besser, in die Luft zu schießen, als jemanden damit zu töten. Der Samen sei aber kein Exkrement wie Urin, der regelmäßige und häufige Ausscheidung erfordere. Vielmehr habe er einen „inneren Wert" (*immanent value*), der am besten durch seine Zurückhaltung zur Geltung komme. Masturbation und gewöhnlicher ehelicher Geschlechtsverkehr bedeuteten für ihn gleichermaßen die Verschwendung von Samen (*seed-wasting business*). Immer wieder betonte Noyes die religiösen Rahmenbedingungen der *male continence*, die man nicht als ein „*seperate hobby*" betreiben dürfe. Denn die menschliche Natur erreiche nur ihre wirkliche Größe, wenn sie der „Tempel des Heiligen Geistes" sei. Diese ungewöhnliche Sexualmoral mit ihrer schlichten religiösen Begründung war auf sozialem Gebiet erstaunlich erfolgreich. Sie war pragmatisch ausgerichtet und wurde streng befolgt. Spiritualistische, mystische oder theosophische Momente spielten im Unterschied zur eugenischen Zielsetzung keine nennenswerte Rolle. Die *Oneida Community* hatte ihre Sympathisanten, die im Gemeinschaftsleben der *perfectionists* das christliche Ideal der Selbstlosigkeit verwirklicht sahen und die Anwendung der *continence* in allen Lebensbereichen als Schlüssel zum praktischen Erfolg priesen.

Es ist erstaunlich, wie wenig die um 1900 aufkommende Sexualwissenschaft mit Noyes' „*Male Continence*" sowie Stockhams „*Karezza*" (siehe unten) anfangen konnte. So erwähnte der Berliner Sexualwissenschaftler Iwan Bloch zwar die „Oneida-Sekte", ging aber mit keinem Wort auf Stockhams „*Karezza*" ein.[1] Bloch hatte offenbar für die angestrebte Verschmelzung von Sinnlichkeit und Spiritualität beim Sexualakt nichts übrig. So interpretierte er die Sexualpraktik der *male continence* als eine Sonderform der Onanie. Noyes habe zur Befriedigung der sinnlichen Lust ohne Fortpflanzung „die bloße ,Immissio penis sine ejaculatione seminis' [empfohlen], eine Methode, die in ihrem We-

---

[1] Iwan Bloch: Die Prostitution. Bd. 2, erste Hälfte). Berlin: Marcus, 1925 (Handbuch der Gesamten Sexualwissenschaft in Einzeldarstellungen; Bd. 2, erste Hälfte): S. 69-71.

sen als eine Form der mutuellen Onanie aufzufassen ist und als in raffinierten Formen ausgebildeter, sogenannter *Dianism'* noch heute zahlreiche Anhänger in Nordamerika zählt."[1] Damit spielte er auf die Lehre der US-amerikanischen Mystikerin Ida Craddock an, die analog zur *„male continence"* und zu *„Karezza"* auf die absolute Selbstkontrolle beim Geschlechtsakt setzte, um die Stufe des *„dianism"*, wie sie den spirituell-ekstatischen Orgasmus nannte, zu erreichen (siehe Kapitel 5).

Von 1869 bis 1879 unternahm die *Oneida Community* ein einzigartiges eugenisches Experiment, das Noyes als *„stirpiculture"* (von lat. *stirps* = Stamm, Nachkommenschaft) bezeichnete. Die Anführer der Gemeinschaft studierten die zeitgenössische Literatur zur Eugenik, insbesondere die Werke von Charles Darwin und Francis Galton.[2] Noyes fasste seine Erkenntnisse 1870 in einem Artikel *„Scientific Propagation"* zusammen. Zu Beginn des Experiments im Jahre 1869 gaben 38 junge Männer und 53 junge Frauen der Gemeinschaft feierliche Erklärungen ab, sich den Regeln dieser „wissenschaftlichen Fortpflanzung" bedingungslos zu unterwerfen. So gelobten die Frauen: *„we will, if necessary, become martyrs to science, and cheerfully resign all desire to become mothers, if for any reason Mr. Noyes deem* [sic] *us unfit material for propagation."*[3] Unter seiner Leitung wurden die Geschlechtspartner, die ein Kind zeugen sollten, nach eugenischem Gesichtspunkt ausgewählt. Ziel war die Vervollkommnung des Menschen in christlicher Perspektive. 58 Kinder wurden innerhalb dieses Experiments geboren und gemeinsam aufgezogen, das in der Literatur als sehr erfolgreich dargestellt wird.[4] Etwa 40 Jahre nach Abschluss des Experiments konnte eine Art *follow up*-Studie durch statistische Ver-

---

[1] Ebd., S. 70.

[2] Hilda Herrick Noyes / George Wallingford Noyes: The Oneida Community Experiment in Stirpiculture. In: Eugenics, genetics and the family. Scientific papers of the second international congress of eugenics. Held at American Museum of Natural History, New York. September 22-28, 1921. Baltimore: Williams & Wilkins, 1923: S. 375.

[3] Zit. a. a. O., S. 376.

[4] http://en.wikipedia.org/wiki/Oneida_stirpiculture (3.03.2016).

gleichszahlen belegen, dass Gesundheitszustand und Lebensalter durch *„stir-piculture"* im Verhältnis zur übrigen Bevölkerung signifikant verbessert wurden.[1]

Noyes selbst zeugte 13 Kinder, davon jedoch – entgegen seinem ausdrücklichen Wunsch – keines mit seiner sexuellen Lieblingspartnerin Tirzah Miller, seiner Nichte.[2] Deren intimen Aufzeichnungen zwischen 1867 und 1879 konnten herausgegeben werden, nachdem 1993 die Archive der *Community* geöffnet worden waren. Sie geben einen lebendigen Einblick in das Alltagsleben, die menschlichen Nöte und erotischen Verwicklungen dieser Gemeinschaft, die trotz allem erstaunlich stabil blieb. Einen weiteren Einblick in das eugenische und sexualreformerische Programm der *Community* bietet das Tagebuch des Gemeindemitglieds Victor Hawley, das von der Liebesgeschichte zwischen ihm und Mary Jones erzählt, die beide schließlich die Gemeinschaft verließen. Bei der Aufnahmezeremonie neuer Mitglieder wurden am Ende die *Complex Marriage Hymn* nach der Melodie eines Kirchenlieds gesungen. Die erste Strophe lautete:

> *„Complex husband I espouse thee,*
> *Sons of Christ and Church of God;*
> *To obey and cherish ever,*
> *Love thy scepter, trust thy rod."*[3]

Sexual magnetism

Im Gegensatz zur pragmatischen Ausrichtung der *Oneida Community*, die religiöse und säkulare Motive miteinander verband, agierte Noyes' Landsmann Thomas Lake Harris, ein Spiritualist und Swedenborgianer. Er gründete 1859 in England eine christliche Kommune *„Brotherhood of the New Life"* und ließ sich 1861 in den USA mit seiner Gruppe in dem Dorf Brocton (US-Bundesstaat New

---

[1] H. H. Noyes / G. W. Noyes, 1923 [Experiment]: S. 381-386.

[2] Robert S. Fogarty: Desire and Duty at Oneida. Tirzah Miller's Intimate Memoir. Bloomington, In: Indiana University Press, 2000: S. 29.

[3] , Robert S. Fogarty (Ed.): Special Love / Special Sex. An Oneida Community Diary. Syracuse, N. Y.: Syracuse University Press, 1994: S. 2.

York) nieder. Darüber hinaus gründete er eine Niederlassung in Kalifornien, wohin er und der innere Zirkel seiner *„Brotherhood"* übersiedelte. Die Kooperative betrieb Landwirtschaft und produzierte Waren, wobei Harris selbst auch Wein anbaute, der angeblich mit göttlichem Atem (*divine breath*) angereichert war und alle schädlichen Stoffe neutralisierte.[1] Er hatte in den USA und Großbritannien zeitweilig bis zu 2000 Anhänger. Harris schöpfte aus älteren esoterischen Quellen, insbesondere dem Swedenborgianismus, der in den USA seinerzeit Konjunktur hatte. In geringerem Umfang bezog er sich auch auf die christliche Theosophie in der Tradition Jakob Böhmes. Heutigen Betrachtern erscheint sein Ansatz eher fremd und, verglichen mit Noyes, weniger zugänglich.[2] Angeblich empfing er in seinen Visionen direkt Swedenborgs Segen und erreichte höhere Stufen der Offenbarung (*revelation*). Die theosophischen Ideen der Himmlischen Hochzeit und der Brautmystik waren für Harris entscheidend: Die innere geistige Hochzeit mit einem himmlischen Partner ließ die irdische Ehe und Sexualität in den Hintergrund treten. So führte Harris mit seiner zweiten Frau vorsätzlich über drei Jahrzehnte hinweg mit deren Einverständnis eine zölibatäre Ehe. Denn die geistige Vermählung mit einer himmlischen Macht, die der Idee der „ehelichen" Liebe bei Swedenborg entsprach, als dessen Nachfolger er sich ansah, stand für ihn im Mittelpunkt. Diese Macht bezeichnete er als himmlische *„Lily Queen"*, in Anspielung auf Böhmes Prophezeiung einer bevorstehenden "Lilienzeit" und dessen mystische Vorstellung einer Hochzeit der Seele mit *Sophia*. (siehe Kapitel 5).

Harris schöpfte offenbar ausschließlich aus den Quellen der westlichen esoterischen Tradition. So war seine Empfehlung des „inneren Atmens" (*internal respiration*), die an buddhistische Meditationstechniken erinnert, von Swedenborgs *„respiratio interna"* abgeleitet und die Idee einer Vereinigung mit einem himmlischen *„counterpart"*, die an den asiatischen Tantrismus denken lässt, wurzelte in der christlichen Theosophie. Trotz dieser spiritualisierten Transformation sexueller Gefühle spielten diese in der Gemeinschaft durchaus

---

[1] http://en.wikipedia.org/wiki/Thomas_Lake_Harris (17.04.2012).

[2] Versluis, 2008 [Sexual Mysticism]: S. 336-338, 345, 349.

eine manifeste Rolle. Interessant sind die anonym verfassten Briefe einer *„Sister in the New Life"* aus dem Jahr 1881. Die Briefschreiberin berichtete von vibrierenden Empfindungen in den Armen, die sich auf den ganzen Körper ausbreiteten. Beim ersten Mal seien diese wohl durch die Geschlechtsorgane in den Körper gekommen, *„and with it came the thought, this is like sexual intercourse, only infinitely more so, in that every atom of your frame enters into union with another atom to the furthest extremity of your body."*[1] Sie fühlte sich daraufhin voller Dankbarkeit unendlich ruhig und friedlich. Einige Tage später fühlte sie ihren *"counterpart"* in sich, ihren *"inner husband or angel"*, und spürte mit Ehrfurcht den „Tempel der Mutter" (*the Mother's temple*) in sich selbst und dass die Gebärmutter (*womb*) und Leben spenden- den Organe sehr heilig sein müssten. Sie kultivierte diese ekstatischen Sensati- onen und fühlte die Lebensströme durch sich hindurchfließen. Mit der Frau- enärztin Alic Bunker Stockham und ihrem Konzept der *Karezza* werden wir gegenüber Noyes und Harris auf einen weiteren Typ sexueller Spiritualität stoßen, den Versluis zutreffend als *„a more secular sexual mysticism of human creativity"* bezeichnet hat (siehe unten).

Im Laufe des 19. Jahrhunderts erreichte der Mesmerismus in den USA eine spezifische Blüte, die eine einzigartige Melange aus dem Streben nach Ge- sundheit, persönlichem Glück, sozialer Harmonie und religiösem Heil darstell- te.[2] Auch die Probleme der Sexualität schienen nach dem Vorbild des Mes- merismus lösbar zu sein. Es ist zu vermuten, dass er in der „grauen Literatur" der Gesundheitsratgeber und Erbauungsbroschüren eine herausragende Be- deutung hatte. Vor allem spielte er eine Rolle in sozialutopischen Reforman- sätzen, in denen biologisches, sozialreformerisches, medizinisches und religiö- ses Denken miteinander verwoben war. Beispielhaft kann hier der US- amerikanische Schriftsteller und Sozialutopist Albert Chavannes genannt wer- den, der als Farmer in Knoxville, Tennessee, lebte und in den 1880er und

---

[1] Zit. a. a. O., S. 344.

[2] Robert C. Fuller: The American Mesmerists. In: Heinz Schott (Hg.). Franz Anton Mesmer und die Geschichte des Mesmerismus. Beiträge zum Internationalen Wissenschaftlichen Symposion [...] 1984 in Meersburg. Stuttgart: Steiner, 1985:S. 163-173.

1890er Jahren eine Reihe von Schriften veröffentlichte, darunter auch – inspiriert von Edward Bellamys seinerzeit berühmtem Roman „*Looking Backward"* (1888) – zwei utopische Romane. Er vertrat einen „naiven Marxismus" und versuchte, die darwinistische Evolutionstheorie mit einer dynamischen Soziologie zu verbinden. In der von ihm angestrebten wissenschaftlich begründeten neuen Gesellschaft sollten sich Individualismus und Kommunismus optimal ergänzen.[1] Sein Büchlein *„Vital Force and Magnetic Exchange"* erschien 1888. Es ist heute bibliothekarisch nur noch ein Exemplar in der *U. S. National Library of Medicine* nachweisbar. Chavannes verknüpfte in dieser Schrift mesmeristische mit neurophysiologischen Ideen zu einer Lehre vom „sexuellen Magnetismus" als Grundlage für eine humane Gesellschaft. Zentrales Reservoir für die Gesundheit, für das perfekte Arbeiten aller Teile der Körpermaschine (*machine*), sei die Lebenskraft (*vital force*).[2] Lebenskraft, Elektrizität und Magnetismus seien alle Manifestationen einer spirituellen Substanz und unterschieden sich nur hinsichtlich ihrer Funktionen. Die Lebenskraft werde nicht nur für die je eigenen Bedürfnisse benötigt, sondern auch für den Austausch (*exchange*) mit anderen. Für diesen magnetischen Austausch müssten alle Hindernisse für den magnetischen Strom (*flow of magnetism*) beseitigt, alle Kanäle (*channels*) geöffnet werden, was eine kontinuierliche Praxis zur Voraussetzung habe. Chavannes setzte diese interpersonellen Austauschverhältnisse in Analogie mit den Verhältnissen der technischen Zivilisation. Genauso, wie eine zivilisierte Nation Kapitalakkumulationen, Eisenbahn, Dampfschiffe, Banken und Geschäfte zum freien Warenaustausch benötige, würden gesunde, aktive Menschen einen großen Vorrat an Lebenskraft akkumulieren, ihr gesamtes System zu einem höheren Wirkungsgrad der Transferleistung trainieren und gegen alle Hindernisse eines freien Austauschs ankämpfen.

---

[1] Roper, Jon: Utopianism, Scientific and Socialistic: Albert Chavannes and „Socioland". Journal of American Studies 23 (1989), S. 407-421. Online: http://www.jstor.org/pss/27555212 (15.12.2010).

[2] Albert Chavannes: Vital Force and Magnetic Exchange. Their Relation to each other and to Life and Happiness. Followed by a Brief Study of their Agency upon Conduct and the Phenomena of Mind Reading and Magnetic Cures. Knoxville, Tenn.: Haws, 1888: S. 14, 17 f., 21, 24 f., 27, 42, 39. 40 f.

Chavannes unterschied drei Speicher (*store-houses*) der Lebenskraft: Im Gehirn sei der „*intellectual magnetism*", im „sympathischen Nerv", einem Nervenzentrum, das hinter dem Herzen liege, sei der „*emotional magnetism*" und in den Genitalien sei der „*sexual magnetism*" gespeichert. Was Mesmer als „Magnetisieren", als Übertragung des Fluidums oder als „Mitteilung des Lebensfeuers" bezeichnete, schilderte nun Chavannes als „Überfluss dieser Lebenskraft" (*overflow of this vitality*), die von einem auf den anderen übertragen (*transferring*) werden könne. Der „sexuelle Magnetismus" sei jene Lebenskraft (*vital force*), wodurch sich die Geschlechter anziehen. So würde der Magnet Eisen anziehen und der magnetische Strom die Muskeln kontrahieren – und dieselbe Kraft würde auch die Individuen zusammenziehen. Der Antrieb zum Geschlechtsverkehr (*coition*) entspringe nicht dem Wunsch nach Reproduktion, sondern vielmehr dem Bestreben, den sexuellen Magnetismus zu übertragen (*transfer of sexual magnetism*). Chavannes benutzte hier die Metapher der Batterie, um die Dynamik der Kraftübertragung zu illustrieren: „*A manly man und a womanly woman, in good health and in the strength of life, are sexual magnetic batteries, always loaded, and always ready to give off their magnetism. Through the eye, through the voice the exchange is often carried on, and can be made very effectively through kisses, holding of hands and caresses.*"

Chavannes Schlüsselbegriff für die Übertragung des „sexuellen Magnetismus" war „*magnetation*". Er hatte ihn auf Anregung des US-amerikanischen Anarchisten John William Lloyd übernommen, mit dem er offenbar in den 1880er Jahren in Kontakt stand, worauf dieser in einer Jahrzehnte später erschienenen Publikation hingewiesen hat (siehe unten).[1] Der springende Punkt war die Annahme, dass die Sexualkraft (*sexual force*) nicht nur auf die Nachkommen übertragen werde, sondern auch zum eigenen Wohl verwandt werden könne, um die eigene Lebenskraft zu stärken und womöglich die Lebensdauer zu

---

[1] John William Lloyd: Karezza-Praxis. Liebe als austausch magnetischer kräfte. Die kunst ehelicher liebe. Der liebende als künstler der berührung. [...] hg. von Werner Zimmermann. Lauf bei Nürnberg; Bern; Leipzig: Die Neue Zeit. Rudolf Zitzmann Verl., 1930: S. 14.

verlängern. *Magnetation* erzeuge durch den sexuellen Magnetismus immer ein Gefühl der Anziehung. Freilich besagte der Kernsatz *„Magnetation leads to procreation, but procreation kills magnetation"*, dass eine magnetische Übertragung von Lebenskraft nur mit einer strikten Familienplanung gewährleistet sei.

Auch für Chavannes waren die Begriffe „Mesmerismus" und „Hypnotismus" Synonyme und verwiesen auf jene „wunderbare Kraft" (*wonderful power*), auf die Mesmer als Erster aufmerksam gemacht habe und die nichts anderes sei, als die Lebenskraft, die in uns allen stecke und die wir zu unserem Wohle einsetzen könnten. Er widmete der „magnetischen Heilweise" (*magnetic cures*) ein eigenes Kapitel, wobei er hierunter auch die Geistheilung (*mind cures*) subsumierte. Er ging von zwei unterschiedlichen Heilmethoden aus: Die traditionelle Methode setze „chemische Kräfte" ein und sei bei akuten Krankheiten angezeigt, die magnetische Methode, welche auf die Stärkung der „Lebenskraft" baue, solle bei chronischen Krankheiten angewandt werden. Er betonte, dass nicht der „Überfluss" an Lebenskraft bei den magnetisierenden Ärzten (*magnetic doctors*) ausschlaggebend sei, da diese zumeist eine recht empfindliche Konstitution (*very sensitive organizations*) aufwiesen und keine Lebenskraft erübrigen könnten. Vielmehr seien sie als „Medien" (*mediums*) zu betrachten – *„persons peculiarly organized, so as to enable them to recieve and dispense some occult – unknown – power or force which is latent in the universe."*

Chavannes vermutete, dass der Patient nur das schwächste Mitglied in einer Familie mit mangelnder Lebenskraft sei und als Sündenbock herhalten müsse. Deshalb habe der Arzt die gesamte Familie zu therapieren, gerade da, wo ein Mitglied durch Missachtung der „Gesundheitsgesetze" (*laws of health*) selbst Lebenskraft vergeude und von anderen aufsauge. Die Lebenskraft müsse als ein Wirkstoff (*actual substance*) begriffen werden, wertvoller als Gold und Silber, Grundlage allen Lebens und Glücks. Chavannes verwies auf analoge Begriffe anderer Autoren, wie z. B. *„Animo-Vital Electricity"* eines gewissen Dr. Foot oder *„Nervous Ether"* eines gewissen Dr. Richardson. Bei Letzterem handelte es sich wohl um Benjamin Ward Richardson, den Pionier der Anästhesiologie, der eine unsichtbare, ätherartige Substanz annahm, die sich über die Nerven verbreite, als „Band und Medium der Kommunikation". Offenbar war auch Chavannes von der ungemein populären Theorie der „Nervenschwäche" aufgrund zivilisatorischer Überreizung überzeugt, obwohl er explizit weder von *„neurasthenia"* noch von *„American nervousness"* sprach und den maßgeblichen US-amerikanischen Neurologen George Miller Beard namentlich nicht erwähnte. Seine kritischen Bemerkungen zur sozialen Lage zielten jedoch in dieselbe Richtung: *„The waste of vital force in this country is enormous. No people produce so much as the American people, or waste so recklessly as they. [...] It fills the land with invalids, and supports a host of physicians and of medicine venders."*

Es sei hier noch einmal hervorgehoben, dass gerade in den USA der Nährboden für sozialreformerische, religiöse und esoterische Bewegungen, die im 19. Jahrhundert vielfältig aufblühten, besonders fruchtbar war und bis heute seine Nachwirkungen zeigt. Spiritualismus, *New Thought, Mind Cure movement* und Theosophie hätten eine nachhaltige Tradition in außerkirchlicher amerikanischer Spiritualität (*in unchurched American spirituality*) geschaffen, wie der US-amerikanische Religionswissenschaftler Robert Fuller darstellte.[1] Ihr wichtigstes Erbe sei vielleicht gewesen, eine breite Schicht der Mittelklasse in „exotische Philosophien" einzuführen, die östliche Religionen, Traditionen der amerikanischen Ureinwohner und heidnische Lehren umfassten. *„Spiritual, but not religious"* lautet Fullers Befund, um die gegenwärtige geistige Situation zu kennzeichnen. Sie wurde von Vordenkern und religiösen Revolutionären – einige von ihnen haben wir bereits ausführlich behandelt – herbeigeführt, die eine spezifische *„American metaphysical religion"* schufen: *„Together they have given rise to a variety of unchurched forms of American spirituality"*.[2] Ohne diese Vorgeschichte sind das *New Age* und seine sozialen Ausdrucksfor-

---

[1] Robert C. Fuller: Spiritual, But Not Religious. Understanding unchurched America. Oxford: Oxford University Press, 2001: S. 11.

[2] Robert C. Fuller: Religious Revolutionaries. The rebels who reshaped American religion. New York: Palgrave Macmillan, 2004: S. 149.

men im letzten Drittel des 20. Jahrhunderts, von der *Hippie*-Bewegung bis zu den *„Sannyasins"* unter der Führung von Bhagwan Shree Rajneesh kaum verständlich. Die USA, insbesondere die kalifornische Westküste, war die Schaltstelle, von der solche, zum Teil durch östliche Weisheiten angereicherte spirituelle Bewegungen ins ferne Europa ausstrahlten. Die Folgen zeigen sich auf dem Esoterik-Markt und hier vor allem im Bereich der so genannten Alternativmedizin, die unter diesem schillernden Sammelbegriff alle möglichen „magischen" Heilweisen und Gesundheitslehren anzubieten hat.

Karezza für die Sexualreform

Wie wir bei der Darstellung der Sexualwissenschaft und Sexualmedizin festgestellt haben, spielte der Begriff *„Karezza"* dort praktisch keine Rolle und fehlte fast gänzlich in den entsprechenden Standardwerken. Dasselbe trifft auf die populärwissenschaftliche und graue Literatur sowie auf gegenwärtige Internet-Quellen zu, wo *„Karezza"* gegenüber dem Stichwort *„Tantra"* bei entsprechender Suche nur eine winzige Trefferquote aufweist. Der Begriff wurde in Anlehnung an das italienische Wort *„carezza"* (Liebkosung) von der US-amerikanischen Frauenärztin, Lebensreformerin und Frauenrechtlerin Alice Bunker Stockham geprägt, die sich der Ehe- und Sexualreform verschrieben hatte. Sie war die fünfte Frau, die in den USA einen medizinischen Doktorgrad erwarb. Sie betrieb in Chicago eine ärztliche Praxis, wobei sie sich für Frauenheilkunde und Geburtshilfe spezialisierte. Sie war karitativ tätig, interessierte sich stark für spirituelle Fragen, praktizierte Homöopathie, engagierte sich beim Kampf gegen den Alkoholismus, diente angeblich als Trancemedium und war eine aktive Frauenrechtlerin (*suffragette*). 1883 veröffentlichte sie ein Aufklärungsbuch über die Gesundheit der Frau: *„Tokology. A Book for Every Woman"*, das hohe Auflagen und Übersetzungen in mehrere Sprachen erlebte und zu einem Standardwerk wurde. Tolstoi, zu dem Stockham freundschaftliche Kontakte pflegte, war so begeistert, dass er eine Übersetzung ins Russische veranlasste und ein Vorwort verfasste.[1] Stockham war eine Anhängerin des *New Thought Movement* und nahm 1886 am ersten *Christian Science*-Kurs von Emma Hopkins in Chicago teil. Überhaupt waren viele namhafte Frauen in dieser Bewegung aktiv, wobei sich zwei Lager voneinander unterscheiden lassen. Die einen strebten eine Abkehr vom sexuellen Begehren an, während die anderen, zu den Stockham zählte, gerade diesem Begehren einen würdigen Ausdruck verschaffen wollten.

1896 veröffentlichte sie im Selbstverlag ein Büchlein mit dem Titel *„Karezza. Ethics of Marriage"*. Eine deutsche Übersetzung erschien bereits im folgenden Jahr. Wie der Übersetzer in seiner „Vorbemerkung" hervorhob, gehöre die Autorin zu den „durch ihre Wissenschaft legitimirten seelsorgenden Leibärzten der Menschheit".[2] Ein gewisser „Dr. Hartung, pract. Arzt in Hermsdorf u. Kynast, Schlesien", ein Anhänger der biochemisch fundierten Ernährungslehre von Julius Hensel, lobte in seinem Vorwort die „einfachen, jeder Mystik baren Heilprinzipien und Ernährungstheorien", ohne auf Stockhams philanthropischen, naturphilosophischen und religiösen Ansichten einzugehen. Der bekannte schweizerische Lebensreformer und Naturist Werner Zimmermann übersetzte das Buch fast 30 Jahre später noch einmal mit der in der Jugendbewegung verbreiteten Kleinschreibung ins Deutsche, an der ich mich im Folgenden orientiere.

Für Stockham lagen zwischen der gewöhnlichen Begattung und der *Karezza*-Vereinigung Welten, wie sich aus der Gegenüberstellung der beiden folgenden Zitate aus ihrem Buch ersehen lässt: „Der gewöhnliche hastige und krampfartige vorgang einer begattung, auf die man sich nicht längere zeit vorbereitet hat und wobei die frau die passive rolle spielt, ist ebenso unbefriedigend für den mann wie für die frau. Er ist schädlich für den körper wie für den geist. Er

---

[1] Beryl Sattler: Each Mind a Kingdom. American Women, Sexual Purity, and the New Thought Movement, 1875-1920. Berkeley; Los Angeles; London: University of California Press, 1999: S. 136.

[2] Alice Bunker Stockham: Die Reform-Ehe. Ein Mittel zur Erhöhung der Daseinsfreude und zur Veredelung des Menschengeschlechts. Autorisirte deutsche Uebersetzung von H. B. Fischer. Vorrede: Dr. Hartung. Hagen i.W.: Risel, 1897: S. VII, IX-XI

enthält in sich keine folgerichtigkeit als eine äußerung der zuneigung und ist häufig eine ursache der entfremdung und trennung." [1] Im Kontrast dazu erscheint die *Karezza*-Vereinigung als befriedigend, gesund erhaltend und als Himmel auf Erden: „Während einer längeren zeit völliger beherrschung sind beide wesenheiten völlig ineinander getaucht und erleben eine unvergleichliche erhöhung in den geist. Das mag begleitet sein durch eine ruhige bewegung, die ganz unter der botmäßigkeit des willens stehen muß, so daß bei keinem der beiden der schauer der leidenschaft die grenzen eines angenehmen gefühlsaustausches überfluten kann. [...] Bei gegenseitiger übereinstimmung und genügender zeitlicher ausdehnung führt ein solcher verkehr ohne samenerguß und ohne krisis zu völliger befriedigung. Im verlaufe einer stunde klingt die körperliche spannung aus, die geistige verzückung wächst und führt nicht selten zum schauen höherer welten und zum bewußten erleben neuer kräfte."

Während die Ärztin Stockham als Ehe- und Sexualreformerin anerkannt war und weit über esoterische Zirkel hinaus auch international Beachtung fand, wurde die theosophische Mystikerin Ida Craddock, deren emanzipatorische Aktivitäten eine ähnliche Zielrichtung wie die von Stockham hatten und auf deren *Karezza*-Begriff sie sich explizit bezog, Opfer reformfeindlicher Kräfte und ihrer Justiz. Während Stockham als Philanthropin sozialmedizinisch argumentierte, wollte Craddock als theosophisch Erleuchtete die alltägliche sexuelle Gewalt des Mannes in der Ehe bekämpfen. Dabei erlebte sie offenbar die „Himmlische Hochzeit" recht handfest (siehe Kapitel 5).

Auf den kategorialen Unterschied zwischen der „gewöhnlichen Begattung" und der „Karezza-Vereinigung" wiesen alle Autoren hin, die für *Karezza* als Methode des Geschlechtslebens plädierten. So heißt es in dem Buch „Karezza-Liebe" eines Autors namens Cesare A. Dorelli, dessen Biografie im Dunkeln liegt (möglicherweise ein Pseudonym), dass bei *Karezza*-Liebenden eine „nie gekannte Glückseligkeit" den ganzen Körper „überrauschen" würde, nicht nur

---

[1] Stockham [1896/1925], 1998: S. 18, 20.

die erogenen Zonen: „Diese Seligkeit ist grundverschieden von der animalischen, triebgebundenen, mit der Ejakulation verknüpften Begattung."[1] Die unwillkürliche Vollendung des Geschlechtsakts werde dann sogar als störend empfunden, als „liebesfremd". *Karezza* wolle nicht Abtötung, sondern Steigerung der erotischen Kräfte, die „gleichsam von ihrem Entstehungs- und Kristallisationsort gelöst werden, damit sie *überall* nach unserem Wunsch und nach unserer Vornahme zur Verfügung stehen." Es gehe hierbei um die „seelische Ejakulation" anstelle des Orgasmus. Die „Sexual-Urkraft" soll auf den ganzen eigenen Körper und den des Liebespartners überstrahlen, die Ejakulation werde „*umgewandelt* als seelische Flut, als Beglückung, die fühlbar den *ganzen* Körper des oder der Geliebten befruchtet, überflutet, beseligt, verjüngt, stählt, verschönt, für alle Schönheit der Welt und alles Glück der Erden aufschließt und bereitet." Schließlich steht die Utopie vom Neuen Menschen im Raum: *Karezza* solle aus Menschen „Götterkinder" machen.

Doch zurück zu Stockhams Originalschrift. Die Autorin verband in ihrer Argumentation einen vitalistischen mit einem spirituellen Grundsatz: Die „schöpferische Kraft" oder „Energie" kann und soll geistig beherrscht und gelenkt werden. Der Mensch könne frei und bewusst einen der beiden Pfade wählen, „den des geistes oder den der materie".[2] Freilich seien Religion und Philosophie „erforderlich, um leidenschaft zu heiligen." Der Schlüsselsatz lautet: „Auf keinem andern gebiete kann beherrschung den menschen reicher belohnen als in der meisterung und heiligung der sexuellen energie." Durch „liebe, übung und selbstbeherrschung" könnten auch Verheiratete durch „vereinigung ihrer beiden seelen" diese „schöpferische energie" bedeutend steigern. Sie könne auch als Heilkraft eingesetzt und absichtlich geleitet werden, um „einen freund von kummer und schmerzen zu befreien." „Karezza" bedeutet, so Stockham, „zuneigung in worten wie in taten ausdrücken". Sie verstand den

---

[1] Cesare A. Dorelli,: Karezza-Liebe. Beweise für neue Glücksmöglichkeiten. Flensburg: Stephenson, 1961: S. 115-117.

[2] Alice Bunker Stockham: Ethik der Ehe. Karezza. Berechtigte Übersetzung aus dem Amerikanischen von Werner Zimmermann. Reprint der Ausgabe Jena und Bern: Die Neue Zeit, 1925: S. 10, 15-18, 20-26, 24-26, 31, 57 f., 90-94.

Begriff „als technischen ausdruck im sinne einer gemeisterten sexualverbindung."

Stockham beschrieb diese Liebestechnik ziemlich genau und grenzte sie von anderen ab, die man mit *Karezza* verwechseln könnte. Sie selbst hatte in ihrem Buch *„Tokology"* irrtümlicherweise, wie sie schrieb, von „'*Sedular Absorption*' (innere aufsaugung des samens)", gesprochen. Freilich sei bei *Karezza* kein Samen aufzusaugen, da ja „unter der herrschaft des willens der vorgang kurz vor der letzten stufe der samenausscheidung aufhört." Auch kritisierte sie den Ausdruck „'*Male Continence*' (männliche mäßigung)", da es bei *Karezza* ja ebenso auch um „weibliche mäßigung" gehe. Für sie war *Karezza* „sinnbild einer vollkommenen vereinigung zweier seelen in der ehe, [...] offenbarungen von kraft und stärke." Insofern handele es sich eher um eine „geistige als eine körperliche verbindung". *Karezza* soll zum „geistigen wachstum" beitragen und führe nicht „zu askese und unterdrückung, sondern zu verwendung und ausdruck." Stockham argumentierte wie alle zeitgenössischen Lebensreformer und Rassenbiologen ebenfalls naturalistisch und berief sich in Anlehnung an den englischen Evolutionstheoretiker Herbert Spencer auf die „wesensgesetze", die zu befolgen Lust spende und die zu ignorieren Leiden verursache. Sie betonte immer wieder, dass *Karezza* tatsächlich möglich sei und zitierte zum Beleg im ausführlichen Anhang des Buches aus Hunderten von Zuschriften einige „bestätigungen". Dass körperliche Begierden zu allen Zeiten dem Geiste untergeordnet werden könnten, sei eine „frage der erziehung, des wachstums in der erkenntnis der lebensgesetze – einer erkenntnis der macht des geistes".

Ohne im Einzelnen auf die seinerzeit wohlbekannten Techniken der Hypnose und Suggestion einzugehen, folgte Stockham deren Grundsätzen. Eine „selbstbbestimmende geistige tätigkeit" könne unwillkürliche physiologische Körpervorgänge beeinflussen, überhaupt könnten alle physiologischen Funktionen und Lebensvorgänge durch bewusste Verstandestätigkeit beeinflusst werden. Stockham kritisierte die Lehrmeinung, wonach diese automatisch funktionierten und starr festgelegt seien. Sie wusste um die Einbildungskraft, die man später dem „Placebo-Effekt" zugeschrieben hat: „Der gedanke an ein reiz- oder arzneimittel hat eine ähnliche wirkung wie das mittel selber, wenn auch in geringerem Grade." Ihr ging es um „den höchsten sieg des willens über die sexualität" und die „verwendung der schöpfungskraft" zu erhabeneren Zwecken. Die Aufsaugung des männlichen Samens duch den Organismus sollte die „magnetischen, seelischen und geistigen kräfte des mannes stärken." Sie zog die Analogie zwischen Hoden und Tränendrüsen: „Ein mann kann vollkommen gesund sein, obschon er in fünf oder fünfzig jahren nicht ein einziges mal weint." Damit widersprach sie dem traditionellen Dogma, wonach die Aufstauung der Samenflüssigkeit schädlich sei.

Karezza war in den Augen von Stockham ein Allheilmittel, dessen therapeutischer Wert „von keinem heilmittel der apothekerkunst und von keinem heilsystem" erreicht werde. Sie besang das Ideal ehelicher Gattenliebe, eine „vereinigung in vollkommener freiheit und natürlichkeit." Letztlich ging es auch in ihrer Sexuallehre um die Erfüllung von Naturgesetzen, die „erfüllung des gesetzes". Nicht Unterdrückung des Geschlechtstriebs, sondern Sexualität als Bestätigung der tiefen Verbindung des Menschen „mit dem weltganzen", lautete ihr Motto. *Karezza* fördere „das wachstum an geist und charakter" und ehre, verfeinere, verherrliche zugleich die Sexualfunktion. Stockham war als praktizierende Ärztin in Fragen zu Ehe und Sexualität offenbar eine begehrte Ratgeberin. Die im Anhang ihres Buches abgedruckten Korrespondenzen belegen, dass sie zahlreiche Menschen dazu motiviert hat, die *Karezza*-Technik praktisch auszuüben. Stockham bezog sich auf eine Reihe von anderen Autoren, die um 1900 in den USA publizierten und von denen sie sich bestätigt sah. Offenbar war in diesem „Land der unbegrenzten Möglichkeiten" der Boden für *Karezza* günstig, nicht zuletzt wohl auch deshalb, weil dieses Konzept naturphilosophische, eugenische und religiöse Motive in sich vereinigte. So publizierte Stockham die bereits 1890 anonym erschienene Erzählung „The Strike of a Sex" von George Noyes Miller, einem ehemaligen Mitglied der *Oneida Community*, aus der sie ausführlich zitierte. Darüber hinaus verwies sie auch auf andere Vorkämpfer der Sexualreform wie Henry Wood, Warren F. Evans und Ursula N. Gestefeld.

Millers Erzählfigur Immanuel Zugassent entdeckt die körperliche und geistige Wohltat durch die bewusste Kontrolle der Sexualfunktion. Der Autor stellte

„Zugassent's Discovery" auf dieselbe Stufe wie die naturwissenschaftlich-technischen Neuerungen seiner Zeit, etwa Dampfmaschine, Elektrizität und Telefon.[1] Ja, sie stelle, so Miller, in ihrem Vermögen, die Summe des menschlichen Elends zu verringern, sogar die Entdeckungen eines Jenner, Harvey, Pasteur oder Koch in den Schatten. Millers quasi religiöses Plädoyer für die geistige Disziplinierung des animalischen Triebs hatte vor allem das soziale Elend durch eine fehlende Geburtenregelung vor Augen. Zugleich stützte sich Miller auf die Praxis des Mesmerismus und Hypnotismus, deren Konzepte er, wie dies weithin in der Popularmedizin jener Zeit üblich war, nicht voneinander unterschied. Insofern hatte er eine sozialpolitische und sozialmedizinische Zielsetzung, die mit Stockhams Ansatz übereinstimmte. Wenn Zugassent meint, dass alle Erfahrungen *„the power of the will over the* involuntary *processes of the body"* zeigten, so erinnert dies an James Braids zentrale Formel: *„the power of the mind over the body"*. Miller argumentierte im Sinne der Naturheilkunde und der Ehereform mit ihrem Ziel der bewussten Familienplanung. Die Verschleuderung von Lebens- und Nervenkraft durch sexuelle Unbeherrschtheit könnte eines Tages ebenso absurd erscheinen wie der allgemein praktizierte Aderlass in der Vergangenheit. Anstelle einer solch abwegigen Gewohnheit solle der unschuldige magnetische Austausch (*innocent magnetic exchange*) zwischen den Ehepartnern treten, der auch als *sexual magnetism* bezeichnet wurde und zur höchsten spirituellen Entwicklung sowie zu *„welfare and happiness of others"* führe und deshalb am Göttlichen teilhabe. Die sexuelle Selbstkontrolle wird mit dem Verhalten eines Bootsmanns auf einem Strom verglichen, der zuerst stilles Wasser, danach Stromschnellen und schließlich einen Wasserfall aufweist. Es hängt nun vom Geschick des Bootsmanns ab, wie weit er sich in die Nähe des Wasserfalls vorwagt, ohne die Kontrolle zu verlieren und von diesem in die Tiefe gerissen zu werden – *„confining his excursions to the region of easy rowing"*.

„Magnetation" durch *Karezza*

---

[1] George Noyes Miller: The Strike of a Sex and Zugassent's Discovery, or After the Sex Struck. New and rev. ed. Chicago, Ill.: Stockham Publishing, 1905 [darin: Zugassent's Discovery ...: S. 93-118]: S. 109, 103, 111, 118, 113.

212

Der Arzt John William Lloyd, *„an American individualist anarchist"*, griff Stock-hams Begriff der *Karezza* auf und erläuterte ihn seinen Lesern als praktikable Methode anhand detaillierter Ratschläge.[1] Sein Buch *„The Karezza Method or Magnetation"* erschien zunächst anonym und dann 1931 unter seinem Namen in den USA.[2] Werner Zimmermann, der Übersetzer von Stockhams „Ethik der Ehe" (siehe oben), berichtete, wie er dazu kam, diese Schrift zu übersetzen, die dann 1930 unter dem deutschen Haupttitel „Karezza-Praxis" erschien.[3] Als er 1929 wieder in New York weilte, überbrachte ihm ein Freund diese anonyme Schrift, dessen Verlag ebenfalls verschwiegen wurde.[4] Denn in den USA war die Verbreitung „unzüchtiger Schriften" damals verboten. Wie Zimmermann weiter berichtete, sei es ihm gelungen, den Verfasser ausfindig zu machen. Er habe ihn „in seiner klause" besucht und einen 72jährigen stillen Mann „voller pläne, voller unternehmungslust", getroffen: „Silberweiß sind haar und bart [...]. Friedevoll, in milder güte leuchten seine klarblauen augen, künden von einer innern, von der ewigkeitlichen welt der Wahrheit, der Schönheit und der Liebe." Während Stockham „in gütiger menschlichkeit und mütterlichkeit zartfühlend die umfassenden zusammenhänge" dargelegt habe, gehe Lloyd „in wissenschaftlicher gründlichkeit auf die wesentlichsten einzelheiten ein."

Ausdrücklich knüpfte Lloyd an Stockham und die Vorläufer der *Karezza*-Methode in der Oneida-Gemeinschaft an. Noyes gebühre die „entdeckereh-re": Er habe „das licht von Karezza für breitere schichten" entzündet.[5] Lloyd wies die Einwände zurück, dass Karezza gesundheitsschädigend sei. Er selbst habe über 40 Jahre auf diese Weise geliebt und sei durch Chavannes (siehe oben), „der mit seiner frau zwanzig jahre in solcher ehe gelebt hat", damit

---

[1] http://en.wikipedia.org/wiki/John_William_Lloyd (7.05.2012).

[2] John William Lloyd: The Karezza Method or Magnetation. The Art of Connubial Love. Privately printed for the author, 1931.

[3] Lloyd, 1930 [Karezza-Praxis].

[4] Ebd., S. 8 f. [Vorwort des Herausgebers].

[5] LLoyd, 1930 [Karezza-Praxis]; S. 13 f., 19, 22., 42, 23-28, 32 f., 45, 35,54, 58. 126, 139-132, 137, 139-141, 131.

bekannt gemacht worden. Durch Studium der einschlägigen Literatur zur Oneida-Gemeinschaft und durch persönliche Bekanntschaft mit Mitgliedern derselben sei er zu einem eindeutigen Ergebnis gekommen: „Ich habe noch von keiner einzigen frau gehört, die auch nur im geringsten eine einwendung gemacht hätte in dem sinne, Karezza sei deren gesundheit nicht zuträglich oder zeitige unerfreuliche nacherscheinungen." Er erwähnte auch die Untersuchung von 42 Frauen der Oneida-Gemeinschaft durch den Psychologen Havelock Ellis, die bestätigte, dass keine Frauenkrankheiten oder andere krankhaften Zustände aufgrund des Sexuallebens festzustellen waren. Ganz im Gegenteil: Für Lloyd war *Karezza* eine körperlich gesunde bzw. gesund machende und psychisch erleuchtende und beglückende Sexualpraktik. Freilich habe sich die Leidenschaft der Liebe unterzuordnen und deshalb sei klar, „daß bei solchem liebesfest der orgasmus ein störenfried ist, ein plumper zufall aus unbeholfenheit, der für einige zeit dem lusterleben ein ende setzt und daher höchst unerwünscht ist." Die „Geschlechtsliebe" habe grundsätzlich „zwei Aufgaben": „Karezza für die tiefere liebe, den akt mit orgasmus für körperliche befruchtung." *Karezza* erschien Lloyd als eine Kunst der Sublimierung: Der „Karezza-Künstler" verwandle die „sexualleidenschaft" in „verfeinerten, geistgetragenen, poetisch schönen und herzenssüßen liebesausdruck", wodurch eine Überspannung der Geschlechtszone und eine plötzliche Entladung verhütet werde. Die Seele nehme die „blinde sexualerregung an sich, zerteilt sie und erleuchtet das ganze wesen."

Lloyds Lobeshymne auf *Karezza* ist kaum zu überbieten. Sie sei „lebensnahrung oder -kraft", „lebenstrunk", „lebensbrot". Durch *Karezza* strahle das ganze Wesen „und schwingt in romantischem liebesjubel, und ein starkes nachgefühl von gesundheit, reinheit und lebenskraft verklärt alles." Der Orgasmus, quasi „ein epileptischer krampf", rufe eine „nachfolgende schwäche" hervor, die „krankhafte und unschöne wirkungen" wie Blässe, Verdauungsstörung und Reizbarkeit zeitige. „Je häufiger daher geschlechtsverkehr mit orgasmus, desto sicherer stirbt die liebe". Denn dieser bringe „entmagnetisierung, gleichgültigkeit, reizbarkeit, ekel". Immer wieder stellte Lloyd *Karezza* als „Liebes-Kunst" dar. Der Mann solle sich als „elektrische batterie" betrachten lernen und sich „in der kunst magnetischer berührung" üben. Das Männliche sei positiv-aktiv gegenüber dem Weiblichen eingestellt, wie umgekehrt das Weibliche negativ-passiv gegenüber dem Männlichen, was insbesondere für die Geschlechtsorgane gelte. Allerdings ging Lloyd von der „Zweipoligkeit" des Menschen, seiner Bisexualität, aus. Wir seien alle „als kinder göttlicher ahnen [...] zwitter": „bald überwiegt das eine, bald das andere, in ewig wechselndem spiel, teils unbewußt, teils von unserem willen lenkbar." Die *„magnetation"* führe zu fühlbaren Strömungen zwischen den beiden Partnern. Der Mann solle seine Frau so berühren, „daß seine strömende lebenselektrizität sie in schauern des entzückens durchrieselt, während dies ihn von der innern spannung aufgestauter kraft befreit." Dieses Fließen und Austauschen von Energie führe schließlich zu „völligem ausgleich" und „wohliger ruhe".

Lloyds Anleihen beim Mesmerismus springen ins Auge und belegen wieder einmal, wie sehr dieses Konzept noch im frühen 20. Jahrhundert gerade in Amerika weiterwirkte: „Der liebeskünstler hat diesen lebensmagnetismus in seinen fingerspitzen, seinen handflächen, strahlt ihn aus den augen, läßt ihn durch seine stimme schwingen, kann ihn von jedem teil seines körpers auf den eines andern übertragen – ja, selbst durch seine aura, unsichtbar und ohne leiblichen kontakt." Lloyd umriss hier nur die bekannten Standardtechniken des Mesmerismus. Es fällt auf, dass in der Hochzeit des Mesmerismus im frühen 19. Jahrhundert eine direkte Anwendung des Magnetisierens im Sexualleben so gut wie nie zur Sprache kam. Rund hundert Jahre später hatte sich das geändert. Die Sexualität und vor allem ihre Perversionen und Pathologien waren nun in Wissenschaft, Kunst und Alltagsleben zu einem großen Thema geworden.

Lloyd pries die „Karezza-vereinigung" als einen stetigen „jungbrunnen alles lebens". Die Kraftquelle erklärte er physiologisch: Die Zurückhaltung des Samens spende dem Organismus Energie und Lebenskraft. Gelegentlich genüge schon ein einziger Samenerguss, „den mann seiner magnetischen kräfte zu berauben." Er suchte nach einer wissenschaftlichen Begründung und kombinierte dabei endokrinologische mit vitalistischen Vorstellungen. Das endokrine Drüsensystem erzeuge „lebenskraft". Diese stecke im Samen. Wenn er wieder aufgesogen werde, stärke das die Lebenskraft. Dagegen sei der Orgasmus eine „gewaltsame entladung aufgestauter nervenkraft" und führe zu krampfartigen Symptomen, etwa zur Hysterie „als ersatz für sexuelle orgasmen". Ein Überschuss an „sexueller nervenkraft" müsse aber gar nicht ausgeworfen werden, wie die „ärzte der orgasmus-richtung" behaupteten, da er nach ihrer Meinung die Gesundheit angreife. Lloyd propagierte nun gegenüber den bekannten drei Arten des Geschlechtsakts (*coitus completus, coitus interruptus* und *coitus reservatus*) eine vierte Art: den *„coitus sublimatus"* als den „höhergewandelten geschlechtsakt". Dieser *Karezza*-Akt bringe „restlose zerteilung aller blutüberfüllung, entladung aller überschüsse an nervenkraft, befreiung von aller spannung und umfassende befriedigung." Er rege die „tätigkeit der innern zeugungsdrüsen" an und stärke sexuelle „schwächlinge", so dass sie „zu männern" würden. Aber auch dem Mann mit „normaler geschlechtlicher stärke" biete er volle Befriedigung. Während der übliche Orgasmus alle Kräfte *„abwärts"* leite und an die Geschlechtsorgane binde, weise der „geschlechtliche magnetismus" bei *Karezza „aufwärts"* und führe „zu einem romantischen, poetischen, vergeistigten abschluß".

Lloyds vehemente Kritik an der „orgasmus-schule" war für einen Arzt im frühen 20. Jahrhundert äußerst ungewöhnlich, denn sie widersprach den vorherrschenden Grundannahmen der Medizin und Sexualwissenschaft. Die Methoden der „orgasmus-schule" seien so, „daß sie eine stauung *schaffen*, die nur durch einen orgasmus beseitigt werden kann." Dies sei für „den armen, den schwachen mann" gefährlich. „Karezza dagegen baut ihn und seine kräfte auf, während sie dem sexualstarken eine verwendung seiner schöpferischen energien auf höherer ebene ermöglicht." Lloyd beendete sein Plädoyer für *Karezza* mit einer „Zusammenfassung der Vorteile". Zum einen unterstrich er die sexualhygienischen Vorteile: Verhinderung unerwünschter Schwangerschaften und Verzicht auf lästige und schädliche Verhütungsmethoden. Zum anderen hob er die physiologischen und spirituellen Vorteile hervor: Jeder Körperteil werde „magnetisiert und belebt und dadurch verschönt", das Geschlechtliche werde „geläutert, erlöst": „Der friede, der aufstrahlt, ist so süß, die erfüllung so umfassend, und oft halten körperliches hochgefühl und geistige frische für viele tage an, wie wenn die beiden äterische [sic] anregung, nahrung empfangen hätten."

Im Unterschied zur Situation in den USA fällt auf, dass sexualreformerische Ansätze wie Stockhams *Karezza* oder Lloyds *Magnetation* in Deutschland außerhalb kleiner Zirkel der Lebensreformbewegung kaum rezipiert und von den Pionieren der Sexualwissenschaft ebenso wie von den politischen Akteuren der Sexualreform ausgeklammert wurden. Diese lehnten die sexualreformerischen Methoden als unpraktikabel oder gar gesundheitsschädigend ab, häufig ohne ihren Ansatz überhaupt verstanden zu haben. Erstaunlicherweise konnte auch die „Sexualmagie" neueren Datums mit *„Karezza"* nicht viel anfangen. So definierte der US-amerikanische Okkultist Donald Michael Kraig, Verfasser zahlreicher esoterischer Schriften, *Karezza* in einem *„Course Glossary"* [1] folgendermaßen: *„Karezza: A male technique for delaying orgasm, it is said to have beneficial effects to both members of a loving couple"* Die falsche Definition springt ins Auge. Zum einen ging es Stockham nicht um eine „Verzögerung" des Orgasmus, zum anderen betraf die „Technik" beide Geschlechter gleichermaßen. Im Übrigen nahm Kraig Wilhelm Reichs Orgasmus-Lehre ambivalent auf. Einerseits bewertete er den unkontrollierten Orgasmus eines potenten Menschen (*orgasmically potent*) positiv: *„because going into such a state is exactly what true meditation is!"* Andererseits kritisierte er diesen angeblich einzigen Weg *„to release Orgone energy"*, da die Tantriker durchaus Methoden wüssten, diese Energie willentlich zu kontrollieren. Im fundamentalen Unterschied zu *Karezza*, wo von beiden Partnern eine Verstetigung und Verbreitung des Orgasmus ohne Höhepunkt angestrebt wurde, ging es in Kraigs Darstellung nur um ein Hinauszögern des Orgasmus beim Mann, während die Frau ihn mehrfach haben konnte.

„Mischung von Erotik und Mystik"

---

[1] Kraig, Donald Michael: Modern Magick. Eleven lessons in the High Magicl Arts. St. Paul, MN: Llewellyn Publications, 1988.Kraig, 1988. S. 523-540, 427, 438.

Auch bei der „sexuellen Revolution" und der Studentenbewegung, die sich in der zweiten Hälfte der 1960er Jahre entfalteten, spielte die *Karezza*-Idee keine nennenswerte Rolle. Die wenigen Publikationen waren in einem idealistisch-pädagogischen Tonfall verfasst und erreichten die Masse nicht, wenngleich einschlägige Schriften von Cesare A. Dorelli (zu dessen Biografie keine Informationen vorliegen, möglicherweise ein Pseudonym) zwischen 1955 und 1975 zahlreiche Auflagen erlebten. Er idealisierte die „Karezza-Liebe" als „Himmel auf Erden".[1] Denn „Karezzakraft ist Lebenselixier und Jungbrunnen in einem." Die kosmische Dimension wurde vom Autor in den Vordergrund gestellt. Es gehe um die Liebe, bei der die Liebenden „sich völlig dem anderen verschenken, indem sie sich selbst aufgeben, und ihm das Größte geben, das sie besitzen: Die vom Himmel stammende, geläuterte, schöpferische Kraft, die im Sexualorgan zentralisiert ist, aber durch Wunsch, Gefühl und Liebe gelöst und auf den ganzen Körper verteilt und auf den Liebespartner übertragen werden kann." Diese Ausbreitung der *Karreza*-Kraft auf den ganzen eigenen Körper und ihre Übertragung auf den des Liebespartners standen im Mittelpunkt der Technik. Ihr ging es um Aufsaugen, Umgestalten, Überströmen, um „eine Art Magnetismus, der von einem zum anderen überstrahlt." Freilich: „Die Gegenseitigkeit der Strahlungs-*Aufnahme* (also nicht nur der Überstrahlung) ist eine gebieterische Notwendigkeit." An anderer Stelle wird *Karezza* als „beiderseitiges, unbegrenztes Verströmen des Liebesodems" bezeichnet, sodass die Liebe und Seligkeit mit jeder Karezza-Umarmung wachse. Die betreffende Erbauungsschrift predigte die Erlösung vom irdischen Elend und das Erreichen geistigen Heils mittels dieser sexuellen Technik. Der Mensch solle zu einer anderen Persönlichkeit, der Liebespartner zu einem „kosmischen Partner" werden. Es gehe um „den Weg nach oben", um die „Erhöhung" des Menschen, „den Weg ins Paradies".

---

[1] Dorelli, Cesare A.: Karezza. Die ideale Liebesmethode; ihre Technik und ihr ethischer Gehalt. Der Höhenweg zu vollendetem Menschentum, zu grösserer Liebe u. glückhafterer Ehe; der Weg zu Kraft und Erfolg, zu Glück u. unversieglicher Entwicklung. 7. Aufl. Freiburg i. Br.: Bauer, 1962: 140 f., 144, 146 f., 151, 155.

Neben den Publikationen von Dorelli erschien zu diesem Thema nur noch die kleine Schrift *„Carezza"* einer gewissen Dr. med. Marie de Nannie, die in deutschen Bibliotheken Seltenheitswert hat. Über die Biografie der Autorin ist nichts bekannt. Im Anschluss an die Erfahrungen der Oneida-Gemeinschaft und das Werk der US-amerikanischen Ärztin Alice Stockham plädierte sie für *Karezza* zur „Reinigung der Lebensgestaltung auf allen Gebieten der Natur." [1] Liebe sei der „Gipfel der großen inneren Magie. Sie ist die letzte Heilkraft für alle seelischen Leiden." Durch die übliche Sexualität werde das Leben „sexuell ausgelaugt, geistig schal und leer", unersetzliche Lebenskraft werde verschwendet. Wie bei Dorelli soll „inniges Aneinanderschmiegen" bei der Karezza-Liebe magnetische Kräfte auslösen, „die von dem einen zum andern überströmen und in einem anhaltenden, beseligenden Wohlgefühl die Höhen des menschlichen Daseins erreichen, den Himmel erahnen lassen." Somit wurde die „gegenseitige Stärkung in magisch belebender Kraft" angestrebt. Explizit bezog sich die Autorin auf Franz Anton Mesmer, welcher der Heilwirkung durch magnetische Berührung in Europa zum Durchbruch verholfen habe. Überhaupt erscheint der Mesmerismus hier als der wichtigste Bezugspunkt: „Wer Carezza [durchweg mit „C" geschrieben] beherrscht, hat den Lebensmagnetismus in den Fingern, er strahlt ihm aus den Augen, schwingt in seinen Worten und überträgt seine Kraft oft sogar schon aus der Entfernung auf den geliebten Menschen." Die „magnetischen Kräfte", die alle Körperorgane stärke, die „schenkend und empfangend" beteiligt seien, werden in bunten Farben geschildert und in höchsten Tönen gelobt: „Im Austausch der magnetischen Kräfte fühlen sich die Liebenden ganz und gar eins, alles Trennende schwindet, der gleiche Blutstrom scheint in ihren Adern zu kreisen, Krankheit und Leiden werden durch die zielbewußten Wünsche des Gefährten gemildert, wunderbare Heilkräfte treten in Aktion." Diese würden auf der „Sublimierung der Begierden" und auf „reiner Liebe" aufbauen, niemals träten dabei „Übersättigung oder Monotonie" ein, *Karezza* ermögliche eben „ein beliebig häufiges Beisammensein".

---

[1] Marie de Nannie: Carezza. Liebe in Liebkosung. Hanau/Main: Schuster, 1964: S. 7 f., 10, 13 f, 16, 30, 51, 19, 21, 25, 29 f., 58, 63 f.

Als Ärztin wollte de Nannie vor allem die „primitive Einstellung zur Sexualität" verändern, denn der Sexualtrieb sei entgegen der landläufigen Meinung durchaus beeinflussbar und besitze keine absolute Macht. „Da aber der Geschlechtstrieb variabel ist, liegt es an uns, das Beste daraus zu machen und unser Liebesleben immer reicher auszugestalten, denn ‚jeder hat die Sexualität, die er verdient'." Sie kontrastierte die „trübe Trauer" nach dem üblichen Koitus (gemäß dem Ausspruch des Aristoteles *post coitum omne animal triste est ...*") mit der „frohen Beschwingtheit" nach einer geglückten *Karezza*-Vereinigung. Die gemeisterte Sexualverbindung in der „tiefsten Liebesverschmelzung" führe im Gegensatz zum gewöhnlichen krampfartigen Vorgang der Begattung dazu, „die kosmische Intelligenz frei in uns strömen zu lassen." Die Autorin unterstrich noch einmal Stockhams These, dass bei richtiger Einstellung „ein solcher Verkehr ohne Samenerguß und ohne Krisis [Orgasmus]" zu völliger Befriedigung führe. Sie pries *Karezza* als „die große Kunst der Liebe", die gerade auch von der Frau „Sanftmut und Geduld" verlange. Ihre „zarte, magnetisch wirkende Berührung" habe sowohl die Macht, „die stürmische Erregung zu dämpfen oder die beruhigten Fluten zu erneutem Strömen zu beleben." Freilich waren nicht die wunderbaren physiologischen Wirkungen das Hauptziel, sondern die Umwandlung der „in der Sexualzone aufgespeicherten Energien [...] in schöpferische Gestaltungskräfte auf geistigem Gebiet." So strebte die Autorin nach der richtigen „Mischung von Erotik und Mystik" unter der „Kontrolle der Geistseele" und schwärmte in quasi theosophischer Manier von Wegen, „die aus der Finsternis der irdischen Bedrängnis in die Heimat des ewigen Lichtes führen."

Ein Arzt und Psychoanalytiker ist schließlich noch zu erwähnen, der sich ausführlich mit *Karezza* auseinandersetzte und ihre wohltuende Wirkung mit einer erstaunlichen Theorie würdigte. So weit ich die Literatur überblicke, stellt er wahrscheinlich die einzige Ausnahme in seinem Berufszweig dar. Rudolf Urbantschitsch, ein Freud-Schüler, den wir bereits im Kontext der Onaniedebatte erwähnt haben (siehe Kapitel 1), war ab 1908 Mitglied der Wiener Psychoanalytischen Vereinigung und musste dreißig Jahre später in die USA emigrieren. In seinem 1949 publizierten Buch *„Sex Perfection and Marital*

Happiness" ging er ausführlich auf *Karezza* und ähnliche Sexualpraktiken ein. Er hatte es nach 45jähriger Praxis als „psychologischer Berater" dem Richter Henry G. Jorgensen gewidmet, „Richter des Oberen Gerichtshofes im Bezirk Menterey, Californien". Das fünfte Kapitel („Die sechs Gebote im Geschlechtsverkehr"), „der wichtigste Teil dieses Buches", enthielt die „Quintessenz von einer mehr als dreißigjährigen Erfahrung." [1] Man spürt die Überwindung, mit der der Autor hier eine Art *confessio* ablegt. Dreißig Jahre habe der Autor gezögert, seine Entdeckungen zu veröffentlichen, „weil er sie nicht wissenschaftlich beweisen konnte, trotzdem sie sich in der Praxis vollkommen bewährt hatten. Jetzt aber ist er entschlossen, seinen Lesern gewisse Erfahrungen bekanntzugeben, so unglaublich sie auch scheinen mögen."

Gleich zu Anfang seiner Ausführungen betonte Urbantschitsch, dass seine technischen Ausdrücke „Elektrizität", „Ausstrahlungen" oder „bio-elektrische Potential-Differenz" „eher vergleichsweise, denn wörtlich genommen werden [sollen]." Denn die Theorie der Elektrizität sei, bezogen auf das Sexualleben, eben „noch nicht Allgemeingut der Wissenschaft geworden." Er ging von der Frage aus, warum ein Paar, das sich liebe, doch auseinandertreibe: „Warum wird die Frau frigid und reizbar und der Mann irritiert und nervös oder sogar impotent?" Seine Antwort war schlicht und entsprach seinem naturalistisch-physiologischen Verständnis, das ihn zu erstaunlichen Schlussfolgerungen führen sollte: „Weil die Natur der Liebe und der Sexualität und die Gesetze, die ihre Äußerungen regieren, nicht verstanden worden sind." Urbantschitsch ging ausdrücklich von seiner eigenen Erfahrung aus, „daß zwischen den Körpern von Mann und Frau eine bio-elektrische Potenzialdifferenz herrscht, welche bei einem richtig geführten Sexualakt ausgeglichen werden kann, wonach sich beide Partner entspannt, glücklich und befriedigt fühlen." Um seine Auffassung zu belegen, führte er eine Reihe von „Tatsachen" ins Feld. An erster Stelle schilderte er die „Erlebnisse eines orientalischen Ehepaars", das er in seinem

---

[1] Rudolf Urbantschitsch [= Urban von Urbantschitsch]: Sexuelle Erziehung von der Kindheit bis zur Ehe. Neue Wege zu einem vollkommenen Geschlechtsleben und einer glücklichen Ehe. Wien: Cerny, 1951 [Übersetzung von „Sex Perfection and Marital Happiness", New York: Dial Press, 1949]: S. 90 f., 93-97, 99-104.

Tagebuch unter dem Datum des 6. Februar 1916 in Damaskus festgehalten hatte. Der Bericht stammte von einem gewissen Dr. A. B., einem ehemaligen Patienten seines „*Cottage*-Sanatoriums für Nerven- und Stoffwechselkranke" im Wiener Gemeindebezirk Währing.

Einmal habe das Paar eine Stunde lang nackt auf einer Couch in einem verdunkelten Zimmer gelegen, „einander liebkosend, aber ohne die letzte Vereinigung zu vollziehen". Als sie in völliger Dunkelheit aufstanden, sei die Frau plötzlich sichtbar gewesen: „Sie war von einem Schein grünlich-blauen, mystischen Lichts umgeben. Es war wie ein Heiligenschein, nur mit dem Unterschied, daß er nicht nur ihren Kopf, sondern ihren ganzen Körper umgab und nebelhaft dessen Umrisse zeigte." Als er seine Hand nach ihr ausstreckte, sei eine elektrischer Funke von ihr auf ihn übergesprungen: „sichtbar, hörbar und schmerzhaft. Wir schraken beide zurück." Damit schien Karl von Reichenbachs memseristisch inspirierte „*Od*"-Lehre bestätigt, die Urbantschitsch zunächst nicht ernst genommen hatte. Eine bio-elektrische Spannung zwischen zwei menschlichen Wesen könne demnach, so unglaublich es scheine, groß genug werden, um sichtbare Funken zu erzeugen. Urbantschitsch war neugierig geworden und spekulierte über physiologische Erklärungen dieses Phänomens. Auf seinen Rat hin unternahmen die „Jungvermählten" in den folgenden Wochen eine Reihe von Experimenten, „von denen sie mir dann mit allen Einzelheiten erzählten. Ihre Berichte bildeten die Grundlage für eine vollkommen neue Auffassung vom Mechanismus des Geschlechtsverkehrs."

Die Versuche ergaben Folgendes: Eine fünf Minuten dauernde „vollständige, sexuelle Vereinigung" nach einer Stunde „in innigem körperlichen Kontakt" führte trotz der Befriedigung durch den Orgasmus zum späteren Überspringen von Funken, ein Zeichen also, „daß [...] die elektrische Spannung zwischen ihnen noch bestand." Aber auch nach einem 15 Minuten dauernden Geschlechtsakt einige Tage später waren „nachher Funken sichtbar." In einem weiteren Versuch gab es schließlich nach einer 27 Minuten dauernden sexuellen Vereinigung „zwischen den Liebenden keine Funkenübertragung mehr. Die 27-Minuten-Periode war der entscheidende Faktor." Dauerte der Sexualakt kürzer, vergrößerte sich der Abstand, den die Funken übersprangen, „ein Zeichen dafür, daß die Potentialdifferenz zwischen den Körpern der jungen Leute durch jeden kurzfristigen Geschlechtsakt vergrößert wurde." Dauerte er eine halbe Stunde oder länger, war er „von einer vollständigen Entspannung gefolgt und das Verlangen nach einer Wiederholung des Vorgangs erwachte nicht vor fünf oder sechs Tagen". Ein einstündiger Akt, so habe sich ergeben, befriedigte das Paar für eine Woche, ein zweistündiger für zwei Wochen. „die gleich anhaltende Entspannung wurde auch bei längerem körperlichem Kontakt, ohne sexuelle Vereinigung, hervorgerufen."

Urbantschitsch fand diese Ergebnisse durch „Beobachtungen gewisser, sexueller Praktiken mancher Eingeborenenstämme" bestätigt. Er bezog sich auf die seinerzeit viel diskutierte Sexualmoral der „Eingeborenen auf den Trobriand-Inseln", die vor allem durch den US-amerikanischen Sozialanthropologen Bronislaw Malinowski thematisiert worden war. Dieser hatte 1929 sein epochemachendes Werk „Das Geschlechtsleben der Wilden in Nordwest-Melanesien" veröffentlicht und damit ein großes Echo bei Ethnologen, Sexualwissenschaftlern und Psychoanalytikern hervorgerufen. Der innige Hautkontakt der Mütter mit den Kleinkindern, das Geschlechtsleben der Mädchen auf Probe nach der Pubertät mit verschiedenen Partnern und die besondere Methode des Sexualakts belegten nach Urbantschitschs Auffassung die Wirkung der Bioelektrizität. „Wenn der Geschlechtsakt beginnt, liegen die Liebenden – bevor sie irgend eine Bewegung machen – wenigstens eine halbe Stunde, manchmal auch länger, innig vereint und ruhig da. Nach dem Höhepunkt der Vereinigung bleiben sie noch eine lange Zeit beieinander, bis – um in unserer Theorie zu bleiben – die zwischen ihnen bestandene elektrische Spannung vollkommen ausgeglichen ist." Auch in diesem Zusammenhang übernahm Urbantschitsch die Freud'sche Lehre von dem vaginalen Orgasmus der Frau als Norm (siehe Kapitel 1). Der Mann berühre niemals „die Clitoris seiner Gattin", auch müsse sich die Frau solchen Gefühlen entsagen, die für das Kind charakteristisch seien: „Nach der Pubertät konzentrieren sich die Gefühle normalerweise in der Vagina." Offenbar gab es eine religiöse Motivation für dieses Sexualverhalten. Die Trobriander nahmen an, dass nach einer Stunde der Vereinigung die Seelen der Vorfahren diese segnen würden. Die vollkommene körperliche Entspannung und die bequeme Haltung waren hierfür erforderlich, auch das übliche Zusammenschlafen ohne Geschlechtsverkehr, „die beiden geöffneten Beinpaare ineinander verschlungen, wie zwei Zangen, auf eine Weise, dass die Sexualorgane in innigsten Kontakt kommen, doch ohne Eindringen in die Vagina." In der damals üblichen Idealisierung dieser Sexualmoral als Quelle allen Lebensglücks kam Urbantschitsch zum Schluss: „Die Ehen verlaufen harmonisch, Scheidungen sind unbekannt und Neurosen existieren nicht."

Als weiteren Beleg für seine „bioelektrische" Lehre zog Urbantschitsch die „Karezza-Methode" heran. Dabei unterliefen ihm einige Fehler. So meinte er, das Wort *„Karezza"* (Liebkosen) bedeute „Aufgeben", „Entsagen". Man habe nur der „männlichen Ejakulation" zu entsagen, sonst ändere sich an der sexuellen Vereinigung nichts. Dies war nicht ganz zutreffend, da ja auch von der Frau eine zügelnde Kontrolle verlangt wurde. Im Übrigen aber sah Urbantschitsch in dieser Sexualpraktik eine Bestätigung seiner Lehre, nämlich „daß während dieser besonderen Art der Umarmung ein noch viel vollkommenerer Ausgleich [als beim normalen Geschlechtsakt] der elektrischen Spannung zwischen den beiden Partnern eintritt und sie sich deshalb nachher so befriedigt und beglückt fühlen wie nie zuvor." Im Hinblick auf Platons Ausführungen über die Liebe im *„Symposion"* meinte Urbantschitsch schließlich, dieser Philosoph hätte, wenn er in der Gegenwart lebte, sich „vorstellen müssen, daß in dem Austausch der Ausstrahlungen zwischen zwei Liebenden eine köstlichere und tiefere Befriedigung liegt, als in dem Sexualakt selber. Denn dieser Austausch ruft ein Gefühl des Entzückens hervor, das nicht nur zwei oder drei Stunden, sondern oft auch taglang anhält." Gleichwohl war der undogmatische Analytiker weit davon entfernt, eine neue sexuelle Heilslehre für alle in die Welt zu setzen. Die „Karezza-Methode" erforderte in seinen Augen große charakterliche Stärke. Sie könne „nur wenigen, auserwählten Männern empfohlen werden".

Die soeben vorgestellten Publikationen von Dorelli, de Nannie und Urbantschitsch waren in der Nachkriegszeit singulär. Die „bioelektrische" Rationalisierung von „orientalischen" Sexualpraktiken und *Karezza* durch Letzteren sowie die biologieferne Anlehnung an Mesmerismus und Mystik der beiden

Ersteren widersprachen dem Zeitgeist und dem sexualwissenschaftlichen *Credo* von der unterdrückten Sexualität und ihrer Pathogenität. Denn befriedigende Sexualität ohne manifesten Orgasmus im Sinne des „Höhepunkts" schien ein Widerspruch in sich darzustellen und mögliche Verbindungen zwischen Sexualität und Mystik zu sehen schien gänzlich abwegig zu sein. Solche esoterisch anmutenden Überlegungen abseits des *main stream* erhielten zwar durch die *Hippie*-Bewegung und die *New Age*-Philosophie in der zweiten Hälfte des 20. Jahrhunderts Auftrieb. Ihre Impulse verebbten aber mehr oder weniger in der neuen *Wellness*-Kultur, die nicht zuletzt durch Massage-Techniken (sogenanntes „*Tantra"*) erotisch aufgeladen wurde. Auch gegenwärtige „Kuschelparties" als erotische Gruppenereignisse gehören zu dieser neuen Wohlfühl- und Entspannungskultur. Die kosmischen Dimensionen der Liebe und ihr Aufspüren im (zwischen-) menschlichen Erleben, ein Generalthema in Kultur- und Wissenschaftsgeschichte von der antiken Mythologie bis hin zur neuzeitlichen *magia naturalis*, Alchemie und Theosophie werden zwar mitunter angesprochen, dann aber flugs an das Konsumangebot der *Wellness*-Industrie angepasst. Erotik wurde zu einer anscheinend verfügbaren und bezahlbaren Ware, in ihrer primitivsten Form in einem „*Eros Center"* erhältlich.

Demgegenüber hat die sexuelle Enthaltsamkeit oder Keuschheit, die unterschiedlich definiert sein kann, heutzutage im Allgemeinen einen schlechten Ruf. Sie wird nämlich als pathogene Unterdrückung des natürlichen Sexualtriebs angesehen. Dies gilt insbesondere für radikale Methoden der Askese, wie sie in hinduistischer Tradition als „*Brahmacharya"* praktiziert werden. In dieser Lebensweise soll der menschliche Körper und Geist auf dem Wege zur göttlichen Erleuchtung von allen sexuellen Bedürfnissen und Begehrlichkeiten gereinigt werden. Die leitende Vorstellung dabei ist, dass die individuelle Liebe, etwa die zwischen Mann und Frau, in einer universellen göttlichen Liebe aufgehen soll. Mahatma Gandhi war wohl der prominenteste Vertreter dieser Lebensweise im 20. Jahrhundert. Er hatte als Ehemann und Vater mehrerer Kinder bereits 1906 im Alter von 37 Jahren sein *Brahmacharya*-Gelübde abgelegt.[1] Er stellte einmal Frage: „Wenn der Mann seine Liebe nur auf eine Frau richtet und eine Frau die ihre nur auf einen Mann, was bleibt dann an Liebe für die ganze übrige Welt?"[2] Die Beschränkung auf die Überwindung der sinnlichen Begierde, die Reduktion von *Brahamacharya* auf den sexuellen Aspekt, lehnte Gandhi jedoch ab: „Brahmacharya meint die Beherrschung aller Sinnesorgane. Wer nur ein Organ zu kontrollieren versucht und allen anderen freie Bahn lässt, wird feststellen, dass seine Bemühungen vergeblich sind." Vor allem Nahrungsbeschränkungen und Fasten waren ihm wichtig. Allerdings könne, so Gandhi, ein Geist, „der wissentlich unrein gehalten wird, [...] nicht durch Fasten gereinigt werden. [...] Solange der Geist nicht Herr, sondern Sklave der Sinne ist, braucht der Körper immer reine, nicht stimulierende Nahrung und periodisches Fasten."[3] Für Gandhi bedeutete umfassende Selbstbeherrschung eine Art Lebenselixier: „Bei einem wirklich selbstbeherrschten Menschen nehmen Kraft und innerer Friede von Tag zu Tag zu. Der allererste Schritt zur Selbstbeherrschung ist die Zügelung der Gedanken."[4] Was Kritikern als Unterdrückung der natürlichen Triebe erscheint, bedeutet für einen solchen Asketen den Weg zur geistigen Freiheit, zur göttlichen *unio mystica*. Es kommt auf die Perspektive des Betrachters an, ob er dies als höchstes Liebesglück oder als pathologische Entartung, ja Perversion ansieht. Friedrich Nietzsche und mit ihm die westlich orientierte Kultur tendiert zur letzteren Einschätzung, wonach der „asketische Priester", einer *lebensfeindliche[n]* Spezies" angehöre und „Leben gegen das Leben [...] physiologisch [...] einfach Unsinn" sei, wie Nietzsches Verdikt in der „Genealogie der Moral" (III/11 bzw. 8) lautet.

---

[1] M. K. [Mahatma] Gandhi: Brahmacharya [1942]. In: Grundlegende Schriften. Ausgewählte Werke in 5 Bänden, Bd. 3. Göttingen: Wallstein, 2011: S. 337-344, hier: S. 338.

[2] M. K. [Mahatma] Gandhi: Brahmacharya oder Keuschheit [1932]. In: Ders.: Grundlegende Schriften. Ausgewählte Werke in 5 Bänden, Bd. 3. Göttingen: Wallstein, 2011: S. 179, 181.

[3] M. K. [Mahatma] Gandhi: Auf dem Weg zur Selbstdisziplin [1929]. In: Ders.: Grundlegende Schriften. Ausgewählte Werke in 5 Bänden, Bd. 1. Göttingen: Wallstein, 2011: S. 360.

[4] M. K. [Mahatma] Gandhi: Ratschläge für neuverheiratete Paare [1927]. In: Die Stimme der Wahrheit. Ausgewählte Werke in 5 Bänden, Bd. 4. Göttingen: Wallstein, 2011, S. 122.

Es ist ein Unterschied, ob sich ein Mönch viele Jahre lang in einem Kloster geistigen Übungen unterzieht oder ob jemand an einem zweiwöchigen Meditationskurs teilnimmt, der ihm eine innere Wandlung als Kursziel verheißt. Es wäre schon viel gewonnen, wenn dieser Unterschied auch auf dem Gebiet des Sexuallebens respektiert würde. Im Grunde gilt das für jede Art von Lebenskunst, die nicht mit gieriger Kurzatmigkeit, sondern nur mit langem Atem gelingen kann. Vor allem gilt es für das Gebiet von Erotik und Sexualität, das man dem umfassenderen Begriff der Liebe zuordnen kann. Die Ideengeschichte der Heilkunst führt uns in historischen Variationen wie in einem Kaleidoskop vor Augen, dass wir gerade auf diesem weiten Feld das Geheimnis und die Kunst des Heilens zu lokalisieren und neu zu entdecken haben, auch wenn wir sie nicht mit der Methodik der Evidenz-basierten Medizin feststellen können.

Schlussbetrachtung

Der Begriff des sexuellen Elends tauchte im Zusammenhang mit der so genannten sozialen Frage im Gefolge der industriellen Revolution auf. Am stärksten hatte er wohl ab der Mitte des 19. Jahrhunderts Konjunktur, als mit dem Aufschwung des Kapitalismus und dem Aufkommen der Arbeiterbewegung das Elend des Proletariats offen zutage trat und öffentlich diskutiert wurde. Das „sexuelle Elend" war dabei nur *ein* Aspekt des allgemeinen sozialen Elends. Es bezeichnete vor allem das Elend der Frauen, ohne effektive Empfängnisverhütung kontinuierlich Schwangerschaften erdulden und unter schlechten Wohn- und Lebensverhältnissen eine große Familie versorgen zu müssen. Hinzu kamen die Missachtung und Misshandlung der Frauen von Seiten vieler Männer, wobei deren Arbeitslosigkeit, Arm ut und Alkoholismus eine verheerende Rolle spielten. Verschwand das sexuelle Elend mit Überwindung des sozialen Elends in der vom „Wirtschaftswunder" geprägten (westdeutschen) Wohlstandsgesellschaft nach dem Zweiten Weltkrieg? Die von der Einführung der „Antibabypille" ausgelöste „sexuelle Revolution" mit der Möglichkeit einer effektiven Empfängnisverhütung könnte dazu verleiten, die Frage

zu bejahen. Frauen konnten nun ungeachtet ihres heterosexuellen Sexuallebens unerwünschte Schwangerschaften zuverlässig verhindern. Die weithin,
insbesondere in der DDR und anderen osteuropäischen Ländern, praktizierte
Geburtenkontrolle durch Schwangerschaftsabbrüche wollen wir hier einmal
außer Betracht lassen. Dennoch deutet alles darauf hin, dass das sexuelle
Elend nur in seiner primitivsten Form behoben war: der Sexualverkehr als
Verursacher einer unerwünschten Schwangerschaft. In Form seiner vermeintlich biologisch vorgegebenen Brutalität existierte es aber fort. Glück lässt sich
nicht objektiv messen, erst recht nicht Liebesglück. Waren die sexuell Emanzipierten seit den 1960er Jahren glücklicher mit ihrem Sexualleben als die El-
terngeneration? Schwer zu sagen. Leider kann man die Scheidungsraten der
mithilfe der Antibabypille Emanzipierten nicht mit der Zahl der mutmaßlich
unglücklichen Ehen früherer Generationen, in der Scheidung praktisch ausgeschlossen war, objektiv vergleichen. Subjektiv, also rein spekulativ vermute
ich, dass das sexuelle Elend als existenzielle Erfahrung nicht geringer geworden
ist, ungeachtet aller Veränderungen im Sexualverhalten und seinen sozioöko-
nomischen Rahmenbedingungen.

Das Sexualverhalten ist von zeitbedingten Leitbildern abhängig. Wenn in der
bürgerlichen Gesellschaft des 19. Jahrhunderts die Rolle der Geschlechter klar
definiert war, der aktivere und triebhaftere Mann ist für den Kampf draußen
geschaffen, das passivere und weniger triebhafte Weib für den Haushalt drin-
nen, lag die sexuelle Doppelmoral auf der Hand. Der Mann musste und durfte
sich „die Hörner abstoßen" bei dafür vorgesehen Damen, die Ehefrau hatte
Kinder zu empfangen, gebären und aufzuziehen. Die Unterdrückung bzw.
Konsumierung der weiblichen Sexualität durch die Männerwelt war evident. In
den sozialen Auf- und Umbruchzeiten seit dem ausgehenden 19. Jahrhundert
wurde dieses Muster radikal in Frage gestellt. Ein wichtiger Hebel war die
Forderung nach einer – auch sexuellen – Gleichberechtigung und Selbstbestimmung der Frau. Diese habe, so die Überzeugung derjenigen, die sich für
die Frauenemanzipation einsetzten, ebenso starke sexuelle Bedürfnisse wie
der Mann und demnach das Recht wie dieser, sie adäquat zu befriedigen. Sex
wurde insofern radikalisiert, als er nun beiden Geschlechtern in vollem Um-

fang zugebilligt wurde. (Eine weitere Radikalisierung wäre die Kindersexualität und das damit zusammenhängende Problem der Pädophilie, was hier aber außer Betracht bleiben soll.) Nachdem in dieser Weise Sexualität durch diverse „sexuelle Revolutionen" „enttabuisiert" worden war, rollte eine ungebremste Sexwelle durch das westliche Kultur- und Alltagsleben. Hierfür wären unter anderem Werbung und Pornografie eindrucksvolle Indikatoren. Aber auch die unzähligen öffentlichen Foren und Blogs im Internet, die man heute den *social media* zurechnet, vermitteln einen Einblick. Gegenwärtig scheint es vielen jüngeren Menschen leichter zu fallen, über ihre sexuellen Fantasien und Erlebnisse zu berichten, als über ihre Ängste vor dem Teufel oder ihre Gebete zu Gott.

Der hier vorgelegte Abriss zur Entwicklung der Sexualmoral zeigt einen bemerkenswerten Wandel. Sexualität wurde vor 150 Jahren buchstäblich unter der Decke gehalten, fand im Dunkeln statt. Man denke an Wilhelm Buschs Verse im sechsten Kapitel der „frommen Helene", die 1872 veröffentlicht wurde: „In der Kammer still und donkel, schläft die Tante bei dem Onkel". Heute wird Sexualität am lichten Tage vor aller Augen praktiziert und vielfach durch (zum Teil versteckte) Webcams weltweit ausgestrahlt. Was in den 1960er Jahren noch ein mit Abenteuern verbundenes Experimentierfeld war, ist heute zu einem gefälligen und modischen Spielfeld mutiert. Doch auf diesem Spielfeld scheint nicht Gott Eros die Regeln zu bestimmen, sondern der neue, profane Gott Bios nach seinen biologischen Gesetzen, genauer gesagt: jenen Gesetzen, die von Natur gegeben und mit der modernen Konsum- und Leistungsgesellschaft kompatibel erscheinen. Sex wird zu einer öffentlich zelebrierten *performance*, die vielfach an Leistungssports mit seinen Ritualen des Wettbewerbs erinnern. Und wie es dort verschiedene Disziplinen, normierte Abläufe und messbare Leistungen gibt, hat sich auch das Sexleben nach bestimmten Leistungsmerkmalen und Wertungsmaßstäben zu richten. Dies könnte etwa eine Analyse der Pornografie im Internet nach meinem Eindruck objektiv belegen. Interessant sind dabei normative Vorstellungen vom befriedigenden, „richtigen" Sex, der nach ganz bestimmten Formen abzulaufen hat, der – den Akteuren teils bewusst, teils unbewusst – vorherrschenden Moden folgt.

Die Idee, mit Hilfe der „Macht des Geistes" das Sexualleben neu zu modellieren, und Sex von einem unwillkürlich ablaufenden Automatismus zu einer willkürlich steuerbaren Lebensleistung zu transformieren, erscheint wenig populär. Zu stark ist offenbar die Vorstellung, dass ursprünglich wildes Triebleben sich möglichst ungehindert von kulturellen Eingriffen abreagieren sollte. Seine Blockade erscheint pathogen. Das um 1900 etablierte Modell der Unterdrückung der Sexualität durch eine pathogene Sexualmoral ist seit seiner Etablierung um 1900 bis heute *grosso modo* vorherrschend. Es leidet daran, dass Sexualität als Sperrgebiet für den menschlichen Geist angesehen wird. Scheinbar hat er dort nichts auszurichten, allenfalls kann er die Durchlässigkeit der Grenze modifizieren: Eine Erhöhung der Grenzmauern würde einer Einsperrung, Unterdrückung des Sexualtriebs bedeuten, eine Erniedrigung oder gar Abriss würde eine erleichterte oder ungehinderte Befriedigung desselben ermöglichen.

Mein Essay präsentiert historische Beispiele, die zeigen sollen, dass eine geistige Transzendenz des sexuellen Sperrgebiets nicht nur abstrakt für möglich gehalten, sondern auch praktisch vollzogen wurde. Die mögliche Überwindung des „sexuellen Elends" kann insofern zu einer konkreten Utopie für uns heute werden. Es ist nicht übertrieben zu sagen, dass diese Utopie Wesentliches zur Idee einer allgemeinen Menschenliebe beitragen kann, die Gewalt, Hass, Unterdrückung und Zerstörung hinter sich lässt.

Die dem Sozialpsychologen Kurt Lewin zugschriebene Aussage: „Es gibt nichts Praktischeres als eine gute Theorie" passt sicher auch auf das menschliche Sexualleben. Denn wie man es praktisch gestaltet, hängt weitgehend davon ab, wie man es theoretisch auffasst. Um es plastisch auszudrücken, ohne neurowissenschaftliche Erklärungen in Anspruch nehmen zu wollen: Das Sexualverhalten wird sozusagen im Gehirn geformt und keineswegs unabhängig von ihm durch den Unterleib oder andere Körperteile blindlings exekutiert. Man kann es auch etwas vornehmer formulieren: Der menschliche Geist kann durch ständige Übung auch scheinbar unwillkürlich ablaufende Körperprozesse und nicht zuletzt die Sexualfunktionen tiefgehend beeinflussen. Damit eröffnet sich ein Weg aus den Niederungen und Erniedrigungen einer verblendeten Sexualität, deren automatisches „Ausleben" allzu leicht ins Elend führen kann: Physisch, psychisch, sozial und religiös. Menschenliebe, Gottesliebe, Liebe in all ihren Formen kann nur bei Menschen entstehen, die sich vom sexuellen Elend bloßer „Triebabfuhr", oft gekoppelt an fantasierte oder reale Gewaltausübung, ein Stück weit befreit haben. Dass eine solche Befreiung möglich ist, zeigen historische Beispiele. Aber nichts ist so überzeugend wie Selbsterfahrung und Selbstexperiment. Himmel oder Hölle ist tatsächlich eine *crucial question*: Führt unser Sexualleben in eine Sackgasse der Erschöpfung und Destruktion? Oder wird es zur Lebensquelle für die Gestaltung unserer Welt, zum Movens der Liebe? Gerade die erfolgreichsten Hollywood-Filme belegen, dass die Sehnsucht nach dem „Himmel der Liebe" trotz aller gegenläufigen Botschaften unausrottbar ist. Gott sei Dank.

★★★★★

★★★

Abbildungen

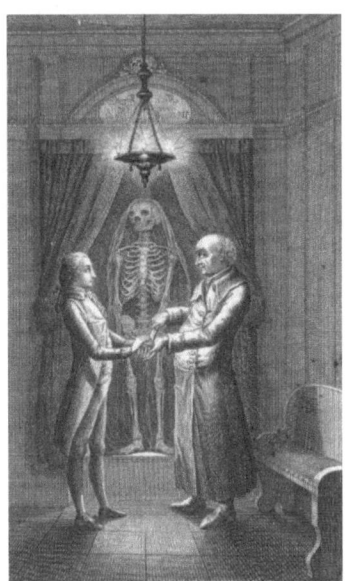

Abb 1: Schwur gegen die Onanie (1787)

Abb 3: Karikatur zur 1848er Revolution

Abb 2: Eine Kampfschrift gegen Onanie

Abb 4: "Schlaf der Philosophie" (1777)

Abb 5: „Hymne auf den Kuss"

Abb 7: Zustand nach Onanie?

Abb 6: Aus „Lucette" (6 Bde., von Nougaret, 1763-1766)

Abb 8: Pornografie im 18. Jahrhundert

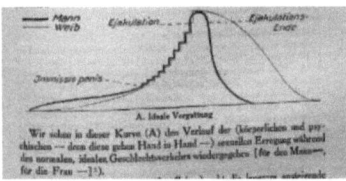

Abb 9: Erregunskurve: normaler Koitus

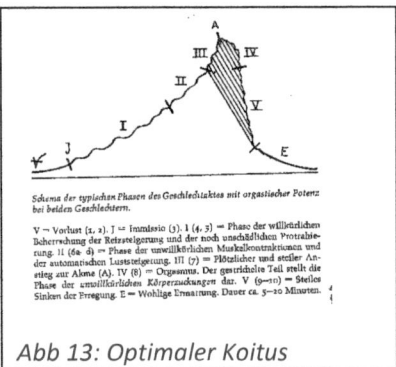

Schema der typischen Phasen des Geschlechtsaktes mit orgastischer Potenz bei beiden Geschlechtern.

V — Vorlust (1, 2). J = Immissio (3). I (4, 5) = Phase der willkürlichen Beherrschung der Reizsteigerung und der noch unschädlichen Protrahierung. II (6a- d) = Phase der unwillkürlichen Muskelkontraktionen und der automatischen Luststeigerung. III (7) = Plötzlicher und steiler Anstieg zur Akme (A). IV (8) = Orgasmus. Der gestrichelte Teil stellt die Phase der unwillkürlichen Körperzuckungen dar. V (9—10) = Steiles Sinken der Erregung. E = Wohlige Ermattung. Dauer ca. 5—20 Minuten.

Abb 13: Optimaler Koitus

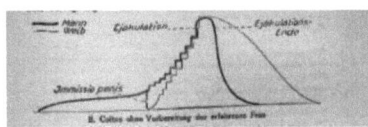

Abb 10:Kurve einer unerfahrenen Frau

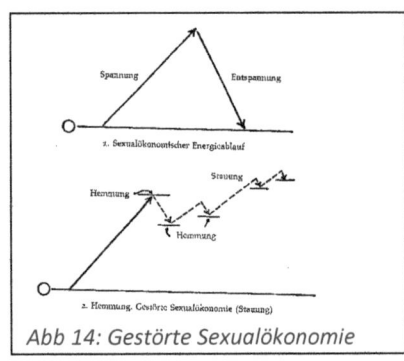

Abb 14: Gestörte Sexualökonomie

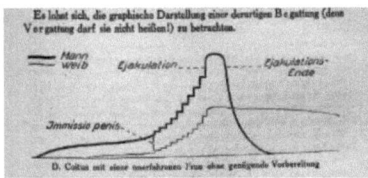

Abb 11: „...ohne genügend Vorbereitung"

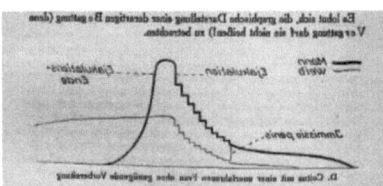

Abb 12: „Abnormaler" Coitus interruptus

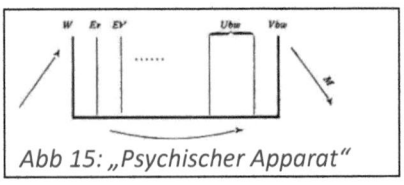

Abb 15: „Psychischer Apparat"

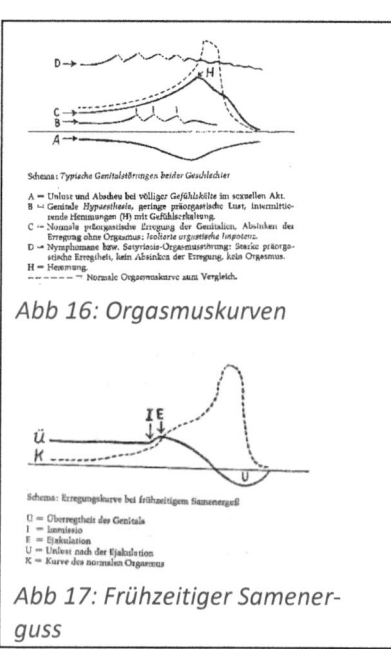

Abb 16: Orgasmuskurven

Abb 17: Frühzeitiger Samener-
guss

Abb 18: NS-Propaganda

Abb 19: ‚Wahrheit' als Frau

Abb 20: ‚Wahrheit' am Kreuz

Abb 21: Vor „jüdischen Dunkelmännern"

Abb 22: In Ekstase

Abb 23: Theogamie

Abb 24: Die Seele in göttlicher
Spiegelung

Abb 25: Erotik im Hohelied (um
1465)

Abb 26: Die Seele als Braut Christi
(1662)

Abb 28: Brautmystik im 18. Jahrhundert

Abb 27: Das geistliche
Brautbett (1669)

Abb 29: „Celestial Bed" (1782)

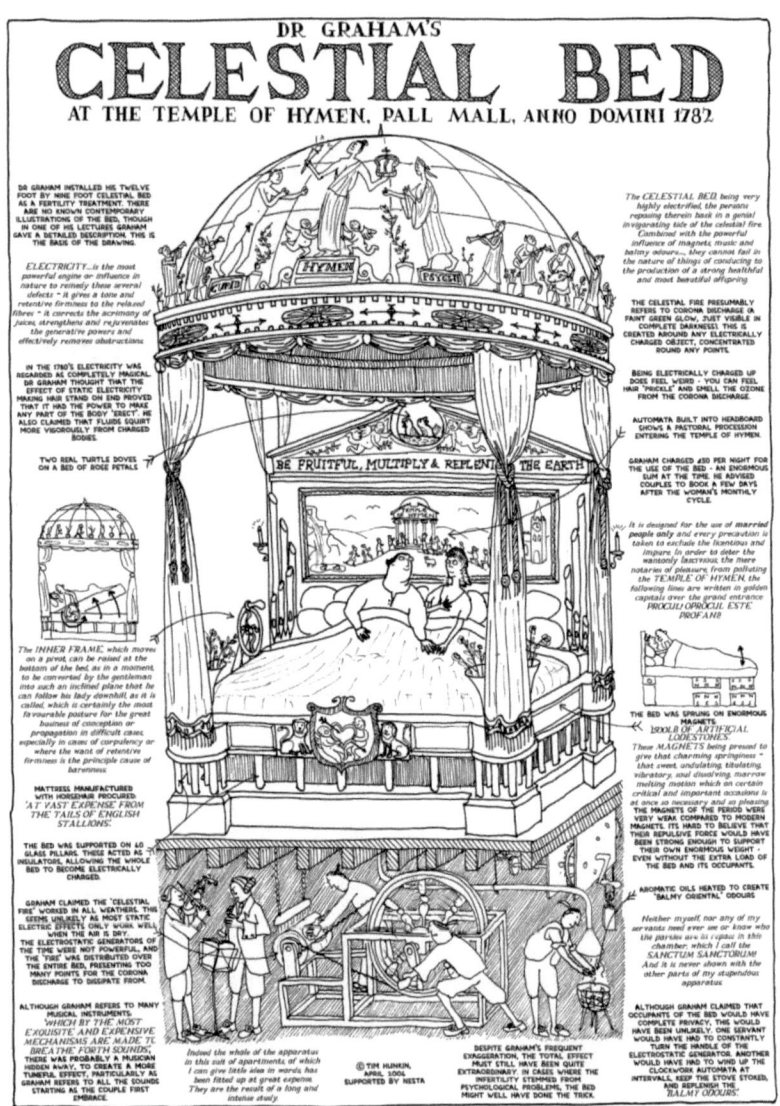

Abb 30: © Poster (2004) von Tim Hunkin; http://www.zimhunkin.com

Abb 31: Himmlische Hochzeit
(1691)

Abb
33: Zwischen Wollust und Philosophie

Abb 32: Merkur und Venus im
Himmel

Abb 34: Erleuchtung durch Heilsarmee (1904)

Abb 35: Feier von Hymen und Phallus

Abb 37: Sexualmagie (Fidus)

Abb 36: Phallisches Fest

Abb 38: Sexuelle „Bannmagie"

Abb 39: Sexualität und Spiritualität in einem indischen Tempel (10. Jh.)

Bildquellenverzeichnis

Abb. 1: Gotthilf Sebastian Rötger: Über Kinderunzucht und Selbstbefleckung. Ein Buch bloß für Ältern, Erzieher und Jugendfreunde. Züllichau, 1787: Frontispiz.

Abb. 2: Bernhard Christoph Faust: Wie der Geschlechtstrieb der Menschen in Ordnung zu bringen und die die Menschen besser und glücklicher zu machen. Mit einer Vorrede von H. H. Campe. Braunschweig, 1781: S. 226.

Abb. 3: Klaus Theweleit: Männerphantasien. 2. Bde. Frankfurt am Main, 1977-78, 1. Bd. (1977): S. 79.

Abb. 4: Thomas W. Laqueur: Die einsame Lust. Eine Kulturgeschichte der Selbstbefriedigung. Aus dem Amerikanischen von Clemens Brunn. Berlin, 2008: 333. – « La philosophie endormie » (Portrait de Mme GREUZE); Radierung von Jean-Michel Moreau le Jeune.

Abb. 5: Laqueur, 2008 [wie Abb. 4]: S. 340. – „Hymne au baiser" aus C. J. Dorat: Les baisers [....], La Haye 1770.

Abb. 6: Laqueur, 2008 [wie Abb. 4], S. 341; aus P. J. B. Nougaret: Lucette [Roman], Paris 1763-66.

Abb. 7 : Laqueur, 2008 [, S. 339; « La Dormeuse » von J. M. Moreau (1764)

Abb. 8: Andréa de Nerciat: Le diable au corps, oevre posthume. 3 Bde. Nachdruck der Ausgabe 1803; avec une préface nouvelle de Hubert Juin. [Nyons :] 1980: vor S. 1. – Vgl. Laqueur, 2008 [wie Abb. 4]: Abb. 5.14.

Abb. 9: Theodor Hendrik van de Velde: Die vollkommene Ehe. Eine Studie über ihre Physiologie und Technik. 37. Aufl. Leipzig; Stuttgart, 1929: S. 169.

Abb. 10: Van de Velde, 1929 [wie Abb. 9]: S. 173.

Abb. 11: Van de Velde, 1929 [wie Abb. 9]: S. 175.

Abb. 12: Van de Velde, 1929 [wie Abb. 9]: S. 178.

Abb. 13: Wilhelm Reich: Die Funktion des Orgasmus. Sexualökonomische Grundprobleme der biologischen Energie. Köln, 1969 (Die Entdeckung des Orgons; I). [Engl. Originalausg. 1942]: S. 95.

Abb. 14: Reich, 1969 [wie Abb. 13]: S. 101.

Abb. 15: Sigmund Freud: Die Traumdeutung (1900), in: Ders.: Gesammelte Werkem Bd. 2/3: S. 546.

Abb. 16: Reich, 1969 [wie Abb. 13]: S. 143.

Abb. 17: Reich, 1969 [wie Abb. 13]: S. 144.

Abb. 18: Dagmar Herzog: Die Politisierung der Lust. Sexualität in der deutschen Geschichte des zwanzigsten Jahrhunderts. Aus dem Amerikanischen von Ursel Schäfer und Anne Emmert. München, 2005: S. 48 (Das Schwarze Korps, 20. Okt. 1938)

Abb. 19: Herzog, 2005 [wie Abb. 18]: S. 29 (Der Stürmer, April 1929).

Abb. 20: Herzog, 2005 [wie Abb. 18]: S. 52 (Der Stürmer, Februar 1930).

Abb. 21: Herzog, 2005 [wie Abb. 18]: S. 52 (Der Stürmer, Januar 1935).

Abb. 22: http://en.wikipedia.org/wiki/File:Teresabernini.JPG (5.03.2016)

Abb. 23: Alexandre Moret: Du caractère réligieux de la royauté pharaonique. Paris, 1902: Fig. 3.

Abb. 24: Johann Joachim Becher: Psychosophia Oder Seelen-Weißheit [...] . Zweyte Edition. Hamburg, 1705: Frontispiz

Abb. 25: Aus Canticus canticorum ca. 1465[Blockbuch]; vgl. Bettina Wagner: Vom ABC bis zur Apokalypse. Leben, Glauben und Sterben in spätmittelalterlichen Blockbüchern [Ausstellung 17. Februar bis 6. Mai 2012, Bayerische Staatsbibliothek]. Luzern, 2012: S. 64.

Abb. 26: Simon Huebmann: Geistliche Vermählung der Seelen, mit Christo ihrem Gespons: kurtze Unterrichtung des gantzen Fundaments der wahren Vereinigung mit Gott: durch welche ein liebende Seel mit Christo ihrem Heyland vermählet wird [...], Salzburg, 1662: Frontispiz.

Abb. 27: Simon Huebmann: Geistliches Bräut-Bethlein, mit Blumen bestreut [...].Salzburg, 1669: Frontispiz.

Abb. 28: Lehrtafel der Prinzession Antonia: Frontbild; http://upload.wikimedia.org/wikipedia/commons/b/b8/DH-Brautzug_Sulamith.jpg (22.07.2012)

Abb. 29: Dr. Graham's "Celestial Bed" (1782); http://twonerdyhistorygirls.blogspot.de/2011/02/finding-conjugal-bliss-in-dr-grahams.html (24.07.2012)

Abb. 30: Dr. Graham's "Celestial Bed"; Posterzeichnung von Tim Hunkin (2004 (10.03.2016).

Abb. 31: Ludwig von Brunn (Hg.): Ars Erotica. 3 Bde. Die erotischen Buchillustrationen im Frankreich des 18. Jahrhunderts. Mit einem Essay von Golo Jacobson. Schwerte, 1989: 1. Bd., S. 99.

Abb. 32: Von Brunn (Hg), 1989 [wie Abb. 31]: 1. Bd., S. 361.

Abb. 33: Von Brunn (Hg), 1989 [wie Abb. 31]: 2. Bd., S. 77.

Abb. 34: Beryl Sattler: Each Mind a Kingdom. American Women, exual Purity, and the New Thought Movement, 1875-1920. Berkeley; Los Angeles; London, 1999: S. 24, figure 1.

Abb. 35: Von Brunn (Hg), 1989 [wie Abb. 31]: 2. Bd., S. 273:

Abb: 36: Von Brunn (Hg), 1989 [wie Abb. 31]: 1. Bd., S. 363.

Abb. 37: G. Herman: Xenologie des Saeming. Neuausgabe der „Sexual-Magie". Mit Buchschmuck von Fidus. Leipzig, 1905: Abb. nach S. XVIII

Abb. 38: Gregor A. Gregorius: Magische Briefe. Achter Brief. Sexual-Magie. Wolfenbüttel (Koch & Zieger), 1927: S. 71.

Abb. 39 : Jean Varenne: Le Tantrisme. La sexualité transcendée. Paris, 1977 : Frontispiz.